엄마와 딸의
# 부동산 발품
# 시크릿

부동산 공부가 처음인
사람들을 위한 참 쉬운 투자 입문서

# 엄마와 딸의
# 부동산 발품
# 시크릿

부엉이날다 지음

메가스터디BOOKS

# 기본에 충실하면
# 누구나 성공할 수 있습니다

많은 사람이 부동산 투자를 공부해보려고 인터넷 바다를 헤엄치고, 투자 카페에 가입하고, 재테크 책을 읽고, 수많은 강의를 찾아봅니다. 하지만 보고 들을 당시에는 고개를 끄덕여도 돌아서면 아무것도 모르겠다는 생각이 들 때가 많습니다. 정말 이런 곳에 해답이 있을까 의심스럽기도 하죠.

아무리 열심히 공부해도 어려운 이유는, 부동산 투자란 공부만 해서 되는 것이 아니기 때문일 것입니다. 부동산 투자의 답은 사람이고, 이 사람들이 어디로 어떻게 움직일지 그리고 그 안에 숨은 열망이 무엇인지 알아야 투자의 방향을 알 수 있습니다. 그리고 그 길을 찾는 방법은 오직 발품에 있습니다. 그리고 다행스럽게도 이 발품을 파는 것은 돈이나 정보가 없는 초보도 할 수 있습니다.

저희 엄마는 아들 없는 집 세 자매 중 맏딸이었습니다. 어릴 적부터 공부하는 것을 좋아했지만 집안이 가난해서 초등학교를 잠깐 다니고 아홉 살부터 성냥공장에 다니며 돈을 벌어야 했습니다. 공부가 너무 하고 싶어서 닥치는 대로 책을 읽은 덕분에 학력은 짧지만 엄마의 지식은 넓고 깊었습니다. 평생 책을 읽고 경제 뉴스를 보며 사셨기에 유식했고, 세상이 돌아가는 흐름에 빠르셨어요. 늘 위를 보며 지금보다 나아지기 위해 매 순간 노력하며 사는 분이셨습니다.

1977년, 스물일곱 살이라는 어린 나이에 엄마는 내 집을 갖고 싶다는 간절함으로 발품을 시작했고 무릎이 나가도록 평생을 돌아다니셨습니다. 부단한 노력으로 많은 자산을 쌓았지만 아버지의 사업 부도로 인해 나락으로 떨어지면서 나이 오십에 모든 것을 다 내려놓고 지방으로 가셨습니다. 하지만 딸이 부동산에 관심을 갖기 시작하자 다시 몸을 일으켜 고단한 발품의 길에 동행하여 자신의 모든 경험을 쏟아주셨습니다.

전 이처럼 엄마가 30년간 발품을 팔며 쌓은 부동산 투자의 지혜, 그리고 직접 동행하며 알려주신 가르침을 이정표 삼아 투자를 시작했습니다. 거기에 제 나름의 발품 경험과 입지 분석을 차곡차곡 쌓아왔고, 이를 발판으로 하여 기회가 왔을 때 빠르게 원하는 투자 성과를 거둘 수 있었습니다.

엄마와 저의 40여 년의 투자 이야기를 누군가는 다 지난 옛날 이야기라 할지도 모르겠습니다. 하지만 이 기록이 의미 있다 생각하는 이유는 투자의 사이클은 반복됨을 알고 있기 때문입니다. 엄마의 발품 노하우는 엄마의 시대에도 맞았고, 제가 살아가고 있는 지금도 맞으며, 제 딸이 살아갈 시대에도 분명 해답이 되어줄 것이라 믿습니다.

저와 엄마는 세상 사람들이 흔히 말하는 '투자 고수', '투자의 신' 이런 말과는 어울리지 않는 사람들입니다. 하지만 저처럼 평범한 사람도 포기하지 않고 꾸준히 오랜 시간 투자를 하면 노후에 경제적 안정을 누릴 수 있는 자산 정도는 이룰 수 있습니다. 저는 사람들이 몰려가 '묻지마투자'를 하는 지역 대신 발품을 통해 기른 안목으로 저평가 매물을 찾아냈고 제 예산에 맞게 투자하여 작은 성공을 하나씩 축적했습니다. 발품에 충실하며 한 계단 한 계단 성실하게 올라왔기에 시장이 불황으로 흔들릴 때도 불안하지 않습니다.

많은 사람들이 투자의 길을 잃고 힘들어하는 이 때, 엄마의 발품 지혜와 그 안에 담긴 투자의 원칙은 어떤 시대를 만나도 흔들리지 않는 정석이라는 것을 다시금 느낍니다.

저의 부동산 투자도 이제 17년이 되어갑니다. 그중 12년은 엄마와 함께했고 최근 5년은 홀로 걸었습니다. 걱정과 두려움으로 흔들릴 때도 있었지만 그때마다 엄마는 길 위로 나를 끌어내셨고 전 그 길 위에서 다시 해답을 찾았습니다. 당장 눈앞의 이익에 연연하지 않고, 뜨거운 불길에 휩쓸리지 않으며, 차가운 겨울에도 묵묵히 걸을 수 있는 의연함을 가질 수 있었던 것은 바로 엄마의 가르침 덕분이었다고 생각합니다. 세상의 잣대로 보면 엄마는 큰 성공을 거두진 못했지만, 폐허가 된 엄마의 땅 위에 제가 씨앗을 내리고 싹을 틔워

열매를 맺었으니 엄마의 발품은 진정 소중하고 위대한 자산입니다.

　이 책을 통해 엄마와 제가 걸었던 길을 함께 걸으며 우리의 발품 시크릿을 여러분의 것으로 품을 수 있기를, 여기에 담긴 노하우를 이정표 삼아 부동산 투자를 시작할 용기를 낼 수 있길 소망하며 이 글을 시작합니다.

2023년 부엉이날다

* 엄마와 함께 기억을 더듬고 지난 자료를 찾아가며 최대한 충실히 원고를 작성하였지만 70~90년대 발품 내용 중 부동산 시세나 법적인 내용 디테일은 지금과 다르거나 약간의 오류가 있을 수 있다는 점 미리 양해를 구합니다.
* 본문 중 지도 이미지는 '다음 지도'에서 해당 부분 캡쳐를 뜬 후 제 분석을 얹어 작업하였습니다.

# 이 책을 먼저 읽어본 독자들의 리뷰 모음

◆ 어떻게 하면 잘 살 수 있을까 고민하며 열심히 살다 보니 어느덧 나이 오십이 가까워오던 어느 날, 남편이 "우리하고 생각하는 게 비슷한 것 같아." 하며 추천해준 것이 바로 '부엉이날다' 블로그였습니다. 천천히 글을 읽어 내려가면서 "그래, 우리도 할 수 있어!"라는 생각을 갖게 되었고, 알려주는 조언을 참고해 직접 발품을 팔며 내가 감당할 수 있는 적은 금액부터 투자를 시도했습니다. 보잘것없는 주부였던 저의 생각을 일깨워 부동산 투자로 노후를 준비하게 이끌어준 부엉이날다 님의 소중한 이야기가 이 책에 고스란히 담겨 있네요. 저 같은 주부들에게 여러분도 절대 늦지 않았다고 꼭 말씀드리고 싶습니다.

복순이_ 40대 개인투자자

◆ "귀염아, 이거 너무 좋다. 이거 사라. 너한테 제일 먼저 알려주는 거야." 흥분한 목소리로 말하던 부엉이날다 님의 목소리가 지금도 생생히 기억납니다. 이렇게 대표님에게 여러 번 우선적으로 물건을 추천받았지만, 부끄럽게도 전 한 번도 투자하지 않았습니다. 일반적인 부동산 전문가들의 이론을 맹신했던 저에게는 다소 겁나는 물건들이었기 때문입니다. 그런데, 그렇게 추천받았던 물건들 모두 시세 및 임대료 상승이 되는 것을 보면서 '아, 이분은 찐 투자자구나!' 하며 감탄하게 되었습니다. 부엉이날다 님의 특별한 투자 스토리가 고스란히 담긴 책이 드디어 이 세상에 나오네요. 경험의 깊이가 묻어나는 투자 노하우, 투자 마인드에 푹 빠져보시길 추천합니다.

귀염부엉이_ 40대 투자 블로거

◆ "입지 분석을 못해서, 데이터를 못 봐서, 타이밍을 놓쳐서 투자를 못하는 게 아닙니다. 투자의 본질을 지키지 않아서 돈을 잃는 것입니다." 현장 스터디에서 처음 만난 부엉이날다 님은 단순한 입지 분석이 아닌 인간의 심리, 부동산 투자의 본질을 꿰뚫고 있었습니다. 발품을 통해 투자의 기본을 착실히 다지면 어떤 부동산 시장에서도 살아남을 수 있다는 가르침과 용기를 얻었어요. 부동산 투자를 꿈꾸는 초보 투자자, 그리고 세상을 지혜롭게 살아가고 싶은 저 같은 20대 사회초년생들에게 부엉이날다 님의 노하우가 담긴 이 책을 적극 추천합니다.

안목가_ 20대 자기계발 블로거

◆ 이 책을 읽고 가장 먼저 한 일은 내가 사는 곳 일대의 지도를 구입한 것입니다. 지도를 보니 어느 곳에 먼저 가볼지 머릿속에 그려집니다. 나의 첫 투자처가 될 그곳으로 가기 위해 운동화 끈을 동여매려고 합니다. 관심은 있었지만 한 번도 부동산 발품을 시도해볼 생각은 해보지 못했는데, 실패한 이야기까지 리얼하게 들려주니 오히려 용기가 생겼달까요. 골목을 다니며 입지를 분석하고 있는 내 모습을 상상하니 벌써 기대가 됩니다. 책에서 배운 현실적인 조언들을 기억하며 집을 나서보려고요. 나의 첫 빌라 투자, 설렙니다!

edith_ 30대 직장인

◆ 뭔가 어렵게만 느껴져 엄두를 못 내고 있던 부동산 공부. 열심히 산다고 저절로 안정된 삶이 주어지지 않는다는 걸 깨달으며 이제는 나도 부동산이라는 것에 관심을 좀 가져야 하는 게 아닐까 하던 중 이 책을 만나게 되었습니다. 저자와 어머니의 고단하지만 한편 즐겁고, 시련도 있지만 결실이 더 큰 발품 이야기에 시간 가는 줄 모르고 빠져들었어요. 부동산 투자에 대해 알아둬야 할 기본 원칙을 전수받은 느낌입니다. 소설책 읽듯 술술 읽혀서 저처럼 재테크 용어가 익숙치 않은 초보에게 특히 유용한 책이라고 생각합니다.

skang_ 40대 주부

# CONTENTS

**두 번째 발품:**
**2006~2017년**

# 엄마와 함께한 발품 기록

네 번째 발품:

## 딸에게 남기는 발품 시크릿 노트

주여, 저의 자손들이

어둠의 골짜기로 가지 않고,

살얼음판 위에서 떨지 않으며,

진흙 구덩이를 밟지 않고,

험한 언덕을 오르지 않으며,

탄탄대로 밝은 길로만 걸을 수 있기를 소망합니다.

**매일 밤 올리는 엄마의 기도**

첫 번째 발품:

1977~2008년

# 엄마의
# 30년 발품 역사

| | |
|---|---|
| 1970 | |
| 1973, 의정부, 망원동 | |
| 1977, 마포, 강서, 서대문 | |
| 1979, 창동 | |
| 1980 | |
| 1982~1992, 서교동 | |
| 1990 | |
| 1993, 수서동, 개포동 | |
| 1995, 김포 | |
| 1996, 김포 | |
| 1997, 김포 | |
| 2000 | |
| 2001, 김포 | |
| 2002, 원주 | |
| 2008, 김포 | |
| 2008, 일산 | |
| 2008~2009, 문막, 원주 | |

엄마는 마음 편안히 살 내 집을 갖기 위해
노력하시다가 부동산 투자자가 되셨다.
기댈 언덕도 없고, 가진 것 없는 엄마가 믿을 것은
많이 보고 많이 듣는 것뿐이었고,
그렇게 엄마의 발품은 30년을 이어갔다.
30년의 발품 속에 담긴 투자의 지혜를 남기기 위해
지난 시간들을 기록한다.

# 집 없는 설움,
# 내 집이 갖고 싶다

1973년 내가 태어났고 함박눈이 펑펑 내리던 그해 겨울에 우리 가족은 셋방에서 쫓겨났다. 부엌을 공동으로 쓰는 방 한 칸을 월세 5,000원에 살고 있었는데 아침부터 집주인의 신발에 물을 쏟았다는 이유로 집을 나가라고 한 것이다.

살림살이와 함께 세 살 된 오빠를 리어카에 싣고, 이제 겨우 100일이 넘은 나를 등에 업고 이사를 가던 날은 함박눈이 펑펑 내렸다고 한다. 추운 겨울에 내리는 함박눈은 누군가에게는 낭만일지 모르지만 집 없는 이들에게는 서러운 날씨다. 차가운 눈이 엄마의 얼굴을 때려 따갑고 쓰라렸다. 엄마는 그날의 바람과 차갑던 길과 얼굴에 부딪히던 서늘한 눈이 잊히지 않아서 평생 겨울을 싫어하고 눈 오는 날도 그리 좋아하지 않는다.

온몸으로 차가운 눈을 맞았던 그날, 그 길 위에서 엄마의 가슴속에 '내 집을 갖고 싶다'는 뜨거운 열망이 자리 잡았다.

## 🏠 내 집 마련을 위한 종잣돈 모으기

월세가 싼 집을 찾아 이사를 다니다가 의정부에서 작은 가게가 딸린 방에 세를 살게 되면서 엄마는 편물점(뜨개질)을 시작했다. 아버지가 벌어 오는 돈은 불규칙적이어서 엄마도 일을 해야겠다는 생각에 당시에 150만 원 정도면 살 수 있는 작은 가게가 딸린 집을 사겠다는 목표를 세웠다. 어떻게든 내 집을 사야겠다는 간절한 마음으로 삼성의 전신인 동방생명에 만기 때 60만 원을 탈 수 있는 적금을 붓기 시작했다. 매월 1만 원이 조금 안 되는 금액이었지만 1971년도에 짜장면 한 그릇이 140원이었으니 그때의 1만 원은 짜장면 70그릇을 사 먹을 수 있을 정도로 큰돈이었다.

아버지란 사람은 거의 백수였기 때문에 한 달에 1만 원의 적금은 적잖이 부담스러운 금액이었지만 엄마는 허리띠를 졸라매고 내 집 마련을 위한 종잣돈 모으기에 집중했다. 적금을 붓기 시작한 후 동생까지 태어나서 삶은 더 퍽퍽하고 가난해졌지만 이 적금 하나를 희망으로 붙잡고 버텨냈다. 매일 김치와 콩나물국과 두부만 먹었고 어쩌다 먹는 고등어가 우리에겐 유일한 고기 반찬이었다.

종잣돈 모으기란 쓰고 남은 돈을 모으는 것이 아니라, 저축을 최우선으로 한 뒤 나머지 돈으로 생활하는 거라는 생각이 확고했던 엄마는 살 집이 없어서 길바닥으로 내몰리는 상황까지 왔을 때도 그 적금만은 포기하지 않으셨다. 그렇게 악착같이 버티면서 종잣돈을 만들었고, 그 돈은 엄마 투자 인생의 첫 디딤돌이 되어주었다.

엄마는 말씀하신다. "젊은 시절에 반드시 종잣돈을 모아라. 지금은 티끌이지만 지루함을 견디면 그 끝에 태산을 경험하게 된다. 부동산 투자의 기본은 티끌의 시간을 견디는 저축에서부터 시작된다는 것을 잊지 말아야 한다."

## 🏠 친할머니의 땅을 상속받다

아버지는 회사에 들어가도 몇 달을 못 버티고 나왔고, 우리는 월세가 더 낮은 집을 찾아 1년에 한 번씩 이사를 다녀야 했다. 결국은 더 이상 싼 집을 찾지 못하고 길바닥으로 내쫓길 상황까지 이르렀다. 그런 사정을 안 큰엄마의 언니가 호의를 베풀어주셨다. 집 장사를 하는 분이셨는데 그때는 팔릴 때까지 집을 비워놓는 경우가 많아서 그 집을 지켜주는 조건으로 공짜로 살게 해주신 것이다. 그분 집을 지켜주는 역할로 이 집 저 집으로 이사를 다니며 1년 정도를 살았다.

그러던 중 어느 날 갑자기 친할머니가 의정부 골짜기의 작은 논을 증여해주셨고 그 땅을 팔아 목돈이 생기게 되었다. 거기에 마침 엄마가 아끼고 아끼며 부었던 적금 만기일까지 도래해 드디어 내 집을 살 수 있는 종잣돈이 마련되었다. 엄마가 적금을 붓기 시작했을 때는 의정부에 150만 원 정도의 작은 집을 마련하는 게 목표였는데, 그 돈이면 서울에 집을 마련할 수 있었다. 우리 형편에는 말 그대로 기적이었다.

엄마는 그때 지금 당장 아무것도 없을지라도 준비하고 노력하고 있으면 반드시 기회의 문이 열린다는 믿음을 갖게 되셨다고 한다. 당신의 인생이 그러했기에 앞이 보이지 않는 날에도 부지런히 앞으로 나아가면서 살았노라고.


## 🏠 우리의 첫 집, 망원동에서의 내 집 마련

당시 부동산에 대해서는 아무것도 몰랐던 엄마는 땅을 분할해서 파는 큰엄마 지인의 추천으로 131번 버스 종점 차고지에서 난지도 방향으로 조금 걸어 들어간 곳에 위치한 밭이었던 성산동 땅을 분할받았다.

그때는 건축법에 제한이 없어서 밭에다가도 막 집을 지을 수 있었다. 신탁은행에서 대출을 가득 받아 그 땅에 우리의 첫 집인 미니 2층짜리 집을 지었다. 당시에 미니 2층집이 유행이었고 자재와 인건비가 싸던 시절이라 1층이나 2층이나 짓는 비용은 큰 차이가 나지 않았다.

아래층에 방 두 개, 부엌과 화장실이 하나씩 있는 두 가구를 만들고 위층에는 방 세 개에 부엌, 목욕탕, 거실을 만들었다. 우리는 2층에서 살고 아래층 두 가구는 전세를 놓아 대출금 일부를 갚았다. 지금의 다가구주택 형태였다. 엄마는 집수리를 하거나 건축을 할 때 비용이 더 들더라도 꼭 최신식으로 하셨다. 바퀴 달린 화덕을 사용하던 시절에 최초로 연탄보일러를 놓게 되면서 신주택이 탄생했다.

그런데 연탄보일러의 문제는 가스가 새는 경우가 많다는 것이다. 연일 뉴스에 연탄가스로 인한 사망 기사가 떴다. 연탄가스가 자욱한 방에서 잠든 우리를 엄마가 억지로 깨워 밖으로 데리고 나갔던 일, 어린 내가 구토를 하며 기어나가 벌컥벌컥 동치미 국물을 마시고 부엌 바닥에서 기절했던 밤이 지금도 생생하다. 그럼에도 불구하고 보일러가 있는 내 집이라는 사실이 엄마는 마냥 좋았고, 내 땅, 내 집에서 평생 살며 아래층 전세를 점점 월세로 바꿔 받는 소박한 꿈을 꿨다.

## 🏠 1년 만에 우리의 첫 집을 잃다

내 집 마련을 하고 이제부터 행복 시작! 이렇게 되어야 했는데 엄마의 꿈은 1년으로 끝이 나버렸다. 아버지는 여전히 무능력했고 아이 셋은 자랐으며 은행의 대출이자는 연 24%였다. 꾸준한 소득이 들어오지 못했기에 대출이자를 감당하는 것이 너무나 어려웠다. 1976년도에 그 집을 짓고 1년 정도 지난 1977년도에 집값이 조금씩 오르기 시작하자 대출이자가 부담스러웠던 아버지는 집을 팔자고 성화를 부렸다.

아버지는 당신이 편할 수 있다면 낮은 곳으로 내려가는 것을 불편해하지 않았고, 엄마는 힘들고 불편하더라도 더 좋은 환경으로 올라가려고 노력하는 분이었다. 두 분은 성향이 너무나 달랐다. 아직 어렸던 엄마는 결국 아버지의 고집을 이기지 못했고 어쩔 수 없이 집을 매도하게 되었다. 월세를 받으며 살고자 했던 엄마의 꿈은 그렇게 1년 만에 무너졌다.

집을 팔고 나자, 자고 일어나면 집값이 올랐다. 매도 계약을 하고 두 달 만에 서울 집값은 두 배로 뛰었다. 대출금을 갚고 남은 돈으로는 서울에 이사 갈 집이 없었다. 다시 남의 집 살이를 해야 하는 상황이 되었다.

아무리 내 집 마련을 해도 꾸준한 소득이 없으면 집을 지킬 수가 없는 것이다.

# 스물일곱 살에
# 첫 발품을 시작하다

집을 비워줘야 하는 날은 점점 다가오는데 이사 갈 집을 구하지 못해서 엄마의 마음은 조급했건만 아버지는 천하태평이었다. 아버지만 믿고 있기 불안했던 엄마는 어떻게든 이사 갈 집을 찾아야겠다 결심하고 집을 나섰다. 스무 살에 첫 아이를 낳고 여전히 뽀송뽀송하고 어렸던 스물일곱 살의 엄마는 그렇게 부동산 발품을 시작했다.

오전에 집안일과 저녁 준비까지 모두 끝내놓고 우리에게 점심을 먹인 후 집을 찾으러 나갔다. 옆방에 세를 들었던 할머니가 우리를 예뻐해 잘 돌봐주셨고, 엄마는 저녁밥 시간이 되기 전 녹초가 되어 돌아왔다.

부동산에 대한 정보는 복덕방에 가야만 얻을 수 있던 시절이어서 직접 걸어 다니며 복덕방을 찾아야 했다. 지도도 없고 버스 노선도도 없어서 무작정 버스를 타고 정거장에서 내려 걸어 다니며 복덕방을 찾았다. 여기 복덕방에 나온 집이 있나 확인한 후 다음 복덕방을 찾기 위해 다시 걸었다. 더 이상 복덕방이 보이지 않으면 다시 버스를 타고 다음 정거장으로 이동해서 골목골목을 걸으며 복덕방을 찾아 돌아다녔다.

1977년은 성산동과 망원동 일대에 주택 건축 붐이 일어나면서 땅값과 집값이 폭등했고, 엄마는 망원동과 성산동 주변을 모두 걸었지만 가진 돈으로 살 수 있는 집을 찾지 못했다. 더 싼 집을 찾아 강서구 염창동과 가양동까지 넘어갔다. 염창동은 판잣집이 다닥다닥 붙어 있는 판자촌이었고, 가양동은 강을 끼고 있는 허허벌판이었다.

할아버지들이 복덕방에 앉아 있다가 손님이 들어오면 돈과 상관없이 나온 집을 모두 보여주었다. 그때는 엄마처럼 복덕방을 돌며 발품을 파는 사람이 거의 없었다고 한다. 염창동에서 만난 복덕방 할아버지는 어린 새댁이 발품을 팔고 다니는 걸 기특해하며 "열심히 많이 보러 다니면 다닌 발품만큼 발품 값이 나오니까 힘을 내요."라고 하셨다.

엄마는 염창동과 가양동에서 마땅한 집을 찾지 못해서 서대문구까지 넘어갔고, 두 달 동안 하루도 빼지 않고 매일 걸은 끝에 결국 북가좌동에서 돈에 딱 맞는 다가구주택을 찾아냈다. 사람들은 그렇게 싼 다가구주택을 찾는 건 불가능하다고들 했지만 발품 하나로 마침내 찾아낸 것이다.

엄마는 그때의 발품 덕분에 지금도 마포와 강서, 서대문 일대의 골목골목을 모두 기억하는데, 머리로 넣은 정보는 시간이 흐르면 잊어버리지만 내가 직접 발로 걸은 길은 잊지 않는다고 하셨다. 허허벌판이었지만 강을 끼고 있던 가양동을 좋아하셨고, 상암이 생기기 훨씬 전부터 언젠가는 수색 라인이 뜰 거라고 하셨다.

칠십이 넘은 지금도 엄마는 나에게 "많이 보면 알게 돼. 무조건 많이 보고 다녀. 부동산에서 정답은 발품밖에 없다. 머리가 아닌 마음과 발이 기억하는 것을 믿어."라고 말씀하신다.

## 🏢 엄마의 첫 발품으로 찾은 북가좌동 다가구주택

내 어린 시절의 기억은 이 북가좌동 집에서부터 시작된다.

현관문을 열고 들어가면 복도가 이어진다. 화장실을 공동으로 쓰면서 복도를 사이에 두고 양쪽으로 부엌과 방이 따로 분리되어 있어 두 가구가 함께 살 수 있는 단독주택이다. 요즘으로 보면 일종의 셰어하우스인 셈이다. 엄마의 지난 이야기를 들으면 역사는 돌고 돈다는 말을 이해하게 된다. 물가가 오르고 임대료가 부담스러워지면 입지가 좋은 곳에 있는 셰어하우스가 경쟁력이 될 수 있겠다는 생각이 드는 것도 이 때문이다.

집은 굉장히 낡았지만, 그래서 싸게 살 수 있었다. 엄마는 집 상태가 엉망인 집을 싸게 사서 직접 수리를 하며 사는 것이 이익이라고 하셨다. 집이 낡고 상태가 안 좋으면 안 좋을수록 가격을 깎을 수 있기 때문에 더 좋아하셨다. 먹고 살기도 팍팍한 시절이라 올수리를 하며 사는 집이 흔치 않았기 때문에 을지로에 가서 자재를 사다가 매일 조금씩 낡은 집을 직접 고치셨다.

대출을 받고 모자라는 돈은 분리된 가구에 전세를 놓아 해결할 수 있고, 나중에 월세를 받을 수도 있기에 엄마는 다가구주택을 좋아하셨다.

처음으로 들어온 세입자가 신혼부부였는데 힘들게 사는 부부가 안쓰러워 사는 내내 보증금을 단 한 번도 올리지 않았다. 5년을 함께 사는 동안 신혼부부는 두 아이의 부모가 되었고 그 집을 떠날 때 그리 서운해했다고 한다.

북가좌동 집은 마당이 꽤 넓었고 담벼락 옆으로 큰 모란나무가 있었다. 장난꾸러기였던 오빠는 나무를 타다가 바지가 찢어져 엄마한테 등짝을 맞곤 했고 나는 그 모습을 보고 깔깔대며 웃었다.

그 동네에는 돌로 된 큰 거북이가 있어서 우리는 '거북마을'이라고 불렀다. 엄마는 옷이 해진다고 가지 말라고 혼내셨지만 우리는 그 거북이 등에 올라타며 놀았다. 매일 마당에서 뛰어놀았고, 일영 계곡으로 자주 물놀이를 갔으며, 주말이면 수색까지 자전거를 타고 가곤 했다. 행복했던 추억이 많은 북가좌동 집은 오랜 세월이 흐른 지금도 여전히 그리운 기억으로 남아있다

# 엄마의 첫 부동산 투자였던
# 창동 갭투자

엄마는 가난한 집안의 세 자매 중 맏딸이었다. 술만 먹으면 때리는 남편, 한창 자라는 아이 셋에다가 막내 고모와 친할머니가 우리 집으로 들어오면서 시집살이까지 더해져 엄마의 삶은 고단함의 연속이었다. 거기에 외할아버지가 나이가 드시면서 친정 부모님까지 책임져야 했다. 그럼에도 우리네 어머니들이 존경스러운 것은 좌절하지 않고, 포기하지 않고, 가난의 늪에서 탈출하기 위해 쉼 없이 노력하셨다는 것이다.

　북가좌동에서 친하게 지냈던 동네 지인이 나이 어린 엄마가 고생하는 것을 안타깝게 여기고 창동의 다가구주택을 싼 가격에 주셨다. 그 집은 방 하나, 부엌 하나씩 분리되어 총 다섯 가구가 살 수 있었다. 엄마는 생활비를 아껴서 조금씩 모아왔던 비자금, 외할아버지와 외할머니가 살고 계시던 집의 보증금을 합쳐서 그 집을 샀다.

외할아버지와 외할머니는 방 하나만 사용하고, 나머지 네 가구는 모두 전세를 주면서 매수했다. 엄마의 첫 갭투자였던 것이다. 이후 하루가 다르게 임대료가 올랐고, 엄마는 전세금을 올리지 않고 오른 임대료만큼을 월세로 받았다.

네 가구에서 월세가 들어오니 돈이 모이는 속도가 빨라졌다. 월세는 비가 오나, 눈이 오나, 잠도 안 자고 들어오니 돈이 돈을 버는 것이었다. 엄마는 월세를 한 푼도 안 쓰고 모아 조금씩 조금씩 투자금을 불려 나갔다.

엄마는 "부동산으로 벌어들인 돈은 다시 부동산에 묻어야 한다."라고 늘 말씀하셨다. 나의 자산에서 매달 현금이라는 열매를 따기 위해서는 종잣돈이 튼튼한 자산으로 자랄 때까지 계속해서 종잣돈을 굴려야 한다.

외할아버지가 돌아가신 후 창동 집에 혼자 남으신 외할머니에게 같이 살자고 했지만 할머니는 사위와 사는 건 불편해서 싫다고 하셨다. 엄마는 어쩔 수 없이 집 근처에 할머니 집을 따로 마련하고 매달 생활비까지 챙겨드렸다. 엄마에게 외할머니는 평생 무거운 존재였지만 자식이고 큰딸이기에 부모님을 책임지는 것은 당연하다 여기셨다.

그즈음 북가좌동 집을 팔고 서교동으로 이사를 하게 되면서 엄마는 낡은 집을 사 수리를 해서 파는 일을 시작했다. 150cm도 안 되는 자그마한 체구로 자식 셋을 키우면서 고된 시집살이에, 친정 엄마까지 책임지고 서교동 집 수리와 창동 다가구주택 관리까지, 그 일을 어찌 다 해냈을까? 엄마이기 때문에? 엄마는 강하니까? 다시 가난해질 수 없다는 절실함과 오기로 살아내시지 않았을까.

엄마는 외할머니에 대한 책임감 때문에 더 간절하게 부동산 투자를 하셨다고 한다. 외할머니 때문에 힘들었으나 외할머니 덕분에 더 열심히 부동산 투자를 하며 돈을 모았으니 인생은 참으로 아이러니하다.

그러므로 세상에 나쁘기만 한 인생은 없다. 그때는 숨이 막히게 힘들었을지라도 지나와 돌아보면 그 고단함이 지금의 나를 키운 것임을 알게 된다.

## 🏢 창동 다가구주택으로 첫 갭투자 성공

창동 다가구주택으로 월세를 받으며 오래오래 갖고 가고 싶었으나 외할아버지가 돌아가신 후 딸과 가까운 데 살고 싶다는 외할머니 때문에 고민 끝에 엄마는 2년 만에 창동 집을 팔기로 했다.

집값이 빠른 속도로 미친 듯이 오르는 때도 있었지만, 지난 역사를 돌아보면 집값은 그리 쉽게 자주 많이 오르지 않는다. 창동 집을 2,000만 원에 매수하고 2년 만에 2,800만 원 정도를 받고 팔았는데 1980년도에 800만 원이라는 돈은 큰 시세차익이었다.

엄마의 창동 주택 투자는 앞서 말했듯 북가좌동에서 친해진 지인이 아이 셋에 부모님까지 책임지며 힘들게 사는 엄마를 안타깝게 여겨 싸게 주셨기 때문에 가능했었다. 그러나 2년 만에 엄마가 큰 시세차익을 얻은 걸 알게 된 지인이 마음이 상한 탓에 그때부터 관계가 불편해졌다. 매도를 하고 바로 인사를 하려고 했으나 이미 서먹서먹해진 터라 연락이 끊겨버렸다.

엄마는 아직도 그분께 감사하고 미안한 마음이 크다. 매도하고 바로 얼마라도 드렸어야 했는데 할머니 이사시켜 드리고 바쁘다는 핑계로 바로 행동으로 옮기지 않았던 것이 후회된다고. "내가 바쁜 것보다 감사 인사를 하는 것이 우선이었어야 했는데 엄마가 그때는 어려서 철이 없었다."라고 말씀하신다.

매도했으면 이후 그 사람이 얼마에 팔든 얼마 만에 팔든 기분이 나쁘지 않아야 맞다 생각하지만, 인간의 마음이라는 것은 그렇게 간단하지 않은 것 같다. 남이 돈을 벌면 속이 쓰린 것은 어쩔 수가 없나 보다.

엄마는 그 이후로는 절대로 아는 사람하고 부동산 거래를 하지 않는다. "가족이나 지인과 부동산 거래를 하면 인연이 끊어지게 된다."라고 하셨는데 내 주변 부동산 중개사님들도 같은 말씀을 하신다.

　엄마는 지난 기억들을 더듬으며 "감사한 사람들이 참 많구나. 내가 잘나서 부동산 투자로 돈을 번 것이 아니야."라고 한 번씩 말씀하신다.

# 우리의 교육을 위해
# 서교동으로

내가 엄마를 특히 존경하는 점은 하루하루가 그리 힘든 삶이었음에도 평생 발품을 멈추지 않았다는 것이다. 어떻게든 앞으로 나아가려고 노력했고, 안주하지 않았다.

1982년, 내가 초등학교에 들어갈 즈음 엄마는 자식 교육을 위해 더 좋은 동네로 이사를 가야겠다고 결심하셨다. 뒤에 "엄마는 그때 왜 강남으로 갈 생각을 안 했어?"라고 여쭈었더니, 당시 돈 있는 사람들은 강남으로 들어가던 시절이었지만 못 배우고 어릴 때부터 가난했던 엄마는 자격지심에 강남은 쳐다보지도 못했다고 하셨다. 우리는 여전히 한참 가난했고 강남으로 갈 정도의 돈은 없었다.

북가좌동 집을 찾기 위해 발품을 팔면서 엄마 마음에 남았던 곳이 서교동이었다. 우리가 성산동과 북가좌동에 살던 시절에 서교동은 부자 동네였다. 그때 엄마 기준으로 한 계단 올라서는 꿈을 꿀 수 있는 곳이 서교동이었고 시간이 날 때마다 서교동 일대를 돌아다니셨다.

상세한 지도가 없던 시절이라 집으로 돌아와서 지도를 직접 그리며 기억에 남는 것들을 표시하셨다. 발로 직접 걸으며 10년이 넘게 지도를 만드셨으니 지금 내가 엄마의 내공을 따라간다는 것은 진정 불가능한 일이다.

그즈음 엄마의 발품은 한 단계 업그레이드되었다. 무작정 복덕방에 가는 것이 아니라 골목골목을 다 돌아다닌 다음에 마음에 드는 구역을 정한 후, 인근 복덕방으로 가서 "저쪽에 나온 집 중에 이만저만 한 조건의 집이 있나요?"라고 묻는 것이다.

복덕방에 가서 나온 집들을 다 보기보다 구역과 조건을 정해서 복덕방을 찾는 것이 내가 원하는 집을 더 빨리 찾을 수 있는 방법이다. 이렇게 하면 수동적으로 매물을 보는 것이 아니라 능동적이고 적극적으로 매물을 끌어올 수 있다. 복덕방에서 나의 조건과 맞는 매물을 만들어 오기도 한다.

서교초등학교 뒤쪽 주택가에 낡은 단층 주택이 많다는 것을 알게 된 엄마는 인근에 있는 몇몇 복덕방으로 자주 놀러 가셨다. 엄마가 원하는 집은 방 세 개에 옆에 세를 줄 수 있도록 가구가 따로 분리된 다가구주택이었고, 가능한 한 싼 집을 사야 했기에 낡을수록 좋다는 것이 조건이었다.

비가 오는 날은 부침개를 부쳐서 가는 등 이런저런 간식거리를 만들어 가서 수다를 떨고 오셨다. 핸드폰이 없던 시절이니 자주 만나서 정보를 듣는 것밖에는 방법이 없었다. 그러던 어느 날, 드디어 사거리 코너에 단층 주택이 싸게 매물로 나왔고, 복덕방 문턱이 닳도록 드나들던 엄마에게 그 집이 당첨되었다.

엄마의 적극적인 매물 찾기 방식은 1982년도나 지금이나 비슷하다. 나도 엄마와 같은 방식으로 발품을 팔고 지도를 만들고 매물을 찾는다. 아무리 시대가 변해도 기본은 변하지 않는 것이다.

## 🏠 외부 환경보다 가정의 화목이 더 중요하다

사람은 조금이라도 배울 것이 있는 사람과 어울려야 하고, 그러기 위해서는 지금보다 좋은 환경에서 살아야 한다고 엄마는 늘 말씀하셨다.

내가 초등학교 3학년 때 우리는 북가좌동을 떠나 서교동으로 들어갔다. 아빠의 반대가 심했지만 엄마는 자식들의 공부 환경을 위해 다시 담보대출을 가득 받아서 이사를 강행했다.

엄마는 우리에게 부자가 아닐지라도 용의 꼬리로 살라고 하셨다. 용의 꼬리로 살면 같은 용궁에서 많은 것을 보고 누릴 수 있지만 지렁이의 머리로 살아봤자 그곳의 환경은 진흙탕이라 했다. 내가 대장으로 사는 것보다 살아가는 곳의 주변 환경이 더 중요하고 내 주변이 잘살아야 내가 잘살 확률이 올라간다고 말씀하셨지만 여전히 우리 집은 너무나 가난했다.

친구들이 브랜드 운동화를 신을 때, 시장에서 산 나의 비닐 운동화는 조금만 신어도 갈라지고 찢어졌다. 찢어진 운동화가 창피해서 늘 고개를 숙이고 다녔다. 엄마가 청계천 중고시장에서 사 온 옷을 입고 다녀서 친구들이 놀려댔다. 가난은 나의 자존감을 바닥까지 끌어내렸고, 작고 말랐던 나는 교실 구석에서 존재감 없는 아이로 얌전히 지내야 했다.

담임선생님이 부모에게 돈을 요구하던 시절이었고, 봉투를 건네지 않으면 친구들 앞에서 창피를 주거나 괴롭히는 경우가 있었다. 다행히 1학년 때 첫 담임선생님이 나를 안쓰럽게 여기고 챙겨주셔서 초등학교 생활을 겨우 버틸 수 있었다. 엄마는 우리에게 좋은 환경을 제공해주기 위해 최선을 다했지만, 그 환경 안에서 가난 때문에 내가 친구들과 비교당하고 주눅이 들었다는 것은 알지 못했다. 좋은 환경의 친구들을 사귀길 바랐던 엄마의 희망은 현실적으로는 이루어지기 쉽지 않은 것이었다.

하지만 나는 여유롭고 따뜻한 분위기에 반해 일산으로 독립 후 나의 첫 보금자리로 선택했고, 거기서 좋은 사람들을 많이 만났다. 좋은 환경에서 좋은 사람들을 만나 지금까지도 잘 살고 있으니 엄마가 했던 말이 맞는 것도 같다.

그러나 살기 좋은 환경이라는 것이 집값과 직접 연관되어 있다고 생각하지 않았으면 좋겠다. 나는 외부의 환경보다 집 안의 편안함을 더 중하게 여기며 살았다. 이런 생각은 결과적으로 옳았다. 무조건 집값이 비싼 동네에서 살려고 애쓰기보다는 가정의 화목을 가장 우선으로 돌보는 것, 그것이 가장 중요한 교육환경이다.

# 낡은 집 수리로 일군 10년 몸테크

## 🏠 서교동에서 10년간 열 번 이사를 하다

엄마의 첫 발품으로 찾은 북가좌동 집에서 5년을 산 우리는 1982년에 서교동으로 이사를 했다. 서교동 집은 재래식 변기에다 부엌에 바퀴 달린 화덕이 있는 집이었다. 이렇게 오래되고 낡았기 때문에 싼 값에 살 수 있었다.

1977년 망원동 주택에서부터 북가좌동 집까지 손수 집수리를 하며 살았기 때문에 엄마의 집수리 실력은 이미 상당히 높은 수준이었다. 그래서 남들이 도망칠 정도로 끔찍한 상태의 집을 보면 싸게 살 수 있기에 오히려 좋아하면서 자신 있게 매입했다.

낡은 서교동 집에 살면서 엄마의 최신식 리모델링이 시작되었다. 엄마는 조금이라도 돈을 아끼기 위해 일당 인부로 미장과 목수 두 사람만 고용했고 집수리에 대한 아이디어와 설계, 을지로 시장에 가서 자재를 구하는 것까지 모두 홀로 해냈다.

집을 어떻게 바꿀지 노트에 그림을 그렸고 을지로 시장을 돌아다니며 건축자재를 직접 골랐다. 저녁에 자재들이 집으로 배달되고 다음 날 새벽 6시가 되면 인부들이 도착했다. 일하는 사람들한테 주는 새참조차 인색하던 시절이었는데, 엄마는 먹는 것은 후해야 한다며 아저씨들의 아침과 점심, 저녁 그리고 오전과 오후 새참까지 챙겼다.


사람의 손이 가는 일은 마음이 담기기 때문에 내가 할 도리를 하고 성심을 다해 대한 후에 요구사항을 꼼꼼하게 정리해서 말해야한다. 엄마는 매일 아침 그날 해야 할 일을 종이에 적어서 벽에 붙여놓았다. 인부 아저씨들이 깜빡하지 않도록 하기 위함이기도 했고, 직접 말로 하다 보면 감정이 상할 수 있기 때문이었다.

엄마는 내 집에서 일하는 인부가 침을 뱉고 욕을 하면서 일하면 내 집에 부정이 탄다고 하셨다. 집수리 하자는 인부들이 모두 떠나고 한참 후에 터지기 때문에 그때는 감당하기 어려운 상황이 된다. 인부들이 독을 품으면 나의 집에 나쁜 일이 일어난다고, 또 하루 벌어 하루 먹고 사는 인부들의 일당을 깎는 것은 절대로 해서는 아니된다고 하셨다. 엄마는 지금도 나에게 인건비는 깎으면 안 된다는 당부를 하신다.

　가끔 심보가 못된 아저씨들도 있었지만, 엄마처럼 해주는 집주인이 별로 없었기에 대부분 성심껏 일을 해주셨다. 인건비를 아끼기 위해 엄마도 함께 막노동을 도왔고, 초등학생이었던 동생과 나는 부엌일을 하거나 벽돌과 시멘트를 나르기도 했다.

　서교동 집수리를 하면서 엄마는 어깨너머로 미장일을 배웠다. 하루 일당으로 일하시던 인부 한 분이 목수일을 꼼꼼하게 잘하시는 걸 본 엄마는 나중에는 그분 한 분만 데리고 집수리를 하셨다. 엄마가 대부분의 작업을 조금씩 할 수 있어 가능한 일이었다. 집수리는 목수가 일을 잘하면 거의 다 된다고 하셨다. 그 후 엄마와 김목수 아저씨의 집수리 파트너 인연은 10년 넘게 이어졌다.

　대문을 멋지게 바꾸고, 집 전체를 둘러싸고 시멘트 공구리를 친 후 붉은 벽돌을 쌓아 고급스럽게 만들었다. 재래식 화장실을 수세식 화장실로 변신시키고, 허리를 굽혀 화로에 요리를 해야 했던 부엌을 입식 부엌으로 고친 후 타일까지 깨끗하게 붙였다. 집은 하루가 다르게 멋지게 바뀌어갔다.

　당시에는 그렇게 깨끗하게 최신식으로 수리된 집이 귀해서 올수리를 한 집은 비싸게 팔 수 있었다. 양도세가 거의 없던 시절이었기에 시세차익을 내면서 팔고, 다시 낡고 헌 집으로 이사 가서 올수리를 해서 팔고, 다시 헌 집으로 이사하고…. 서교동에서 1년에 한 번씩 이사하면서 엄마는 대출금을 다 갚았고 투자 비자금을 모았으며 마지막에는 아빠의 사업 자금까지 대주었다.

아이 키우고 친정엄마 돌보는 와중에 직접 집수리까지 해야 했던 엄마는 마음 편히 쉬는 날이 거의 없었다. 내 기억 속 엄마는 늘 아팠고 밤마다 끙끙 앓았다. 엄마가 아프다는 소리 하는 게 싫었던 나는 낡은 집을 사서 수리를 하는 엄마에게 "엄마가 좋아서 하는 거지. 우리를 위해서야?"라며 모질게 말하기도 했다. 하지만 나는 이제야, 내가 직접 부동산 투자를 해보면서, 집수리를 직접 하는 것이 얼마나 힘들고 고단한지를 알게 되었다. 한마디로 우리는 엄마가 뼈를 깎아가며 번 돈으로 살았던 것이다.

이렇게 엄마의 몸테크로 서교동에서 이사를 다니며 우리는 10년을 살았지만 아빠의 사업이 잘못되면서 또 다시 집을 날렸다. 손톱이 나가도록 흙을 지고 나르며 쌓았던 엄마의 10년 고생이 물거품이 돼버렸다.

# 개포동 구룡마을
# 첫 지상권 투자

## 🏠 수서동 궁마을 전셋집에 들어가다

엄마는 서교동에서 10년 동안 몸테크 투자로 꽤 큰 돈을 벌어 아버지에게 개인택시 두 대와 중고차 매매 허가권까지 사주셨다. 하지만 아버지는 이후 사업 확장으로 큰 빚을 지며 결국엔 부도까지 맞았고, 우리는 서교동 집을 팔아야 했다.

개인택시를 그만두고 중고차 매매업을 배우겠다고 서교동에서 율현동으로 출근하는 아버지를 위해 엄마는 아버지 직장에서 가까운 강남구 끝자락까지 발품을 팔고 다녔다. 이때 엄마는 수서동을 알게 되었다. 1993년에 서교동 집을 팔아 빚을 갚고 나니 돈이 별로 남지 않았던 우리 가족은 수서동 궁마을의 단독주택에 전세로 들어갔다.

무리하면 집을 살 수도 있었지만, 외할머니가 살 집을 마련하고 아버지 사업 자금을 대야 했던 데다 계속해서 투자도 해야 했기에 당분간 내 집을 사는 것은 포기했다.

자식들이 어릴 때 적극적으로 투자하기 위해서 엄마는 집에 깔고 사는 돈은 최소화하기로 했다. 우리가 들어간 집은 마당이 넓고 방이 여러 개여서 집 전체를 전세로 얻어 방 한 칸을 월세로 주었다.

처음 수서동 궁마을로 갔을 때 집 주변은 허허벌판에 아파트 공사가 한창이어서 온종일 공사장 먼지가 날렸다. 그때는 수서역이 없어서 마을버스를 타고 다녀야 했는데, 1993년 말부터 수서동 아파트에 사람들이 입주하며 버스 노선이 늘어나기 시작했다.

전세 보증금을 내고 나서 남은 돈으로 외할머니가 살 곳을 찾아다니다가 개포동 아파트를 보게 되었다. 개포동 아파트가 몇 날 며칠 눈에 어른거렸지만 단돈 3,000만 원이 없어서 돌아서야 했다.

## 🏢 개포동 구룡마을에서의 첫 지상권 투자

개포동 아파트를 포기하고 엄마가 선택한 곳은 구룡마을의 농가주택 지상권이었다. 당시 구룡마을은 대부분 밭이었고 낡은 농가

주택들이 띄엄띄엄 있었다. 지상권을 소유한 자는 1년마다 약간의 땅세만 내면 그 집에서 살 수 있었다. 엄마는 구룡마을에서 처음으로 지상권이라는 것을 알게 되었고 지상권을 보유하고 있는 한 그 땅을 매수할 수 있는 1순위가 될 것이라 생각했다. 비싼 편이었지만 교통이 좋았기에 1,000만 원 정도 주고 지상권을 매수했다.

지금의 상식으로 봤을 때는 어떻게 등기도 안 되고 건축물대장도 없는 부동산을 거래할 수 있는지 의아하겠지만 90년대에는 남의 땅에 있는 무허가주택을 복덕방 없이 이장 또는 통장 입회하에 거래하는 것이 자연스러운 일이었다.

구룡마을 집은 방 네 개에 부엌 네 개가 있는 큰 집이었다. 엄마는 할머니가 평생 편하게 사실 수 있도록 깨끗하게 올수리를 했다. 내 땅이 아닌 곳에 자리한 낡은 지상권 집을 내 돈을 들여 올수리한다는 것은 상상할 수 없는 일이었다. 내 땅이 아니기에 쓰러질 것처럼 낡은 집일지라도 사람들은 그냥 살았다.

그런데 엄마가 리모델링을 해서 깨끗한 집을 만들자 할머니가 사는 방을 제외한 방 세 개에 세입자가 높은 가격으로 들어왔다. 월세도 더 받을 수 있으니 거기에서 할머니의 생활비가 해결되었다. "내가 살고 싶을 정도로 집 상태를 만들어놓으면 내 집의 임대료 가치는 내가 정할 수 있게 된다."라고 엄마는 늘 말씀하셨다. 엄마가 평생 낡은 집만 골라서 부동산 투자를 한 것은 살 때는 싸게 살 수 있는데, 집 상태를 바꾸면 임대료를 얼마든지 올릴 수 있고, 임대료를 올리면 매매가 또한 오른다는 것을 알았기 때문이다.

주변 구룡마을 사람들은 엄마가 집수리를 할 때 비웃었지만 나중에는 놀랐고, 이후 월세를 비싸게 받는 것을 보고 하나둘씩 따라 하게 되었다. 그리고 그 옆으로 하나둘씩 무허가 주택들이 들어서면서 판자촌이 형성되었다.

엄마가 구룡마을에 투자할 때는 전화 설치가 가능했지만 옆으로 불법 무허가 주택들이 늘어나면서 설치가 불가능해졌다. 그래서 전화가 있는 집의 지상권은 비싸게 팔 수 있었다. 엄마는 이때의 경험으로 지상권을 사면 바로 전화와 전기와 수도를 연결하여 지상권의 가치를 올려두었다.

외할머니를 오래 편히 살게 해드리려고 큰돈을 들여 깨끗하게 집수리를 하고 전화까지 놓아드렸는데 할머니는 구룡마을에서 살기 싫다고 매일 우셨다. 엄마는 화통하지만 속은 여린 편이라 항상 할머니에게 저드렸다.

고생해서 수리한 집을 외할머니의 성화로 1년도 안 되어 팔게 되었지만 투자금의 30% 정도를 벌었다고 한다. 1,000만 원을 주고 산 구룡마을 지상권의 가치는 하루가 다르게 올랐거늘 1년 만에 팔다니! 엄마는 구룡마을 지상권을 판 것이 가장 아깝다고 자주 말씀하신다.

## 🏠 투자자에게 신용은 목숨과 같다

"집에 돈이 없었는데 어떻게 집수리를 했어?"라고 엄마에게 물어보니 북가좌동에서 살 때 친했던 아줌마들이 돈을 잘 빌려주셨다고 한다. 엄마는 약속을 잘 지켜서 주변 사람들에게 신용이 좋았다. 우리는 아끼며 살지라도 신세를 지면 인사를 하는 것을 잊지 않고 사람들에게 절대 인색하게 굴지 않았다. 은행 이자보다 1부를 더 얹어서 일시불로 갚았다. 사채를 끌어들여 부동산 투자를 했는데도 벌었다. 참으로 좋은 시절이었다. "그런 시절은 이제 다시 오지 않는다. 앞으로는 찌질하게 버는 시대일 거야. 그럼에도 이 나라는 여전히 부동산 투자가 가장 좋아."라고 말씀하신다.

엄마가 평생 부동산 투자를 할 수 있었던 것은 엄마한테 돈을 빌려주겠다는 사람들이 줄을 섰었기 때문이다. "그 사람들 덕분에 내가 돈을 벌 수 있었다. 투자자가 신용을 잃으면 다 잃는 거야."라고 말씀하셨다. 직장을 다닌 적도 없고 기댈 곳도 없던 엄마는 신용을 목숨처럼 여겼다.

그런데 아이러니하게도, 우리 집은 어쩌면 엄마의 신용 때문에 망했는지도 모른다. 엄마가 사채를 끌어들여 아버지의 사업 자금을 대었고 사업이 부도가 나면서 엄마가 가장 큰 타격을 받았다. 아버지가 진 빚을 엄마가 남은 생을 다 바쳐 갚았기 때문이다. 가

첫 번째 발품: 1977~2008년

족이 모두 함께 잘살기 위해 평생 부동산 투자를 하며 애썼지만 어느 가족 하나 도움이 되지 않았다며 "너는 가족 몰래 투자를 해."라며 지금도 내게 당부하시곤 한다.

내가 어른이 된 후 부동산 투자를 하게 되면서 엄마와 함께 발품을 팔고 다니거나 집수리에 대해 의논할 때 엄마의 눈은 샛별처럼 빛난다. 이제야 엄마를 이해하는 가족이 생겼다는 기쁨 때문 아닐까.

# 김포에서
# 본격적인 딱지 투자를 하다

## 🏠 김포 고촌으로 들어가다

엄마는 정원이 있는 단독주택을 갖고 싶어 했다. 김포에 사는 친척이 서울에서 가깝고 집값도 싼 김포로 오길 권했는데 마침 아버지가 가양동에 사무실을 오픈하게 되면서 엄마는 수서동에서 김포까지 매일 집을 보러 다녀야 했다. 김포는 서울 바로 옆에 붙어있는데도 불구하고 집값이 굉장히 쌌다.

경기도에 투자할 때는 서울에서 많이 떨어지면 안 된다. 서울 집값이 오르면 서울 초입에 살던 사람들이 경기도로 밀려 나오면서 임대 시세가 꾸준히 올랐다.

사람들이 서울에 투자할 때, 엄마가 경기도 초입에 투자한 이유는 투자금 대비 수익률이 월등히 좋았기 때문이다. 똑같은 1,000만 원을 투자할 때 서울에 비해 경기도 초입에서 더 높은 수익률로 시세차익이 났다. "투자란 남들에게 과시하고 잘난 척하기 위해서 하는 게 아니다. 투자는 실속이다! 검은 고양이든 흰 고양이든 쥐만 잘 잡으면 된다."라고 하셨다.

경기 남부에서는 과천과 하남을, 경기 북부에서는 고양시의 능곡과 백석동, 김포의 고촌을 가장 마음에 들어 하셨다. 결국 우리는 아버지 직장과의 거리를 고려하여 1995년에 김포 고촌에 자리를 잡았다.

서울도 아닌 김포 고촌에 자리 잡는 것임에도 아버지의 사업자금, 엄마의 투자자금, 그리고 외할머니 집 구입을 위한 돈까지 마련해야 했기에 엄마는 내 땅에 내 집을 사는 것은 포기하고 그린벨트 안의 딱지(지상권)를 사셨다. 그린벨트 안에 오래된 딱지 집을 갖고 있으면 다른 곳에 있는 내 땅에 집을 옮겨 지을 수 있는 이주권이 생긴다. 김포는 대부분의 땅이 그린벨트이거나 농지라서 건축허가가 나기 쉽지 않기 때문에 딱지가 귀하게 거래되었다.

우리가 들어가 살 집은 서울로 나가는 길이 바로 옆에 있었고 날씨가 좋은 날에는 거실에서 한강이 보였다. 하지만 60년대에 지어져 뼈대만 남아있고 오랫동안 사람이 살지 않은 폐가로 지붕을 받치고 있는 기둥이 무너져가고 있었다. 전쟁 때 폭격 맞은 집이었는지 벽만 덩그러니 남아있고 집 안에는 아궁이가 있었으며 지붕은 짚으로 되어 있어 쥐와 벌레가 어마어마했다. 그 집을 처음 보러 갔을 때 바닥에 도망치던 쥐들과 사방에 벌레들…. 아, 그 집의 끔찍했던 상태가 아직도 생생히 기억난다.

동생과 나는 이런 집에서 살기 싫다고, 서울에 따로 방을 구해달라며 몇 날 며칠을 울었다. 왜 자꾸 낡고 더러운 집을 사는 것인지 엄마가 너무나 원망스러웠다. 돈이 없어서 어쩔 수 없었던 것인데 떼를 쓰는 우리를 보며 엄마의 마음은 얼마나 아팠을까?

오빠는 직장이 용산에 있었기 때문에 회사 근처로 독립을 했고, 고촌 끄트머리 시골집에서 나는 신월동 직장에, 동생은 서울의 고등학교에 다녔다. 버스도 다니지 않는 곳이어서 아버지가 아침에 우리를 버스정류장까지 태워주고 저녁에는 데리러 나왔다. 밤에 혼자 걸어서 가기에는 가로등 하나 없는 무서운 시골길이었다.

그 와중에 서교동에서부터 인연을 맺었던 김 목수 아저씨가 김포 고촌으로 매일 출근하셨고, 우리의 집수리는 또다시 시작되었다. 동생과 나도 틈틈이 시멘트와 벽돌을 나르며 엄마를 도왔다.

붉은 벽돌을 밖으로 쌓는 것이 아니라 집 안 안쪽 벽에 쌓고 벽난로도 만들어 거실을 카페처럼 꾸몄다. 내 땅도 아닌데 집에 뭐

하러 그리 공을 들일까 싶었지만 엄마는 집수리를 하고 인테리어를 하는 것을 어느새 즐기게 됐던 것 같다. 집이 특이하고 예쁘다며 동네 사람들이 돌아가며 집 구경을 왔다. 귀신이 살 것 같은 집이 사람의 손을 타며 예쁘게 변신해가는 것을 볼 때의 성취감과 뿌듯함 때문에 엄마는 평생 낡은 집만 처다보셨는지도 모른다.

나는 초등학생 때부터 엄마의 집수리를 도왔기 때문에 낡은 집을 치가 떨리게 싫어했고, 부동산 또한 처다보지도 않았다. 하지만 내가 서른이 넘어서 부동산 투자를 시작했을 때 낡은 주택에 대한 두려움이 없었던 것은 역시 어릴 때 학습의 결과인 듯하다.

고촌 집 뒤에는 산이 있었다. 당시에 산이나 개천을 끼고 있는 집은 교통이 불편했기 때문에 싸게 살 수 있었다. 엄마는 단독주택을 살 때 산이나 개천을 끼고 있는 집을 사서 넓게 개간하여 텃밭을 가꾸며 살았다. 그 땅을 불하받을 때 오랜 시간 점유한 자에게 우선순위를 주기 때문이다.

나중에 우리는 땅을 싸게 불하받았고 엄마의 소원대로 내 땅에 내 집을 갖게 되었다. 포기하지 않고 용기 있게 도전한 엄마가 승리한 것이다.

## 🏠 본격적인 딱지 투자

고촌 집 수리를 하면서 엄마는 고촌 일대 그린벨트 내에 지상권(딱지) 세 개를 사셨다. 구룡마을의 경험으로 지상권의 가치가 오를 것이라는 확신이 들었기 때문이다.

고촌에 집중적으로 투자한 것은 내가 사는 주변만 공략해도 투자할 곳은 발에 차이도록 많기 때문이다. 부동산 자산이 내 가까이에 있어야 정보도 빨리 얻을 수 있고 일이 생겼을 때 대처하기도 쉽다.

지금은 더 힘들지만 그때도 딱지 집을 구하는 것은 쉽지 않았다. 노인이 병들어 돌아가시거나 홀로 살던 부모님이 자식 집으로 들어가는 경우가 아니면 딱지 집이 매물로 나오는 경우는 드물었다.

엄마는 딱지 집을 찾을 때도 서울로의 접근이 쉬운 입지를 가장 중요하게 생각했다. 일단 고촌 버스정류장에서 모든 버스 노선을 타고 들어가서 시골 골목을 돌아다니며 노트에 길을 그리고 마음에 드는 집의 위치를 표시했다.

두 번째로는 방이 여러 개 있는 다가구주택인지, 혹은 집터가 넓은지를 살펴보았다. 그런 집은 비쌌지만 올수리를 해서 다가구주택으로 세를 놓으면 가치를 올리기가 쉬웠다. 외할머니가 살 집도 다 쓰러져가는 낡은 집이었지만 터가 넓어서 깨끗하게 올수리를 해서 방 세 개와 부엌 세 개로 만들어 월세를 받았다. 우물까지 팠는데 물맛이 참 좋았다고 한다.

그러나 논이 접해있는 땅이어서 습했던 탓에 할머니가 살기 싫어하셨고 결국 집수리만 하고 바로 팔았다. 그때부터 엄마는 논을 개간한 땅이나 논이 붙어있는 주택은 쳐다보지 않는다. 바닥에서 올라오는 습기를 잡기가 쉽지 않기 때문이다.

시골 지역인 김포에서 딱지 투자를 하는 사람도 없었지만, 자기 땅도 아닌 곳에 앉혀진 딱지 집을 올수리해 사는 사람이 거의 없어서 깨끗하게 수리된 딱지 집은 비싸게 팔렸다. 엄마는 그때부터 딱지 집을 수리해서 파는 것으로 돈을 벌었다. 단기매매도 가능하고 양도세도 거의 없던 시절이니 6개월 만에 팔아도 최소 수익률은 20%였다.

더 비싸게 팔 수도 있었지만 딱지 집을 사서 들어오는 사람들은 경제적으로 어려운 사람이기에 다음 사람도 남아야 한다며 늘 시세보다 싸게 파셨다.

또한 엄마는 아무리 힘들어도 자금 원칙을 지켰다. 부동산 투자로 번 돈 중 일부는 절대 쓰지 않고 투자 비자금으로 남겨놓는 것이다. 언제 어느 때 위기가 올지 모르기 때문에 투자자에게 여유자금은 필수라고 말씀하셨다.

## 🏠 김포의 땅 전문가 김 부장님을 만나다

드물게 나오는 집을 구하기 위해 이 복덕방, 저 복덕방을 돌아다니다가 엄마는 김포 땅 전문가인 '김 부장님'을 만나게 되었다. 서울 사람이 김포에 딱지 집으로 이사 와서 산다는 것도 신기했던 데다 당시 김포에서 딱지 집을 골라 투자하는 사람도 거의 없었기에 김 부장님은 엄마를 대단하게 여기셨고 이후 여러 이야기를 나누게 되면서 엄마의 부동산 투자에 든든한 조력자가 되어주셨다.

엄마가 입지를 찍고 지상권처럼 보이는 집을 찾으면 김 부장님이 그 부근을 수소문해서 매물을 갖고 오셨다. 딱지를 구하는 것이 쉽지 않았기에 정해진 복비가 없었는데, 엄마는 항상 김 부장님이 부르는 복비에서 더 얹어 넉넉하게 드렸다. 김 부장님이 매도까지 해주시면 시세차익의 10%를 추가로 드렸다. 몇 개의 딱지 투자를 거듭하면서 김 부장님과의 신뢰가 쌓여갔다.

"돈은 사람이 벌어주는 것이다. 부동산에서 만난 대부분의 사람들은 나보다 전문가다. 어떤 이가 나에게 귀인이 되어줄지 모르니 사람에게 후하게 대해라. 내가 대접한 것의 몇십 배로 나에게 돌아온다."라고 엄마는 말씀하셨다. 부동산 투자 현장에서 만난 인연을 소중히 여겨야 한다며 김 부장님 덕분에 지금 이렇게라도 먹고 사는 거라고 말씀하신다.

# 땅으로 투자 인생의 황금기를 맞이하다

김 부장님을 통해 김포 딱지 집 투자를 몇 채 한 후였다. 어느 날 "여사님, 땅이 싸게 나왔으니 사시죠?"라며 김 부장님으로부터 연락이 왔다. 싼 땅이 나왔는데 사놓으면 금방 시세차익을 내서 팔아준다고 하셨다.

땅은 시세라는 것이 없고 바로 옆 땅이라도 부르기 나름이라 가격이 천차만별이어서 이 땅이 싼 건지 비싼 건지 일반인들은 판단하기 어려웠다. 인터넷으로 실거래가가 공개되어 주변 땅 시세를 확인할 수 있는 지금도 땅 투자가 어렵지만 그때는 더 심각해서 복덕방이 장난을 치려면 얼마든지 가능한 시절이었다.

김 부장님은 김포에서 평생 땅 중개를 했는데, 공인중개사 자격증이 생기면서 자격증을 따지 못하자 다른 사람 사무실에서 중개보조원으로 일하는 중이었다. 주변에서는 자격증이 없다고 무시했지만 엄마는 진짜 고수는 복덕방 시절부터 중개를 해온 사람이라며 김 부장님을 깍듯하게 대접했다.

김 부장님이 이 땅은 사야 한다고 강하게 밀어붙이자 엄마는 내심 겁이 났다. "그렇게 좋으면 부장님이 가져야지, 왜 나를 줘?"라고 엄마가 세게 받아쳤는데, 김 부장님은 "저는 손을 댈 수가 없어요."라고 했다. 이상하게도 그 순간 엄마는 '이분을 믿어보자!'라는 느낌이 강하게 들었다고 한다.

인생이라는 것이 참으로 묘해서 자신의 감정에 치우쳐서 큰 손해를 보기도 하지만, 그 순간이 하늘이 내린 기회인 경우도 있다. 나중에 알고 보니 그분은 집안에 문제가 많아 경제적으로 여유롭지 못한 상황이라 탐이 났는데도 건드릴 수 없었고, 그 덕분에 엄마에게 기회가 왔던 것이다.

그렇게 엄마의 땅 투자가 시작되었다. 김 부장님이 "이 땅을 사세요!"라고 하면 엄마는 계약금을 걸었고, "여사님, 파세요!"라고 하면 팔았다. 양도세도 거의 없던 시절에 미등기 전매까지 가능했으니 땅 투자의 황금기였다.

당시 땅을 사고파는 것은 오직 복덕방의 능력이었는데, 땅 보는 눈이 뛰어난 데다 사고팔기에도 능수능란한 고수였던 김 부장님은 엄마에게 천군만마였다. 계약금을 걸고 잔금을 치르기 전에 시세차익을 내기도 했고 자금이 부족하면 매도인에게 땅 대출을 가득 받게 하는 등 은행을 이용하는 능력 또한 뛰어나셨다.

엄마는 집 거래 때와 마찬가지로 계약할 때 김 부장님에게 중개수수료 이외에 거마비를 따로 드리고, 팔 때도 복비와 수익금의 10~20%를 추가로 드렸다. 엄마가 버는 만큼 김 부장님도 함께 벌 수 있도록 수익을 나누었기 때문에 그분이 아는 좋은 매물은 모두 엄마의 차지가 되었다. 이렇게 김포에서만 땅을 사고팔고를 계속하며 김 부장님 덕분에 엄마는 인생 최고의 투자 전성기를 맞이했다.

엄마는 오랜 발품으로 복덕방에서 고수를 알아보는 눈이 있었고, 한 번 사람을 믿으면 직진하는 곧은 심지를 지닌 분이었다. "나는 돈만 대었을 뿐, 투자의 전 과정은 김 부장님이 다 하셨으니 수익을 나눠드리는 것이 맞다."라고 하셨고, 김 부장님 또한 평생 엄마처럼 의리 있는 투자자를 만나본 적이 없다며 엄마를 전적으로 신뢰하고 모든 노하우를 오픈하셨다.

엄마는 김 부장님 덕분에 10년 동안 땅 투자로 현재 가치로 30억 상당의 자산을 만드셨다. 혼자였으면 절대 아니 되었을 텐데, 시대와 사람과 신뢰가 만났기에 가능했던 성공이었다. 사람을 믿는다는 것은 두려운 일이지만, 두려움을 거두고 믿음을 주면 이렇게나 강력한 힘을 발휘한다.

부동산 투자의 성공은 좋은 중개사를 만나는 것이 90%가 넘는다. "돈은 사람이 벌어주는 것이다. 사람을 대접해야 투자의 복이 나에게 온다. 투자하면서 인건비와 중개수수료를 깎는 짓은 절대 하지 마라."라는 얘길 엄마는 지금도 하신다.

## 🏠 도로가 없는 맹지 투자 노하우

어느 날, 김 부장님이 엄마에게 맹지를 사라고 하셨다. 지대가 높은 곳에 위치한, 다섯 필지로 나눠져 있는 논과 밭 1,000평이었다. 평생 농사를 짓던 할머니가 돌아가신 후 서울에서 사업을 하는 예순 살 넘은 외동딸에게 상속된 땅이었다.

2년 동안 농사를 안 지으면 경고장이 날아오니, 매매를 하거나 농사를 짓거나 선택을 해야 한다. 상속받은 딸이 그 나이에 갑자기 농사를 지을 수도 없는 형편인 데다 매매도 힘들어서 위탁 농사를 맡겼는데, 지대가 높아서 농사 짓기가 불편한 땅이라 그 마을 토박이들이 대신 농사를 지어준다고 하고는 직불제만 받아먹었다. 대여받은 동네 사람의 협조가 없으면 팔기도 힘들었기 때문에 땅을 못 팔게 훼방을 놓으며 헐값으로 그 땅을 매수하려고 하는 상황이었다.

땅주인은 제값을 받고 팔고 싶은데 토박이들이 헐값으로 사려 하는 정황을 알고 있었던 김 부장님이 중간에 나서면서 당시 외지인이었던 엄마에게 이 땅이 오게 되었다.

맹지였지만 100년도 넘은 길이 있고, 그 길은 문중 땅이기 때문에 개인이 마음대로 막지 못한다. 맹지 가격으로 사지만 실제로는 맹지가 아닌 것이다. 길을 끼고 있는 앞의 땅을 사라고 할 경우 세 배 이상 비싸게 사야 할 각오를 해야 하지만 땅의 필지가 작아서 괜찮았다. 길 땅을 사라는 고지를 하지 않고 길을 막을 수는 없기에 1년에 한 번씩 길 사용료를 주면 된다. 이런 내용을 모두 알고 있는 경우 좋은 땅을 싸게 살 수 있는 것이다.

'맹지 투자는 모 아니면 도'라는 말이 나올 정도로 리스크가 큰 투자이다. 그렇다면 맹지를 살 때 어떤 땅을 사야 할까? 우선 맹지와 길 사이가 짧거나, 공동의 길이 문중 땅이거나, 오랫동안 공동으로 사용하고 있는 길이 있거나 해야 한다. 맹지라도 사람이 지나다닐 수 있는 길을 내주어야 하기에 맹지의 주인에게 도로를 사라고 제안을 해야 한다. 사라고 했는데도 거절을 하면 도로를 막을 수 있다. 그런데 도로의 땅주인이 독단적으로 길을 막게 되면 소송으로 도로를 찾을 확률이 높다.

도로 앞 땅이 작고, 뒤의 땅이 크면 앞 땅에 건물을 올리려는 사람은 뒤의 땅까지 가져가야 사업 수익이 난다. 살 때는 싸게 사지만 뒤에 있는 땅의 가치가 높아진다. 엄마는 이런 식으로 맹지 투자를 많이 하셨다. 여기서 주의할 점은 적정한 가격에 팔아야 한다는 것이다. 너무 욕심을 부리다가 결국 앞의 땅에만 건축을 하게 된다면 그 뒤 맹지는 아무것도 못 하고 팔아먹지도 못하는 땅이 되니 탐욕은 금물이다.

위의 것들은 모두 김 부장님을 통해 땅 투자를 하면서 알게 된 엄마의 맹지 투자 노하우이다.


## 🏠 부동산 투자는 말이 아닌 서류를 믿어야 한다

김 부장님을 통해 그린벨트 땅을 싸게 사게 되었는데, 엄마는 여기에다 자연 체험 유치원을 하고 싶어 했다. 봄과 가을이면 고촌 우리 집 앞 공터로 서울의 유치원에서 소풍을 왔다. 아이들은 돗자리를 깔고 도시락을 먹거나 이장님네 소를 구경하기도 했다. 이걸 보고는 '자연 속 유치원'이라는 사업 아이디어를 생각하신 것이다.

김 부장님은 그냥 갖고 있다가 시세차익을 내서 팔라고 말렸지만 엄마는 한번 마음먹으면 일단 실행해야 하는 고집이 있다. 동생과 나에게 어린이집 교사 자격증을 따게 했고 이후 우리는 결국 원장 자격증까지 취득하였다.

구청에 가서 주소를 대고 담당자에게 상담을 받아 어린이집을 할 수 있다는 확인을 받은 후, 엄마는 김 목수 아저씨와 둘이서 어린이집을 위한 큰 집을 지었다. 실내에 커다란 트램펄린과 놀이 그물을 설치하고 실외에도 큰 놀이터를 만들었다. 을지로에 가서 어린이 책상과 의자, 사물함까지 만들어 알록달록 예쁘게 색칠을 했다.

공사 도중 담당 공무원이 수시로 나와서 체크를 했었다. 공사가 다 끝나자 담당 공무원이 "내일부터 어린이 받으셔도 돼요."라고 했는데, 엄마는 어린이집 허가증이 나오면 모집하겠다고 했다. 그 다음 날 담당 공무원의 상사로부터 연락이 왔다. 그린벨트에서는 어린이집 허가는 절대 안 된다는 것이었다. 놀라서 다시 확인을 하자 그제야 담당 공무원이 "저에게 그린벨트라는 말씀은 안 하셨잖아요?"라고 했다. 주소를 대고 여기에서 어린이집 운영이 가능한지 확인했기에 우리는 충분한 줄로만 알았는데, 정말 기가 막힐 노릇이었다. 일반인 입장에서 그린벨트라는 걸 염두에 두는 건 쉽지 않은 일이었다.

그 시절에는 공무원의 말이 법이었던 시절이라 공무원의 말이면 다 되었다고 한다. 하지만 당시 공무원이 허가해줬다는 서류로 된 증거가 없었기에 그린벨트에 불법 건축을 했다는 이유로 높은 금액의 벌금만 내야 했다. 행정소송까지 했지만 담당 공무원의 말만 믿고 진행했던 엄마가 바보였다.

엄마는 땅 사는 데 돈을 다 썼기 때문에 어린이집 만드는 비용은 100% 사채를 끌어서 썼다. 은행 이자가 20%였던 시절이라 사채 이자는 1년에 30%였다. 사람의 말만 믿고 투자를 했어도 큰 문제가 없던 시절을 보낸 엄마는 여러 가지 법망이 강화되는 과도기에 담당 공무원의 말만 믿고 건축을 했다가 벌금과 함께 빚더미에 앉게 되었다.

그때부터 엄마는 "투자를 할 때는 사람의 말만 믿어서는 안 되고 모든 것을 서류로 증거를 남겨야 한다."고 입버릇처럼 말씀하신다. 부동산 투자에서 증거란 상대방을 곤란하게 하기 위함이 아니라 문제가 생겼을 때 나를 지키기 위한 것이라고.

벌금을 부과받고 어린이집에 만들어놓은 세트들을 팔려고 했으나, 트램펄린이라는 것이 생소하고 귀했던 시절이라 워낙 고가였기에 사려는 사람이 나타나지 않았다. 1년 넘게 방치하다가 결국 엄마는 놀이 세트와 책상, 서랍장 등을 모두 보육원에 기부했다. 기부해서 내 자식들에게 복이라도 돌아가면 그게 돈 버는 거라고 말씀하셨다.

사람이 살지 않으면 집이 무너진다는 생각 때문에 우리는 앞의 집과 뒤의 어린이집을 번갈아가며 살았다. 도시가스가 들어오지 않아 기름보일러를 돌려야 하는 시골집이라서 전기난로만 켜고 냉골에서 사는 날이 많았다. 나는 어릴 때는 열이 많아서 겨울이 좋았는데, 여기 냉골 방에서 겨울을 지내다가 골병이 든 이후로 추위를 잘 타는 체질로 바뀌었다. 여름에도 전기장판을 약하게 틀고 잘 정도로 바닥이 차면 잠을 자지 못한다.

몇 해 동안 추운 겨울을 보내야 했고 많은 빚을 지며 마음고생도 했지만 세월이 흐르면서 김포 고촌의 땅값이 가파르게 올라갔고 결국에는 높은 시세차익을 냈다. 모든 빚을 갚고도 엄마 손에 1억 2,000만 원이 남았다. 엄마 인생에 처음으로 억 단위의 돈을 현금으로 만지는 순간이었다. 인생사 새옹지마. 힘든 일이 있으면 좋은 일도 있다.

엄마는 말씀하신다. "그린벨트 땅은 쉽지 않다. 법망이 허술했던 옛날에도 쉽지 않았는데 지금은 얼마나 더 어렵겠어. 그린벨트 땅은 건축허가가 안 나기 때문에 정말 로또 같은 거야. 로또에 기대지 말아라. 정당하게 사서 정당하게 세금 내라. 정석으로 해야지, 돈이 쉽게 벌리는 건 없어."

# 처음으로
# 조합아파트에 투자하다

1990년대 중반에 김포에 아파트를 분양받았는데 나중에 알고 보니 조합아파트였다. 조합아파트가 무엇인지도 모르던 시절이라 지주들이 위쪽의 좋은 층을 모두 가져가고 나머지만 분양한 것을 뒤에야 알게 되었다.

공사는 질질 끌었으며 급기야 시공사 부도가 나면서 오랫동안 멈춰있다가 2000년도에 겨우 입주를 시작했다. 당시에 중도금 이자는 20%가 넘었는데 공사가 멈추고 입주가 미뤄지면서 이자로 불어난 빚을 갚느라 우리는 그 아파트에 살아보지도 못한 채 팔아야 했다. 아버지의 사업 부도와 맞물리면서 집이 다시 어려워졌기 때문이다.

그 아파트는 이후에도 부실공사로 꽤 오랫동안 시끄러웠다. 엄마는 그때의 경험 때문인지 조합아파트를 싫어하신다. 오랜 시간 동안 큰돈이 묶이고 사람들과 싸우느니 다른 곳에 나 혼자 투자하는 것이 훨씬 편안하다. 지금이야 재개발과 재건축의 성공을 보며 금세 대박이라도 날 듯이 뜨겁지만, 여기까지 오는 세월이 얼마나 길고 힘겨웠는지 아는가? 돈 앞에서 사람의 마음이 다 다르기에 조합이라는 것이 평탄하게 가기가 참으로 힘들거늘 사람들은 결과만 보고 과정의 지난함은 생각하지 않는다.

하지만 그렇게 지난한 과정을 거친 조합아파트도 세월이 지나 값이 오르는 것을 보니 역시 부동산은 파는 것이 아니라는 생각이 든다. 조합아파트 사업이 시작됐을 때 그 옆의 빌라도 그 아파트 단지로 통합될 수 있었는데 집주인들의 과한 요구 때문에 사업에서 빠지게 되었다. 아파트로 통합된다는 소식을 듣고 3,000~4,000만 원 정도였던 빌라 가격이 두 배까지 뛰었다가 재건축에서 빠지자 다시 반 토막이 났다. 빌라의 땅이 작아 단독 재건축도 어려워 꽤 오랫동안 낮은 시세로 멈춰있었다. 지나친 탐욕은 금물이다. 재개발, 재건축이라는 것은 소수의 욕심 때문에 순식간에 천국에서 지옥으로 떨어질 수 있다.

지금 재개발, 재건축으로 뜨거운 빌라 중에서 과연 몇 퍼센트나 사업에 성공을 할까? 사업이 취소되어 빌라 가격이 반 토막이 되었을 때도 지킬 수 있겠는가? 재개발, 재건축에 투자할 때 나는 얼마나 오래, 잘 버틸 자신이 있는지를 반드시 스스로에게 물어보기 바란다.

# 월세 수익률이 높았던 빌라 투자

## 🏠 엄마의 첫 빌라 투자, 김포 초입의 J빌라

재건축과 재개발 바람이 불면서 빌라를 보는 시선들이 좀 달라졌지만 빌라는 참으로 오랫동안 무시당해왔다. 하지만 엄마는 저렴한 빌라의 장점을 잘 아셨기에 2001년도에 김포 고촌 초입에 위치한 J빌라를 4,000만 원에 매수하셨다. 첫 빌라 투자였는데 매수하고 석 달이 되도록 전세가 안 나가서 맘고생을 하다가 겨우 세입자를 구했다고 한다.

주택 투자를 하다 보면 이사가 도는 해가 있고 이사가 멈추는 해가 있다. 지금 전세가 비싸다가도 시간이 지나면 전세가 떨어질 때도 있다. 적은 투자금으로 갭투자를 했다고 좋아할 필요는 없는 것이, 전세가 높을 때 투자한 주택은 전세가 떨어질 가능성이 항상 존재한다. 또 전세가 쌀 때 사서 투자금이 많이 들어갔다 하더라도 또 언젠가는 전세가 폭등하니 투자자는 눈앞의 상황에 일희일비하지 말아야 한다.

엄마가 J빌라에 투자한 이유는 서울 초입에 위치한다는 점, 투자금이 적다는 점, 월세가 꾸준히 오른다는 점 등이었다. 이외에도 바로 앞의 개천이 복개되어 도로가 계속 넓어지고 있었고, 추가로 공영주차장까지 생겨 언젠가는 개발이 될 자리라고 엄마는 생각했다.

"하지만 엄마, J빌라에 사는 노인들은 이 빌라를 팔고 이 정도 입지 조건의 집을 살 수가 없으니 돌아가실 때까지 사실 거예요. 제가 보기에는 이 빌라가 개발되려면 아직도 한참 멀었어요. 저는 그 언젠가가 반드시 엄마가 건강하게 살아계실 때면 좋겠어요."라는 내 말에 엄마가 하신 말씀은 "빌라의 월세를 무시하지 마라."였다.

엄마는 땅 투자로 많은 돈을 벌었지만 계속해서 재투자를 했기 때문에 잔고가 넉넉했던 적이 단 한 번도 없었다. 여러 이유로 가정 경제가 항상 불안한 상황이라 엄마의 마음속에는 월세를 받아야 한다는 간절함이 컸다.

20년 전에 4,000만 원에 매입한 J빌라는 2022년에 시세 1억 5,000만 원이 되었다. 20년 전에 아파트를 샀다면 열 배 이상을 벌었을 것이다. 시세차익만 보면 참으로 투자 못하는 사람이다. 하지만 엄마의 목적은 아파트에 매달리기보단 상대적으로 저렴한 빌라로 월세를 받는 것이었다. 월세용 주택은 매매가가 싸고 임대료가 꾸준하게 오를 수 있는 입지가 중요한데, 그 조건을 충족시킨 J빌라의 월세는 30만 원에서 현재 60만 원까지 올랐다. 전세는 3,000만 원으로 시작해서 이제 1억이 넘어간다.

20년간의 월세를 평균적으로 45만 원으로 잡고 계산한다고 했을 때 1년이면 540만 원, 20년간 받으면 1억 8백만 원이라는 계산이 나온다. 매도하며 발생한 1억 1,000만 원의 시세차익과 월세 1억 800만 원을 더하면 2억 1,800만 원이다. 1,800만 원은 중간 경비로 뺀다 쳐도 4,000만 원을 투자해서 2억을 버신 것이다. 그래서 엄마는 월세도 시세차익이라고 말씀하신 것이다.

빌라는 투자금이 작다는 것이 가장 큰 장점이다. 시세차익이 작더라도 월세 소득이 많은 것을 원한다면 빌라 투자만 한 것이 없다.

# 강원도로 내려가
# 전원주택을 짓다

## 🏠 강원도 원주에서 시골 텃세와 싸우다

10년 전 아버지가 강원도 원주에 500평의 땅을 평당 2만 원에 엄마 몰래 사놓았는데, 엄마는 그 땅을 팔고 오겠다며 홀로 강원도로 내려갔다.

금세 팔고 올라올 생각이었지만 우리가 땅을 방치해둔 동안 동네 사람들이 땅 한가운데로 길을 만들어 쓰고 있었기 때문에 그 상태로는 매도가 되지 않았다. 땅주인에게 어떤 동의도 받지 않고 개인 소유의 땅을 길로 만든 것이었다. 조정신청을 하려고 원주에 있는 법무사 사무실에 찾아가니 시골은 좁은 바닥이라 외지인이 이길 확률이 낮으니 변호사를 쓰라고 했다.

결국 소송에 들어갔고 이 마을에는 100년 넘게 사용한 길이 따

엄마의 30년 발품 역사

로 있는데 남의 땅을 뺏어서 길을 달라고 하는 건 맞지 않다는 판결이 내려지면서 엄마가 재판에서 이겼다. 재판을 하면서 이 모든 것은 우리 땅 뒤에 사는 이장이 주동한 일이라는 것을 알게 되었다. 원래 있던 마을 길은 이장의 땅이었는데 자신의 땅을 길로 내어준 것이 아까워 그 길을 막고 우리 땅에 길을 낸 것이었다. 이처럼 땅주인이 자신의 자산을 방치해두면 어떤 일이 일어날지 알 수 없다.

## 🏠 원주 땅을 대지로 용도변경하다

빼앗겼던 땅을 찾은 뒤 엄마는 바로 그 땅을 매도하려고 했지만 이번에도 쉽지 않았다. 매수는 돈만 있으면 쉬운 편이다. 하지만 매도는 시장이, 사람이, 상황이 모두 나를 도와줘야 가능하다. 싸게 내놓는다고 팔리는 것도 아니고 비싸게 내놓는다고 안 팔리는 것도 아니다. 급매로 내놓았지만 팔리지 않던 집이 심장 떨리게 높이 올렸는데도 바로 팔리는 경우를 많이 경험하였다. 그러니 매도에 대한 계획은 흘러가는 대로 두겠다고 마음먹는 것이 편안하다.

수월하게 매도가 되지 않는 상황에서 그 땅을 탐내던 동네 이장이 당시 1억 시세였던 땅을 1,000만 원에 팔라며 혼자 있는 엄마를 협박했다. 시골 텃세가 무섭다는 것을 김포에서 이미 경험했지만 강원도 텃세는 더 대단했다. 이장의 횡포에 분노한 엄마는 여기에 집 짓고 평생 살 거라며 버티었다. 그 땅에는 오랫동안 비워진 폐가가 있었고, 또 이렇게 엄마의 집수리가 시작되었다.

엄마는 가장 먼저 땅을 대지로 지목변경을 했다. 실제 집이 앉아 있는 땅은 50평이었지만 전체 500평을 대지로 만든 이유는 논과 밭은 농사를 지어야 하는 의무가 있지만 대지는 그렇지 않기 때문에 전답에 비해 땅값을 훨씬 더 받을 수 있기 때문이었다. 옛날 땅 시세만 얘기하는 그 동네 사람들에게 팔기 싫어서 외지인이 사고 싶을 만한 땅으로 바꾼 것이었다.

엄마의 손을 거친 폐가는 다양한 과실수와 꽃나무들로 꾸며진 넓은 정원과 연못과 그네까지 있는 멋진 전원주택으로 다시 태어났다. 그렇게 만들어놓으니 주말이면 지인들이 나들이를 와서 북적거리는 통에 엄마는 한가할 틈이 없으셨다.

금세 팔고 나오겠다고 들어갔던 엄마는 그 시골집에서 벌써 20년째 사신다. 평당 2만 원에 산 땅은 10년의 세월이 흐르자 평당 20만 원까지 올랐고 현재는 평당 80만 원에 이른다.

# 서울 초입 창고 부지로
# 노후를 준비하다

엄마는 10년 땅 투자로 적지 않은 부동산을 갖게 되었지만 아버지의 사업 부도로 큰 빚을 지게 되면서 갖고 있던 자산 대부분을 팔아야 했다. 김포에 있는 땅과 집을 팔아 빚을 정리하고 나니 엄마의 손에는 2억 5,000만 원이 남았다.

아버지가 재기할 희망이 보이지 않고 집에서 쉬는 상황이 길어지자 엄마는 월세를 받을 수 있는 부동산을 사기로 결심하였다. 빌라로 시작해서 아파트까지 주택을 찾아봤지만, 빌라는 손이 많이 가는 데다 골치 아픈 세입자가 들어오는 경우가 많고 아파트는 매매가에 비해 월세가 너무 싸서 별로였다. 땅을 좋아했던 엄마가 결정한 수익형 부동산은 창고 부지였다. 김 부장님이 아버지에게 비닐하우스에서 농사라도 지으시라며 싸게 나온 땅이라고 소개해주셨는데, 서울로 들어가는 IC가 바로 옆에 있어서 나중에 창고를 지어 월세를 받을 수 있는 자리였다.

　주인은 이 땅이 골칫덩어리여서 빨리 팔고 싶어 했다. 임대로 농사를 짓는 사람이 몇 년째 임대료를 안 내며 요리조리 피해 다녔고, 사정이 있어서 오래전에 사촌 누나 앞으로 명의를 돌려두었는데 김포 땅값이 자꾸 오르자 이 누나가 연락을 해도 받지 않는 상황이었다. 결국 시세차익의 얼마를 주겠노라는 각서까지 써준 후에야 겨우 매도용 인감을 받을 수 있었다.

　부동산 명의는 남에게 빌려 오는 것이 아니다. 평소에는 너 때문에 세금이나 건강보험료가 많이 나온다고 원망하고 시세가 많이 오르면 그 부동산을 그냥 넘기고 싶어 하지 않는다. 본인의 돈은 한 푼도 안 들어갔음에도 자기 명의로 되어 있다 보면 욕심이 나게 마련이다. 남의 명의를 빌렸다가 결국 그 사람에게 부동산을 빼앗기거나 관계가 틀어져서 인연이 끊기는 경우가 많다.

　엄마는 갖고 있던 현금 2억 5,000만 원에 융자 1억을 받아 비닐하우스 다섯 동이 있는 약 700평 규모의 밭을 샀다. 월세를 받는 노후 대책이라 생각하고 엄마의 전 재산을 건 것이다.

　임차인에게 하우스를 바로 비워주겠다는 각서까지 받아주는 조건으로 땅 계약을 했다. 하지만 임차인은 등기가 넘어가자 "내가 언제 당신에게 비워준다고 각서를 썼느냐."라며 나가지 않고 버텼다.

세 번의 내용증명서를 보내고 법원으로 가서 조정신청 청구를 했다. 임차인은 엄마에게 보상금을 뜯어내려는 심보였으나 이전 주인에게 임대료가 밀려 있는 상태였고 나가겠다는 각서를 썼으며 임차인이 하우스를 비워준다는 조건이 계약서에 있었기 때문에 법원은 엄마의 편을 들어주었다. 이렇게 복잡한 사연이 있는 땅을 살때는 잔금 전까지 해결해야 할 것들을 계약서에 꼭 명시해야 한다. 그래야 법적으로 보호를 받을 수 있다.

보상금 한 푼 못 받고 나가게 되자 임차인은 하우스에 불을 지르고 도망쳤다. 옆 땅에 계신 분들이 신고를 해서 다행히 빨리 불길을 잡았지만 하우스 한 동이 고스란히 다 탔다. 그래도 큰 사고 없이 무탈하게 지나갔고 아버지는 주변 분들께 농사를 배우기 시작하셨다.

당시 김포시에서 농지가 있는 사람들에게 농막(20평)을 지을 수 있도록 2년간 임시허가를 내어주었다. 땅을 보러 다닐 때 비닐하우스 안을 집처럼 꾸며놓은 것을 보았는데 도전하기 좋아하는 엄마가 가만히 있을 리 없었다. 아빠가 농사를 지으며 편하게 쉴 수 있도록 전기와 수도를 끌어들이고 하수구를 파서 비닐하우스 한 동을 농막으로 만들었다. 겉으로는 비닐하우스였지만 내부에 화장실까지 갖춰진, 꽤 아늑한 집이었다. 아버지는 그 농막에서 농사를 지으며 지냈다.

## 🏠 누가 보아도 좋은 땅은 수용당한다

비닐하우스 땅을 사고 얼마 지나지 않아 김포에 아라뱃길을 만든다며 고촌 앞쪽 노다지 땅은 수자원공사로 수용당했고, 우리가 가지고 있던 땅과 주변의 땅은 대기업의 물류센터로 팔렸다.

보상이 결정되면 주변 땅은 두 배 이상으로 오른다. 수용당한 땅이 전부인 원주민들은 그곳을 떠나고 싶지 않지만 올라버린 땅값 때문에 더 변두리로 갈 수밖에 없다. 보상받은 돈으로 다른 곳에 가서 다시 자리 잡고 농사를 짓는 것이 쉬울 리가 없다. 그래서 일부는 사업을 하거나 월세 투자를 하고 나머지 돈으로 살 수 있는 싼 땅을 찾아 더 시골로 내려가게 되는데 외지 사람에게 텃세가 심해서 그 지역에서 적응하며 산다는 것 또한 고단함의 연속이다.

누가 보아도 좋은 땅은 개발제한구역으로 묶여 있고 언젠가는 수용을 당한다. 자산이 많은 사람은 수용을 당해도 흔들리지 않지만 가진 게 그 땅 하나뿐인 사람은 그 지역을 떠나야 할 수도 있다. 그러니 그곳에서 오래 살고 싶다면 개발제한구역 옆 도시 지역의 땅, 혹은 지분이 있는 주택을 사는 것이 더 나을 수도 있다.

안타깝게도 엄마의 노후 준비는 땅 수용을 당하면서 날아갔다. 8억이라는 보상금이 나오자 아버지는 엄마에게 2억만 주고 다른 여자와 살겠다며 이혼을 요구했다. 다주택 소유자에게 양도소득세가 강화되자 엄마 앞으로 되어있던 부동산 명의를 아버지와 나누고, 세금을 줄이려고 김포 비닐하우스 땅을 아버지 명의로 돌린 것이 큰 실수였다. 명의를 나눌 때는 진정 다 주어도 괜찮은지 한 번 더 확인해보았어야 했다. 원주에 집을 짓느라 왔다 갔다 했던 엄마의 충격은 너무나 컸고, 가족들은 뿔뿔이 흩어졌다.

# 엄마의
# 첫 오피스텔 투자

## 🏢 <u>원룸 오피스텔로 월세를 받다</u>

전 재산을 투자한 김포 땅이 수용을 당하고 보상금마저 아버지에게 빼앗긴 후 엄마는 우울증에 빠지셨다. 그때 나는 일산 원룸 오피스텔을 매입, 내 집 마련을 했는데, 실의에 빠진 엄마 모습이 안타까워 자주 집에 오시라고 했다. 그때마다 엄마는 마음을 다스리기 위해 일산 여기저기를 걸어 다니곤 했다.

당시 백석동은 일산에서 주목받지 못하는 지역이었다. 하지만 평생 땅을 보고 투자해온 엄마는 개발될 여지가 큰 대곡의 땅을 좋아하셨고, 특히 일산 초입의 백석동이 좋다고 말씀하셨다.

일산에 백석동 H원룸 오피스텔은 1억도 안 되는 매매가에 비해 월세는 45~50만 원 정도 들어왔다. 단지가 형성되어 주차장이 여유롭고 관리비가 저렴해서 공실 위험이 적었다. 백석동이라는 입지와 원룸 복층 오피스텔 내부를 보시고는 월세가 잘 나가겠다며 바로 중개사무소로 들어가셨다. 그리고 계약금을 많이 주면서 잔금을 빨리 치르겠다는 조건을 붙여 시세 9,000만 원 정도의 집을 7,800만 원까지 깎아서 샀다. 바로 임차인이 맞춰졌고 원룸 오피스텔로 월세 45만 원이 들어왔다.

엄마는 서울 구석구석을 돌아다녀봤기 때문에 깨끗하고 예쁜 오피스텔이 귀하다는 것을 알고 계셨다. 엄마의 말씀처럼 서울로의 접근성이 좋은 백석동에는 서울로 직장을 다니는 고소득자들이 많이 살았다. 술집과 모텔이 주변에 많으면 월세를 비싸게 받을 수 있다는 것도 처음 알았다. 세입자는 월세 한 번 밀리지 않았고 엄마의 첫 오피스텔은 효자 노릇을 톡톡히 했다.

## 🏢 마음이 불안정할 때는 투자하지 말아라

오피스텔에서 월세 받기를 시작으로 엄마는 시세차익을 노리는 투자보다 매월 현금이 들어오는 투자에 집중하셨다. 60세 이후에는 월세로 세팅해야 한다고 늘 말해왔던 엄마는 김포 고촌 J빌라를 8,500만 원에 추가로 매입해서 보증금 1,000만 원에 40만 원 월세를 받으셨다.

내가 결혼을 한 후 엄마는 더 심각한 우울증에 빠졌다. 큰딸인 나를 정신적으로 많이 의지하면서 남편에게서 받을 수 없었던 안정감을 얻어왔는데 그런 딸이 결혼을 하자 꽤 큰 상실감을 느낀 것이다. 나는 나대로 결혼 후 얼마 안 있어 임신을 했고 몸도 안 좋아서 엄마를 챙길 여력이 없었다.

엄마는 여러 사람을 만나며 외로움을 달랬는데, 그때 친해진 한 언니가 세종 땅에 투자한다는 소리에 덜컥 오피스텔과 빌라를 팔아서 돈을 빌려주었다. 높은 이자를 주며 시세차액을 나누자고 해서 부동산으로 월세를 받는 것보다 낫겠다 싶었고, 담보로 한 세종 땅이 있으니 원금 까먹을 일은 없겠구나 생각하셨단다.

문제는 엄마가 현장을 가보지도 않고 세종 땅의 사진만 보고 그냥 넘어갔다는 것이다. 평생 발품을 팔아 직접 부동산을 확인했던 엄마에겐 이례적인 일이었다. 스스로의 촉에 자신이 있었던 엄마는 사진으로 본 땅이 괜찮아 보였고, 또 부동산 복이 많다는 생각에 빠져있기도 했다.

몇 년이 흘러 이자도 원금도 받지 못한 채 그 언니와는 연락이 끊겼고, 그제서야 엄마와 나는 함께 세종 땅을 보러 갔다. 직접 보니 그곳은 세종보다는 청주에 가까웠고 써먹지도 못하는 바보 땅이었다. 실은 그 언니도 사진만 보고 사기를 당한 것이었다.

투자할 때는 반드시 현장을 보아야 한다고 늘 말해왔던 엄마가 이런 일을 저지르다니. 똑똑한 투자자였던 엄마가 어찌 이런 행동을 했을까 생각해보면 남편도 없고 의지했던 딸도 결혼하자 판단이 흐려지신 게 아닐까 싶다.

내가 어떤 행동을 할지 나 자신조차도 모르는 순간이 있다. 그러니 마음이 불안정할 때는 투자를 하지 말아야 한다. 남이 그런 실수를 하는 것을 보면 어쩜 저렇게 바보 같을까 싶지만 언제든지 나도 그 주인공이 될 수 있다.

내 마음이 평온하지 않을 때는 실수할 확률도 높고 사기당할 확률도 높다. 설사 큰돈을 벌 수 있는 기회를 놓친다고 할지라도 평소보다 더 신중한 사고가 필요하다. 좋은 기회가 왔다 할지라도 마음이 널뛸 때 결정하면 나중에 후회하는 경우가 많다.

나는 이 사건을 계기로 투자자가 자신의 마음 상태를 진단하고 관리하는 것이 얼마나 중요한지를 깨닫게 되었다. 나는 지금 평온한가? 가끔씩 나에게 물어보아야 한다.

# 엄마가 노후를 위해
# 결정한 것들

## 🏢 노후에는 깔고 있는 돈을 최소화해야 한다

　엄마가 2005년도에 강원도로 가실 때 몇 년 안에 김포로 돌아올 생각으로 김포에 집 두 채를 남겨놓았는데 모두 다 팔아서 문막에 밭을 사고, 원주에 4,000만 원짜리 작고 낡은 재건축 아파트를 샀다. 강원도 문막에서 살면서 문막과 원주로 또 발품을 팔고 다니셨던 것이다.

　그리고 강원도에서 여생을 보내시겠다는 결론을 내리셨다. "나이가 들수록 엉덩이에 깔고 사는 돈을 최소화해야 한다. 여기는 집값도 싸고 서울도 가깝고 겨울만 빼면 산과 들에 먹을 것이 천지여서 생활비가 거의 안 들어. 내가 도시로 가면 생활비가 배로 넘게 들 텐데 뭐 하러 쓸데없는 돈을 낭비하냐? 땅 팔아서 남은 돈으로는 월세 받으며 살 거다. 늙어서 자식들한테 부담 주고 싶지 않아!" 평생 고생하셨던 엄마는 마지막까지도 절약을 선택하셨다.

## 🏠 땅 투자는 내가 누릴 수 있는 영화가 아니다

그동안 자식들 몰래 문막에 5,000평의 밭을 더 사셨다는 것을 알게 된 나는 엄마에게 "이제 땅 투자는 그만하세요!" 하고 화를 냈다. 하지만 엄마는 "앞으로 식량 전쟁이 일어날 거야. 그때가 되었을 때 내 자식들이 밥은 안 굶게 해주고 싶어서 그래."라며 뜻을 굽히지 않으셨다.

"엄마, 남은 땅도 싸게 다 팔아서 맘껏 쓰시며 사세요!"라고 말씀드렸지만 엄마의 고집은 쇠뿔처럼 단단해서 "어차피 나를 위해 산 땅이 아니야!"라고 하셨다. 우리네 어른들에게 땅이란 다음 세대를 위해 지켜온 것이었다.

강원도에 남아있는 땅으로 자식들이 농사지으며 배고프지 않기를 바라시지만 과연 어느 자식이 그 땅을 지키며 엄마의 마음을 되새겨줄까? 도시의 자식들은 부모가 돌아가시면 부모가 평생 아낀 땅을 헐값에 팔아버린다. 강원도로 내려가 농사를 지으며 살려는 사람은 없고, 우리 형제들 또한 그러리라는 것을 나는 알고 있다.

인구가 늘고 경제발전이 급속도로 되는 시대에는 짧은 기간에도 땅 투자로 돈을 벌 수 있었다. 하지만 지금의 땅 투자는 내가 누릴 수 있는 영화가 아니다. 내 자식과 후대에게 남겨주는 자산인 것이다.

부모님이 힘들게 고생하며 자식들에게 남겨주는 것보다 남은 생을 편안하게 살며 자식의 마음을 아프지 않게 하는 것이 더 자식을 위하는 일이라는 것을 이제라도 엄마가 아셨으면 좋겠다.

## 두 번째 발품:
## 2006~2017년

# 엄마와
# 함께한 발품 기록

엄마의 딸인 '부엉이날다'의 발품이 시작되었다.

엄마는 2006년부터 2018년까지

10여 년의 세월 동안 강원도에서

왕복 4~5시간 동안 운전을 하고 오셔서

딸의 발품을 함께 해주셨고

당신의 내공과 재능을 모두 쏟아부어

딸의 부동산 투자에 길잡이가 되어주셨다.

물고기를 잡아주는 대신

훌륭한 낚시꾼이 되도록 이끌어주신 어머니 덕분에

난 어떤 시장에서도 흔들리지 않는

단단한 투자자로 성장할 수 있었다.

# 엄마가 증여해준 빌라로
# 부동산에 눈을 뜨다

아버지의 사업 부도로 우리 집은 바닥으로 떨어졌다. 엄마는 강원도로 내려가셨고 홀로 남은 내가 집안 생활비와 살림을 짊어져야 했다. 어린 딸이 혼자 고생하는 것이 안타까웠던 엄마는 2001년에 매수한 김포 J빌라를 나에게 증여해주셨다.

집에 보일러 기름이 떨어져 전기장판 하나만 깔고 냉골에서 자느라 골병이 들고, 아르바이트를 하며 등록금을 대느라 8년 만에 대학을 졸업하고, 입고 갈 옷이 없어 친구 결혼식에 참석하지 못할 정도로 가난했지만 나는 마지막까지 이 빌라를 팔지 않았다.

증여받았을 때 빌라 시세가 4,500만 원 정도였는데 5년 후에는 1억 정도까지 올랐고 결혼을 하며 엄마에게 돌려드렸다. 단 한 번도 그 집을 내 것이라 생각해본 적이 없기 때문이다. 엄마가 편하게 살고 계셨다면 모를까, 그간 엄마의 삶을 생각하면 내가 그 집을 가질 수는 없었다. 아버지의 부도를 지켜보며 나의 노력으로 얻은 것이 아니면 지키지 못한다는 것도 깨달았다. 이 집은 엄마의 고생으로 얻은 자산이다. 내 것이 아니다.

해가 지날 때마다 빌라의 전세가와 매매가가 오르는 것이 신기해 조금씩 부동산에 관심을 갖게 된 나는 어느 날 "엄마, 부동산 투자의 노하우를 알려주세요."라고 부탁을 드렸다. 이때부터 엄마와 함께하는 부동산 발품이 본격적으로 시작되었고 나는 틈틈이 김포 고촌 주변을 걸어다녔다.

## 🏢 매일 회사 가듯이, 산책하듯이 발품을 팔아라

논밭이었던 곳에 도로가 생기고, 집이 들어서고, 아파트가 올라간다. 흥했던 것이 무너지고, 아무것도 아니었던 곳이 반짝거린다. 지난 50년이 넘는 세월 동안 부동산이 변화하는 것을 지켜본 엄마는 부동산 투자의 지름길은 매일 발품을 파는 것뿐이라고 하신다. 지금 투자하지 못할지라도 가능한 한 많이 보고 다니면 기회가 반드시 온다고 하시며 매일 회사 출근하듯, 산책하듯 집에서 가까운 곳 골목부터 걷게 했다.

## 🏠 지금 사람들이 가장 무시하는 곳으로 가라

오늘 사람들이 좋아서 몰려갔던 곳이 내일은 무너질 수 있고, 어제 형편없던 곳이 오늘은 반짝일 수 있다. 부동산의 입지와 가치는 계속해서 변한다. 구룡마을 옆 임대아파트 동네였던 개포동은 감히 꿈조차 꿀 수 없는 곳이 되었고, 난지도는 상암이 되었으며, 수색은 DMC의 수혜를 입었다. 모래밭이었던 판교와 수원의 광교는 또 얼마나 빛나고 있는가?

지도를 보고 사람들이 지금 무시하는 곳으로 가라. 그곳에 아직 드러나지 않은 원석이 있다.

# 나의 첫 보금자리, 일산 원룸 오피스텔

## 🏠 빨리 내 집을 갖는 것이 이익이다

서른세 살, 나는 능곡의 작은 원룸에 월세를 얻어 들어갔다. 버스정류장에서 조금 걸어 들어가면 낡은 빌라와 오래된 원룸 건물이 모여있는 곳이었다.

보증금 500만 원에 월세 30만 원이었는데 3개월 정도 지나자 월세를 내면서는 도저히 돈을 모을 수 없겠다는 생각이 들었다. 3,000만 원도 안 되는 이 원룸을 내가 대출을 받아 산 뒤 월세 대신 대출금을 갚아 내 것으로 만들면 나중에 월세를 받을 수도 있지 않을까 하는 생각이 들었다. 능곡의 작은 원룸방에서 월세를 내면서 사는 것보다 작지만 내 집을 갖는 것이 더 이익이겠다는 깨달음을 얻었다.

내 예산으로 감당할 수 있는 싼 집을 찾아 능곡의 골목골목을 모두 걸어다녔지만 딱히 마음에 드는 곳이 없었다. 서울하고 가까워서 입지는 훌륭했지만 내가 중요시하는 따뜻하고 밝은 기운이 아니었다.

## 🏢 저평가 입지였던 일산 동구 백석동

내 집을 찾으러 어디로 가면 좋을지 고민하다 떠오른 곳이 바로 일산이었다. 20대 중반에 일산에 있는 직장을 다니면서 일산의 따뜻한 기운이 마음에 쏙 든 나는 꼭 여기에 자리를 잡겠다는 다짐을 했었다. 일산을 돌아다녀 보니 주엽이 가장 살기 좋은 중심 상권이고 그 다음이 마두라는 걸 알 수 있었지만 직장이 서울에 있었기에 출퇴근 편의를 위해 일산 초입의 백석동을 선택했다.

2006년도에 일산 백석동 역세권은 고양터미널과 요진 와이시티가 들어오기 전이었기 때문에 동네가 휑했고 딱히 주거지로 선호되는 곳은 아니었다. 하지만 일산 초입이어서 IC를 타고 서울로 나가기가 좋다는 것, 월세 대비 매매가가 굉장히 저렴하다는 것, 백석동 앞 대곡동 일대의 땅이 언젠가는 개발되리라는 것 등의 호재가 있었다. 무엇보다 월세가 높다는 것은 그만큼 살기 편안하고 시세가 오를 여지가 크다는 증거였다.

백석동을 발견하고 며칠 뒤에 바로 사고를 쳐버렸다. 평생 아파트에서 살아본 적도 없고 오피스텔과 주택의 차이조차 모르던 내가 복층 원룸 오피스텔을 보는 순간 "세상에 이렇게 예쁜 집이 있다니!" 하며 첫눈에 반해서는 현금서비스 50만 원을 받아서 덜컥 계약을 해버린 것이다. 가진 돈이라곤 능곡의 월세보증금 500만 원밖에 없었는데 말이다. 하지만 철없던 당시의 나는 걱정은커녕 마냥 설레어 밤에 잠을 이루지 못할 지경이었다.

생각 없이 충동적으로 한 결정으로 보일 수 있겠지만 사실 그게 다는 아니었다. 엄마의 말씀대로 지난 1년 동안 김포와 일산 주변을 돌아다녔기 때문에 빠르게 판단할 수 있는 나름의 감이 있었다고나 할까. 발품의 경험이 나의 결정에 힘을 실어준 것이다.

## 🏠 찜질방에서 생활하며 종잣돈을 모으다

첫 원룸 오피스텔의 매입가는 9,500만 원이었다. 경비아저씨가 여기 시세가 7,500만 원에서 8,000만 원이라며 너무 비싸게 샀다고 안타까워하셨지만 넓은 유리창으로 파란 하늘이 보이는 그 집이 너무나 마음에 들었기 때문에 난 괜찮았다.

일단 단돈 500만 원밖에 없는 상황이니 잔금 치를 돈을 해결해야 했다. 월세방에서 짐을 빼고, 마이너스 통장에, 20년 저축한 연금보험까지 해지해서 겨우 잔금을 치른 후에 오피스텔은 곧장 전세를 주었다. 당시 나는 디자이너로 일하는 개인사업자였기 때문에 월 10만 원 하는 공유 오피스를 얻어 낮에는 그곳에서 일하고 저녁이 되면 찜질방으로 갔다.

찜질방에서 먹고 자고 하는 상황에서도 나는 전혀 힘들거나 슬프지 않았다. 기름이 떨어져 보일러를 돌리지 못해 이불을 뒤집어쓰고 덜덜 떨며 춥게 지내던 날들에 비하면 천국이었다. 매일 따뜻한 물에 씻고, 뜨끈한 바닥에서 뒹굴며 잘 수 있는 것이 얼마나 행복했는지 모른다. 따뜻한 곳에서 지낼 수 있다는 것이 너무 좋아서 숙면을 취했고 얼굴에서는 빛이 났다. 경차 트렁크에 슈트케이스를 싣고 다니며 그렇게 찜질방에서 1년을 살았다. 예쁜 나의 집으로 들어가기 위해 낮은 자세로 기쁘게 열심히 일한 날들이었다.

찜질방에서 생활하면서도 행복해하는 나의 긍정의 기운 때문이었을까? 그즈음부터 부쩍 일이 많이 들어오기 시작했고, 난 1년 만에 나의 사랑스러운 오피스텔에 입주할 수 있었다.

## 🏠 나의 집에서 최고의 매출을 올리다

바닥 면적이 9평인 복층 원룸 오피스텔. 아래층에 책상 네 개를 넣어 사무실로 쓰고, 나는 복층에서 생활했다. 월셋집 살며 따로 사무실을 얻어서 일할 때보다 대출이자와 관리비를 내고도 한 달에 50만 원 정도가 절약되었다. 아무리 금리가 높아도 내 집 마련을 하는 것이 월세보다 저렴했다. 절약한 50만 원으로 이자가 비싼 대출금부터 꾸준히 갚아나갔다.

'그런 작은 원룸이 뭐라고…'라고 할 수도 있겠지만 나는 그 집에서 모처럼 평화로웠고 행복했다. 마음 편한 내 집이 생기자 예전 같았으면 시큰둥했을 작은 일에도 "감사합니다!" 하면서 맡게 되었다. 감사의 마음으로 일하니 많은 일이 들어왔고, 디자이너일을 하면서 처음으로 그해에 1억 매출을 찍었다. 내 집에서 평안을 찾으면서 인생 역전의 문도 열게 된 것이다.

오피스텔이라는 것이 뭔지도 몰랐고 시세보다 1,500만 원이나 비싸게 샀지만, 결국엔 시세차익을 얻었다. 또 사업도 잘돼 더 많은 자산을 쌓았다. 내가 사는 집이 나에게 좋은 기운을 주면 돈복은 저절로 굴러 들어온다는 것을 경험했다.

엄마는 엄마의 느낌을 믿는 사람이었고, 자식들 중에서 나만이

유일하게 그런 엄마의 피를 이어받았다. 엄마도 그랬고 나 역시도 내가 받는 느낌이 좋으면 조금 비싸게 사더라도 괜찮다고 판단한다. 물론 엄마의 감정적인 결정이 우리 가족에게 시련이 될 때도 없지 않았다. 하지만 부동산 투자란 자신의 마음을 믿고 가야 할 때가 의외로 많다. 생각이 너무 많으면 기회를 놓치게 된다.

# 투자 초기의 자만으로
# 수업료를 치르다

## 🏠 일하는 데 집이 짐이 되어서는 안 된다

일산 백석동 원룸 오피스텔에서 살며 나름의 여유와 자유를 누리며 평화롭게 지내던 어느 날, 지인이 분양받은 남양주 아파트의 사전점검에 함께 가게 되었다. 아파트 단지 옆으로 계곡물이 흐르는 자연환경에 반해서 분양가 그대로 급매로 나온 20평대 아파트를 또 정신줄을 놓고 덜컥 계약을 했다.

가계약금 200만 원을 걸고 며칠 뒤에 2,000만 원을 입금한 후 계약서를 작성했다. 그 집에 들어갈 돈을 마련하기 위해 내가 사는 원룸 오피스텔을 전세로 내놓았더니 바로 나갔다. 이제 이사 날짜만 정하면 되는 상황이었다.

이 모든 일을 엄마 모르게 저질렀다. 원룸 오피스텔도 잘되었으니 남양주 아파트도 당연히 잘될 거라 자만한 것이다.

하지만 하루하루 흘러갈수록 서울에서 멀리 떨어진 남양주 끝자락에 있는 그 아파트에서 살 자신이 없었다. 내가 잘한 것일까? 포기하면 계약금 2,000만 원이 날아갈 텐데 어쩌지? 그 돈이 아까워서 이러지도 저러지도 못하고 잠도 못 자고 몸과 마음이 바스러져 갔다.

먹지도 자지도 못한 지 일주일째, 스스로가 너무나 한심해서 죽을 것만 같았다. 결국엔 울면서 "엄마, 나 죽을 거 같아" 하며 엄마에게 전화를 했다. 생전 약한 소리 안 하고 씩씩하게 살던 딸의 목소리가 이상하자 엄마는 그길로 한밤중에 강원도에서 달려오셨다.

다음 날 아침 일찍 같이 현장에 간 엄마는 "남양주는 안 된다! 네가 아무리 집에서 일해도 서울로 일 보러 가는 경우가 많은데 그 동네 들어가면 네가 원할 때 팔고 못 나온다. 서울에서 멀리 떨어지는 건 아니야. 2,000만 원 포기하고 잊어버려. 아직 젊으니까 얼마든지 더 많이 벌 수 있다!"라고 하셨다.

엄마가 반대한 이유는 하나였다. 사람은 돈을 벌기 위해 일하는 것이 가장 중요한데, 살고 있는 집 때문에 돈을 버는 것이 지장을 받으면 그 집은 자신에게 짐이 된다는 것이었다. 집에서 일을 하지만 수시로 서울로 업체 미팅을 나가야 하는 나에게 그 집은 불편함과 고단함을 더할 위치였던 것이다.

그때의 나는 입지는 고려하지 않은 채 집만 보고 예뻐서 계약하려고 했다. 투자하려고 했던 것이 아니라, 내 집을 갖고 싶었던 것이기에 계산이 없었던 것이다. 하지만 아무리 내 집일지라도 내가 일하는 데 불편함을 주는 입지라면 그 집은 아니다.

남양주 부동산으로 가서 계약 해지를 통보했다. 부동산은 그래도 복비를 줘야 한다고 난리를 쳤고 나는 군말 없이 중개수수료를 지불했다. 감정적으로 저지른 일이니 스스로에게 벌을 주는 마음으로 모든 것을 책임졌다.

이미 전세를 준 일산 집에는 다른 사람이 들어왔고, 나는 10층 꼭대기 북향 집으로 월세를 얻어 이사했다. 남양주 아파트 계약금 2,000만 원과 복비, 매월 나가는 월세, 이사 비용, 집을 전세로 내놓으면서 나간 수수료와 1년 뒤에 다시 들어가는 이사 비용 등등 충동적인 행동으로 인해 결국 나는 3,000만 원 정도의 돈을 날렸다. 투자 초보의 자만으로 꽤나 큰 수업료를 치른 것이다. 내 집으로 돌아가기까지 1년 동안 나에게 벌을 주는 마음으로 이를 악물고 버텨냈다

"내가 평생 감정적으로 투자를 한 것처럼 보이지만, 밤을 새우며 고민하고 결정한 것들이다. 사람이 그릇 이상의 돈이 생기고 조금 살 만해지면 교만해지고, 신은 그 교만함에 벌을 내린다. 투자에

건방져지면 신이 너를 친다. 그러니 늘 겸손해야 한다."라고 엄마는 말씀하셨다.

엄마는 시간이 날 때마다 일산 아파트 구석구석을 다 돌아다니라고 하셨다. 내가 본격적으로 발품을 팔기 시작한 것은 이 남양주 아파트 건으로 혼이 난 후부터다. 잃어버린 돈을 복구하고 예쁜 내 집으로 돌아가기 위해 더 열심히 일했고 다시 낮은 자세로 매일 일산의 길들을 걸었다.

다음 해에 내 집으로 다시 들어가게 되었고, 그 이후로 투자에서 손해 보는 일 없이 계속해서 자산을 쌓았다. 인생사 새옹지마. 나쁜 일이 있으면 그 거름을 밟고 반드시 좋은 일이 이어진다.

# 투룸이 소중한 시대가
# 시작되다

## 투룸 오피스텔에 투자하다

나의 보금자리에서 안정을 찾고 얼마 되지 않아 결혼을 했고 오피스텔은 전세를 주었다. 전세가 꾸준히 올라준 덕분에 투자금은 경비 포함 1,100만 원이 되었다.

당시에 그 오피스텔 단지가 공실 없이 효자 노릇을 한다는 입소문이 퍼지면서 시세가 하루가 다르게 올랐고, 2012년도에 1억 2,000만 원에 매도했다. 각종 경비와 세금을 공제하고 1,500만 원을 벌었으니 100% 수익률이었다.

엄마는 부동산으로 번 돈은 바로 부동산에 묻어야 한다며 원룸 오피스텔을 팔자마자 내 손을 끌고 바로 옆에 있는 투룸 오피스텔을 보러 갔다.

　일산 초입에 위치한 대단지 오피스텔로 넓은 주차장, 아파트와 비슷한 전용면적까지 조건이 훌륭했는데 시세는 아파트에 비해 턱없이 낮았다. 계약면적 29평에 전용 21평의 투룸은 거실과 방이 넓어서 아이가 있는 가족이 살기에도 넉넉한 크기였다. 전세가와 매매가의 차이가 크지 않아 원룸 오피스텔 투자금과 수익금을 고스란히 투룸 오피스텔에 넣었다. 1억 8,500만 원에 매수해서 1억 6,000만 원에 전세를 놓았다. 각종 경비 포함 투자금은 3,500만 원이었다

　사람들이 오피스텔을 무시하던 시절이었지만 우리는 오피스텔에 대한 선입견이 없었고 남이 뭐라 하든 살기에 좋으면 된다는 생각을 갖고 있어서 대단지 주거용 오피스텔에 대한 확신이 있었다.

## 🏢 투룸이 대세인 시대가 온다

　엄마는 투룸이 귀하기 때문에 투룸이 대세인 시대가 올 거라고 하셨다. 우리나라는 한때 넓은 주택이 부의 상징이었기 때문에 오래된 아파트의 경우 대형 평수가 많고 소형 평수는 월세를 받기 위한 원룸 주택과 오피스텔 정도였다. 1.5룸이나 투룸은 임대주택에나 있을 뿐 일반 공동주택에서는 보기 힘들었다.

　세상에는 부자보다 경제적으로 어려운 사람들이 훨씬 많고, 아

이를 하나만 낳는 가족이 점점 많아지고 있다. 부담스러운 대형 평수나 너무 작은 원룸보다, 방 두 개짜리 주택을 찾는 수요가 늘어날 것이다. 소득 수준이 높은 솔로도 투룸을 선호하고, 아이를 다 키우고 둘만 남은 부부도 투룸을 선호하고, 쓰리룸에 비해 시세가 싼 투룸으로 내 집 마련을 하는 핵가족까지 투룸의 수요는 방대하다.

내 집 마련도 투룸이 대세이지만 투자용으로도 투룸이 대세로 자리 잡았다. 주거형 오피스텔 투룸은 원룸에 비해 투자금도 많이 들고 수익률도 낮을 거라는 선입견이 있었지만 현실은 그렇지 않았다.

원룸은 보증금과 월세를 올리는 데 한계가 있는데, 투룸은 보증금에 따라 다양하게 월세를 조정할 수 있어 적은 투자금으로도 수익률을 높일 수 있다. 원룸의 전세는 시세가 오르는 데 한계가 있는 데 비해 투룸의 전세가는 꾸준히 올라갔다. 투룸 위주로 매물을 보러 다녀보니 정말 투룸이 귀했다. 어느 날부터 투룸을 찾는 사람들이 늘어났고 투룸의 시세는 꾸준히 오르기 시작했다.

10년의 세월이 지난 지금도 투룸의 선호도는 떨어지지 않고 있으니 투룸에 투자하라는 엄마의 선견지명은 틀리지 않았다.

## 🏢 투룸 오피스텔 매도 이야기

투룸 오피스텔을 사면서 투룸에 눈을 뜬 이후, 시간이 날 때마다 투룸 아파트를 보러 다녔지만 대부분의 투룸은 임대아파트이거나 임대 전환 아파트여서 매물이 많지 않았다. 특히 입지와 전용면적 측면에서 나의 투룸 오피스텔을 따라갈 집이 없었다. 엄마는 어떻게 아셨을까? 엄마는 지도를 보면서 집이라는 나무보다 입지라는 숲을 보기 때문일 것이다.

2011년에 1억 8,500만 원에 샀던 투룸은 매년 조금씩 가격이 올랐다. 중간에 아파트에 투자하고 싶어서 2억 3,000만 원에 내놓은 적이 있었지만 집을 보러 오는 사람은 많은데도 이상하게 계약이 되지 않았다. 그냥 매물을 거둬들이고 2억 2,000만 원에 신혼부부에게 전세를 주었다.

그다음 해인 2017년 일산의 집값이 하루가 다르게 오르자, 친한 중개사 언니가 2억 5,000만 원에 내놓아도 팔리겠다고 했다. 당시 시세는 2억 4,000만 원 선이었다. 전세로 살고 있는 신혼부부에게 좋은 마음으로 2억 3,000만 원에 팔겠노라고 했는데, 그들은 전세금 2억 2,000만 원에 달라는 것이었다. 나는 이 집은 2억 3,000만 원에 사도 돈을 벌 것이라고 했지만 결국 그들은 비싸다고 거절했다.

그 집에 대한 애정이 깊어서 그동안 깨끗이 잘 관리해온 데다 신혼부부가 살면서 더 예쁘게 꾸며놓은 상태였다. 중개사 언니에게 2억 5,000만 원에 팔아달라고 했고 매물을 내놓자마자 매수자가 붙었다. 그러자 세입자 부부는 이 핑계 저 핑계 대면서 집을 보여주지 않았다. 집을 볼 수 없게 되자, 나는 집 안 보고 사면 2억 4,000만 원에 팔겠다고 말했고 매수자는 그 자리에서 계약했다. 집을 내놓고 한나절 만에 집을 보여주지도 않은 상태에서 팔린 것이다.

1,000만 원 깎아줬다고 아까울 건 없었다. 처음부터 2억 3,000만 원에 팔려고 했으니 내 목표보다 더 번 셈이었다. 원룸 오피스텔 시세차익 1,500만원을 투룸에 투자하고 매도한 순수익은 5,000만 원이 되었다. 3,500만 원 투자해서 5,000만 원을 벌었으니 100% 이상의 수익률이 나왔다.

돈은 집 한 채로 버는 것이 아니다. 돈복이 내게 오는 것이다. 이 집은 처음 분양받았던 주인이 엄청 아끼는 집이었다고 말하며 나에게 팔았고, 전 주인과 나 모두 돈을 벌어 큰 집으로 이사를 했다. 복 많은 집이니 새로운 주인도 이 집으로 복을 많이 받았으면 좋겠다는 마음으로 보냈다. 2022년 이 오피스텔은 호가 3억 5,000만 원까지 올랐다.

사람들은 더 오를 걸 알았으면서 왜 팔았냐고 한다. 처음의 목표액을 달성했으면 다른 사람에게 양보하고 그들도 벌게 해야 한다.

엄마는 "투자란 다른 사람들도 벌게 해야 너도 버는 것이다."라고 말씀하셨다.

원룸 오피스텔에서 돈을 벌어 투룸 오피스텔에 투자했고, 그 오피스텔을 팔아 아파트에 투자했으니 나로서는 충분히 만족스럽다.

# 아무것도 없어서
# 발품만 팔았던 시절

## 🏢 결혼 후 운정신도시로 들어가다

　다시, 신혼 초인 2011년 이야기로 돌아가보자.

　결혼 후 우리 부부는 남편이 총각 때 분양받은 운정신도시의 아파트로 들어가 신혼생활을 시작했다. 일산신도시에 살았던 나는 아무것도 없는 허허벌판에 춥고 흙바람이 부는 운정이 너무나 싫었다. 그래서인지 장을 보러 가는 것도 일산으로, 병원도 일산으로 갔다. 집 주변을 돌아보는 걸 기본으로 삼는 나였지만 운정신도시에서 발품을 파는 날보다 딸을 등에 업고 일산의 아파트를 보러 다니는 날이 더 많았다. 운정에 살면서 일산이 얼마나 살기 좋은 곳인지 새삼 깨달았다.

## 🏢 다시 일산신도시로 회귀하다

파주 운정 집에서 남편 회사까지는 왕복 4시간이 걸렸다. 예전 엄마 말씀대로 직장 다니는 것이 힘드니 40평짜리 새 아파트에 살면서도 우리 부부는 운정에서의 삶에 점점 지쳐갔다. 결국 1년 만에 운정 집을 싸게 팔고 일산에 있는 나의 투룸 오피스텔로 이사했다.

40평 아파트에 살다가 21평짜리 투룸 오피스텔로 이사하느라 큰 가구들을 버리고 짐을 쌓아놓은 채 살아야 했지만 우리는 일산 백석동의 입지와 인프라에 만족했다. 아무리 넓고 좋은 집도 기반 시설이 잘 갖춰진 입지 좋은 집을 이길 수 없음을 직접 살면서 절감했다.

주변의 많은 지인들도 새 아파트에 살고 싶다는 열망 하나로 운정신도시로 들어갔지만 일산의 인프라를 잊지 못해 결국 싼값으로 집을 팔고 다시 일산으로 돌아오기 시작했다.


## 🏢 인프라가 좋은 구도심은 무너지지 않는다

세종신도시가 생기면서 대전 집값이 떨어지자 대전에 투자해야 한다고 느꼈던 이유가 운정신도시를 경험했기 때문이다. 새로운 신도시가 구도심의 학군과 인프라를 따라가려면 10년 이상이 걸린다. 아이를 키우는 엄마들이 새 아파트를 따라갔다가 결국 구도심으로 회귀하는 이유이다.

직장(서울)으로의 접근성이 좋고 학군이 받쳐주는 한 구도심의 집값은 무너지지 않을 것이다.

## 🏠 돈 한 푼 없었지만 발품을 멈추지 않았다

결혼하고 아이를 낳으면서 한동안 일을 할 수 없는 상황이 되니 내 수중에는 돈 한 푼 없었다. 그럼에도 나는 발품을 멈추지 않았다. 어떤 날은 아이를 업고, 어떤 날은 유모차를 밀고, 어떤 날은 버스를 타고 매일 발품을 팔며 돌아다녔다. 집에서 조금 멀리 나가는 날은 카시트에 앉아서 토하는 딸을 안고 울면서 돌아온 적도 있었다. 그때의 나는 부동산을 보고 다니는 것 자체가 마냥 좋았던 것 같다.

발품을 팔고 온 후 저녁에는 항상 엄마에게 보고를 했다. 집에서 멀리 떨어진 곳에는 투자하지 말라고 하신 엄마 말씀에 따라 우선 대화동에서부터 주엽, 마두, 백석까지 일산의 투룸 아파트를 뒤졌다. 아파트 전세와 매매 가격이 1,000~2,000만 원 정도밖에 차이가 나지 않던 시절이라 어서 빨리 투자를 하고 싶었다.

주어진 생활비 200만 원에서 100만 원은 저금하고 100만 원으로

만 생활했다. 발품을 나갈 때도 삶은 달걀이나 주먹밥을 싸가지고 다닐 정도로 악착같이 아껴 종잣돈을 모았다.

# 나의 첫
# 재건축아파트 투자

## 🏠 일산 투룸 아파트에 투자하다

전철역에서 10분 거리, 초등학교 3분 거리, 학원가 10분 거리에 전세율 90%를 유지하고 있고 지분율이 높은 방 두 개짜리 소형 평수 아파트, 이런 조건의 물건이라면 시세 하락의 위험이 적을 것이다.

갭이 적은 곳을 찾다 보니 일산 풍동까지 넘어가게 되었다. 갭이 1,000만 원밖에 안 되는 게 너무나 매력적이어서 바로 투자를 하고 싶었지만, 엄마는 "갭이 적다는 이유만으로 사서는 안 된다. 갭이 조금 크더라도 일산신도시 생활권에서 벗어나지 말아라. 하락기에 잘 버틸 수 있고, 매도하기도 쉬워야 투자에 성공한다."라며 말리셨다.

또, 투자를 결정하기 직전까지는 중개사무소에 들어가서 집을 보지도 말라고 하셨다. "계약하지도 않을 거면서 중개사무소에 들어가서 집을 보고 다니는 건 집값을 끌어올리거나 매물이 들어가게 하는 행동이기에 결국은 네가 비싸게 사는 결과를 가져온다."

결혼하고 발품만 판 지 3년 차, 일산신도시 중앙로를 따라 최종적으로 뽑은 곳이 대화역 앞의 역세권 S아파트와 백석동 백마 학원가 주변 U아파트였다. 전세와의 갭은 두 군데 모두 1,500만 원 수준이었다.

둘 중 하나를 계약하기로 마음의 결정을 한 날, 강원도에서 올라온 엄마와 함께 중개사무소로 갔다. 당시 일산은 하루가 다르게 전세가 오르면서 매매 시세 또한 뛰고 있는 상황이었다.

백석동 U아파트는 2층이었다. 수리가 전혀 안 되어 있어서 화장실도 지저분하고 벽에 곰팡이가 있는 집이었는데, 현관문을 열고 들어서자 거실 창문으로 보이는 초록의 나무들이 개인 정원처럼 반짝거렸고 따사로운 햇살이 집 안에 가득했다. 집 컨디션은 엉망이었으나 집의 기운은 좋았다.

대화동 S아파트는 로열층이었다. 초등학교를 끼고 있는 초역세권 아파트라는 입지 조건이 마음에 들어서 '이 집을 사야겠다' 하고 거의 마음을 정하고 갔었다. 이 집 또한 역시 수리가 안 되어 있었지만 백석동 U아파트보다는 상태가 괜찮았다. 그런데 햇볕이 잘 들지 않는 방향이라 집이 습하고 기운이 어두웠다.

두 집 모두 갭은 1,500만 원. 난 초역세권인 대화동 아파트가 더 좋지 않을까 했지만 엄마는 백석동으로 하라 하셨다. "재건축이 언제 될지 모른다. 어쩌면 네 평생이 걸릴지도 몰라. 경기도에 투자할 때는 서울에서 가까워야 서울에서 밀려 나오는 사람들이 전셋값을 잡아준다. 대화동은 일산의 끝이고, 백석동은 일산 초입이다."

재건축아파트 투자란 긴 세월을 버텨야 하므로 필요한 경우에는 내가 들어가서 살 수 있는 조건이어야 한다. 더군다나 일 때문에 서울로 자주 나가는 나에게는 대화동보다 백석동이 좋다고 하셨다.

이런저런 조건들을 떠나서 엄마와 나는 집의 기운을 첫 번째로 꼽는다. 객관적인 집의 상태와 조건은 대화동이 좋았지만, 백석동 U아파트의 집 안 가득 따사로웠던 햇살이 우리의 마음을 사로잡았고 결국 U아파트로 계약을 했다. 무엇을 선택해야 할지 답이 안 나올 때는 들어서자마자 마음이 끌렸던 집이 정답이다.

일산에서 친하게 지내는 중개사 언니들이 U아파트는 임대 전환된 아파트라서 노인들이 많이 살기 때문에 전세가 가장 싼 곳이라고 비싸게 잘못 샀다며 어서 빨리 팔라고 난리였다. 물론 중개사가 그 지역 전문가일 수도 있지만, 투자의 큰 숲을 못 보는 경우도 적지 않다. 나는 엄마에게 교육을 받은 덕분에 투자에 있어서는 내 결정을 믿고 그 누구의 말에도 흔들리지 않았다.

몇 달 지나지 않아 일산 집값이 우수수 떨어지면서 역전세가 일어났다. 역전세가 일어나고 시세가 떨어지는 걸 보고 있자니 보통 심란한 것이 아니었다. 마음이 힘들고 흔들릴 때마다 나는 엄마가 말했던대로 아파트 주변을 걸었다. 넓은 동 간 거리와 공원을 끼고 있는 아름드리나무, 바로 뒤편에 붙어있는 초등학교, 조금만 걸어가면 역사 깊은 학원가 거리까지…. 역시 모두 좋았다. 팔고 싶지 않았다. 누가 뭐라고 해도 나는 이 아파트를 오래 갖고 가겠다 다짐했다.


U아파트를 매입하고 두 번의 시세 하락과 두 번의 역전세까지 경험하면서 현재 8년 차에 접어들었다. 초반에는 그때 함께 봤었던 대화동 아파트가 빠르게 시세 상승을 했으나, 시간이 흐를수록 나의 백석동 U아파트의 전세가 꾸준히 상승세를 탔다. 당시 매매가 2억이라는 상투를 잡았지만 시련의 시간을 버텨내니 2022년 실거래가 4억을 찍었다. 엄마의 말씀이 맞았다.

지치고 흔들릴 때마다 쏟아내는 나의 푸념을 받아주고 확신을 갖고 버틸 수 있게 옆에서 다독여준 엄마가 있었기에 그 시간을 견딜 수 있었다. 투자를 할 때는 옆에 있는 사람의 마인드가 참 중요

하다. 그러니 내 투자의 90%는 엄마의 능력이었다 해도 과언이 아
니다.


## 🏠 사람들이 무시하는 아파트를 눈여겨 보라

백석동 U아파트를 사고 얼마 지나지 않아 친분이 있던 중개사
언니와 백석동 초역세권에 위치한 K아파트를 보러 갔다. 내가 U아
파트를 샀을 당시에 이 아파트를 후보에서 제외한 것은 영구임대
아파트가 단지 안에 있기 때문이었다.

전세가가 좋은 시기여서 1,000만 원으로 갭투자가 가능했다. 좋
은 조건에 순간 '내가 가질까?' 갈등이 되었다. 중개사 언니의 얼굴
을 쳐다보니 언니도 눈빛이 마구 흔들리고 있었다. 난 이 집이 내
집인지 다른 사람의 집인지 시험해보기로 했다.

우선 U아파트를 같이 샀던 T언니에게 전화해서 "언니, 30분 안
에 일산으로 뛰어와요!" 했다. 언니는 마감 때문에 바쁜 날이었는
데 왠지 빨리 가야 할 것 같았단다. 급히 50만 원을 빼서 정말 30분
만에 일산에 도착했다.

새집으로 이사를 앞두고 기분이 좋았던 주인은 매수자가 마음에
든다며 그 자리에서 500만 원을 깎아주었고 덕분에 언니는 그 집을
500만 원 갭투자로 샀다. 집이 너무 마음에 들어서 계약이 취소될

까 봐 심장이 두근거려 다음 날 은행이 문을 열자마자 계약금을 다 입금시키고 나서야 안심을 했다고 한다.

나는 영구임대가 있는 아파트는 안 오른다는 쓸데없는 카더라통신을 믿었다. 선입견이라는 것이 참으로 무서워서 일산 내에 살던 사람들은 일산 부동산이 다 올라도 저 아파트는 언제든지 살 수 있을 거라 생각했었다. 하지만 백석동 K아파트는 우리의 뒤통수를 때리고 빠르고 견고하게 날아올랐다.

임대아파트에 대한 나의 선입견 때문에 난 이 아파트의 주인이 되지 못한 것이다. "사람들이 무시하는 부동산을 너는 절대 무시하지 말고 들어가라."라는 엄마의 말씀을 새겨들었어야 했다. 지금 이 아파트는 T언니의 최고 효자 아파트가 되었으니 내 배가 좀 아플 만도 하지만, 부동산이란 다 각자의 복으로 버는 것이다. 언니는 선입견이 없었고 나는 선입견 때문에 제대로 앞을 보지 못했다. 그냥 언니가 부동산 복이 많은 것이다. 나는 그 언니에게만은 욕심 없이 응원해주고 싶은 마음이 크다. 서로가 잘되는 것을 기뻐해주는 관계. 외로운 투자의 길에 얼마나 귀한 인연인가.

K아파트를 놓친 이후로 나는 카더라통신에 귀를 막고 선입견이라는 색안경을 벗어버렸으니 이것만으로도 큰 수확이라고 생각한다. 투자자는 시린 경험 속에서 성장한다.

# 길 위에서
# 헛된 시간은 없었다

## 🏠 고민하다 돌아섰던 화전의 낡은 주택

수색 시장 재개발은 언제 끝날지 모를 것처럼 지지부진했고 화전은 부대가 크게 자리를 잡고 있기 때문에 개발이 불가능하다는 부정적인 소리만 나왔다. 그럼에도 엄마는 화전과 수색의 도로를 보면 이 땅은 언젠가는 개발될 곳이라고 말씀하셨다. DMC가 반짝거리기 전이라 사람들이 쳐다보지 않았기에 저평가되어 있었던 시기였다.

하지만 아무리 보아도 내가 투자할 수 있는 수준의 매물은 없었다. 여기는 땅을 사야 하는구나 싶었지만 땅을 살 능력은 안 되니 대지 지분이 많은 낡은 주택을 알아보기로 했다. 엄마와 함께 덕양구에서 수색 길을 따라 차례대로 내려갔는데, 화전사거리에서 엄마가 중개사무소 한 곳을 가리키며 들어가자고 하셨다. 그리고 사무실에 앉아 중개사님의 화전 주변 매물 브리핑을 들었다.

조용히 듣고 있던 엄마는 지도를 가리키며 "여기쯤에 매물 있어요?"라고 물었다. 그러자 중개사님의 태도가 바뀌더니 "급매물 하나 보여드릴게요."라며 엄마만 가자고 하셨다. 여럿이 다니면 매물이 들어가거나 금액이 올라가니 조용히 보고 와야 한다고 하셔서 나는 사무실에 남았다.

화전사거리에서 가까운 곳에 산자락을 끼고 판자촌이 다닥다닥 붙어있었다. 벽이 무너진 빈집들이 보였고 깔끔하게 수리하고 사는 집도 몇 있었다. 사람 하나 겨우 걸어 들어갈 수 있는 골목을 지나 안쪽에 집이 하나 있었는데 거의 무너지기 직전이었다. 대출을 60% 받으면 내 돈 6,000만 원에 투자가 가능했고 지분은 열 평이 넘었다.

길이 좁아서 집수리가 힘드니 세는 못 받고 개발될 때까지 빈집으로 갖고 있어야 한다. 월세도 못 받고 언제 개발될지 모르는 상황을 버틸 수 있겠냐고 엄마가 내게 물었다. 이런 집은 맹지를 사는 것과 마찬가지다. 모 아니면 도!

6,000만 원이라는 돈을 오랫동안 묻어놓고도 내 삶이 흔들리지

않을 수 있을까? 갖고 있으면 분명 돈을 벌 매물이었지만 그때의 나에게는 그만큼의 여유가 없었다. 아까웠지만 깔끔하게 포기하고 나왔다.

나의 장점이자 단점은 능력이 안 된다 판단하면 무리하지 않고 쿨하게 돌아서 나온다는 것이다. 마음이 편안하지 않다면 투자하지 않는 것이 정답이다. 빚으로 무리하게 투자하며 산 엄마의 인생을 보면서 그게 얼마나 고단한 세월인지를 잘 알고 있는 나였다.

내 앞에 좋은 매물이 있을 때 나에게 돈이 있다면 나의 것이 된다. 투자를 위해 돈을 빌린다거나 무리를 하지는 않겠노라고 다짐하며 살았다. 쉽지 않겠지만 나의 투자 원칙은 "행복한 투자자로 살자!"이다.

지난 세월 많은 부동산을 만나왔고 내가 잡은 것보다 놓친 게 훨씬 많지만, 현재 가난하고 불행하게 살고 있지 않으니 난 불만이 없다. 마음 졸이는 투자보다 마음 편한 투자를 선택하며 순간순간을 평화롭게 살고 싶다. 우리는 행복하게 살기 위해 투자를 하는 것인데, 투자 때문에 내가 평안하지 않다면 무슨 소용인가. 이 또한 엄마의 인생을 보며 내가 배운 교훈이다.

그때 우리가 보았던 화전 주택 바로 옆으로 창릉신도시 계획이 발표되었고 그 지역 낡은 주택들은 네 배 이상 가격이 올랐다. 화전 주택을 놓쳤지만 다시 그런 주택이 나온다면 망설이지 않고 잡을 수 있는 경험과 자산을 지금의 나는 갖고 있다. 그러니 아까울 것도 속상할 것도 없다. 엄마와 함께 원흥과 도래울, 향동, 덕은의 입지를 모두 내 마음에 담았고 몇 년이 지나 덕양구에 자산의 깃발들을 꽂았다. 저평가일 때 빠르게 결단할 수 있었던 것은 그날의 발품이 있었기 때문이다.

## 🏢 삼성전자 호재로 뜨거운 평택을 달리다

엄마는 아직 이르다고 가지 말라고 하셨지만, 수원 사업장 2.6배 규모의 삼성전자 총 120만 평, LG타운 총 30만 평 조성 예정이라는 소식은 그냥 지나치기 어려웠다. 11월 즈음, 어느 분양 현장에 갔다가 우연히 보게 된 개발 호재에 꽂혀 평택이 어떻게 생겼는지 직접 가서 확인해보기로 했다. 이후 엄마의 반대를 뒤로하고 일주일에 두세 번씩 한 달을 꼬박 평택으로 답사를 갔다. 지도를 볼 줄도 모르고 땅에 대해서는 잘 알지도 못한 채로 끝없이 이어진 길을 달렸던 기억이 선명하다. LG로를 지나 삼성고덕산업단지, 용산의 미군 부대가 이전하는 공사 현장, 황해경제자유구역과 평택호 등 분양 사무실에서 얻은 개발 호재들의 실제 현장을 모두 둘러보았다.

평택은 절대농지와 약간의 주거지만 남아있을 뿐 사방천지가 개발 중이었고 보이는 건 온통 황무지였다. 누군가는 허허벌판이라며 실망할지도 모르겠지만 나는 그곳에서 평택의 황금빛 미래를 보았다. 지금은 이러한 모습이지만 앞으로 평택은 점점 더 좋아질 거라는 생각이 들었다.

당시에 사람들은 평택의 미군기지 쪽으로 투자를 많이 했다. 그 주변 움직임이 활발했기에 초반에는 월세 수익률이 꽤 좋은 편이었다. 하지만 주변에 공급이 많아지면서 금세 공실이 늘어났다.

그다음으로 눈여겨보았던 곳은 서해안 물류의 중심이 될 평택항 주변이다. 평택항은 무역을 위한 최적의 입지였고 사통팔달로 도로가 연결되어 대한민국 어디든지 빠르게 운송할 수 있는 장점을 가지고 있었다.

지금이야 네이버 부동산에 개발 예정 도로가 상세하게 표시되어 나오지만 그때는 언론에 노출되는 내용과 지역의 중개사로부터 귀동냥으로 얻는 정보가 전부였기에 당시 분양 중이었던 현장 사무실에서 얻는 자료에 많이 기대었다.

엄마는 "부동산에는 항상 사람이 있어야 한다. 개발 호재는 그저 가능성일 뿐이니 남의 말이나 글이 아니라, 네 눈으로 본 것만 믿어라. 부동산 투자에서 가장 확실한 것은 네가 본 것뿐이다. 네가 본 것이 황무지뿐이라면 사람들이 살고 있을 때 다시 가라."라고 하셨다. 평택 고덕지구가 자리를 잡으려면 아직 멀었기 때문에 이곳에 투자할 기회는 앞으로 얼마든지 있을 것이다.

길도 없고 아무것도 없이 그저 끝없이 이어진 흙빛 황무지에는 셀 수 없이 많은 중장비들이 가득했다. 평택이 얼마나 대규모로 개발되고 있는지 가늠할 수 있었다. 앞으로의 평택이 기대되었다. 그렇게 한 달여간의 평택 답사를 끝낸 나는 한동안 그곳에 대해 잊고 지냈다.

그리고 6년 후, 나는 평택 지도만 보고 가서 바로 아파트 두 채를 계약했다. 이것은 지난 시절 평택 답사를 했었기에 가능한 일이었다. 역시 길 위에 뿌린 나의 발품 중에 헛된 시간은 단 하나도 없다. 부동산에 관심이 있다면 지금 당장 투자하지 못할지라도 반드시 길 위로 나가야 한다. 발품은 절대 배신하지 않는다.

# 빌라 투자를 위한 발품을 시작하다

2016년은 전세가 너무 귀해서 부동산에 내놓으면 집을 보지 않고도 계약금이 입금될 정도였고 돌아서면 전세가 올랐다.

## 🏠 주변 개발로 인프라가 좋아지는 서울의 빌라

서초구의 오래된 부촌으로 교육환경(학군), 문화 및 편의시설, 편리한 교통 환경까지 품고 있는 방배. 방배동은 좋은 학군에서 자식을 교육하고 싶어 하는 대한민국 어머니들의 '맹모삼천지교'로 인해 높은 전세율과 함께 고분양가 논란에도 굴하지 않고 신규 분양 물건들이 완판되고 있었다.

그 지역의 입지와 현재 시세, 미래의 개발 계획 등의 정보를 가장 빠르게 입수할 수 있는 곳은 분양 현장 사무실이다. 영업사원의 화려한 입담에 넘어가 감정적으로 투자하지 않을 자신만 있다면 이곳만큼 입지 분석과 시세 공부를 할 수 있는 곳이 없다. 입지에 대한 감과 촉은 엄마에게 배웠다면 부동산을 분석하는 능력은 분양 현장을 답사하며 배웠다고 할 수 있다.

당시 방배동은 전세가 비율이 90%까지 올라있었고 신축 빌라의 분양가 또한 깜짝 놀랄 정도로 계속해서 오르고 있었다. 그런 상황에서도 울산, 창원, 포항에 있는 투자자들이 보지도 않고 서초동과 강남구 일대의 빌라들을 사재기하고 있었다.

서리풀터널 개통으로 인해 강남 접근성이 빨라질 것을 예상한 것도 한몫했지만 가장 큰 변화는 방배동 일대가 대규모 재개발, 재건축 예정 지역이기 때문이었다. 시간이 흘러 강남 빌라의 시세가 무섭게 오르는 것을 보고 서초동과 방배동 재건축, 재개발의 수혜를 노린 투자였다는 것을 알게 되었다.

'재건축과 재개발에 들어가지도 않는 신축 빌라에 왜 투자를?' 하며 의문을 가졌던 나와 달리 경상도의 투자 고수들은 재개발과 재건축이 성공하면 도로가 넓어지고 주변 환경이 깔끔해지며 그 지역의 주거 선호도가 상승한다는 것을 일찍이 알고 있었던 것이다. 전철 개통과 대기업 입주만이 호재가 아니다. 재건축과 재개발 성공도 그 지역의 집값을 올리는 대형 호재인 것이다.

2016년 봄 이후로 서초동의 입지는 견고하게 올라가고 있다. 서초동의 변화에 깨달음을 얻은 이후로 재건축이나 재개발이 성공할 가능성이 높은 단지 주변을 살피며 인근 저평가 매물들에 투자를 했고 이것이 수익률이 높은 틈새 투자라는 것을 알게 되었다.

## 🏠 경기도의 1억 미만 빌라를 매수하라

전세가 오르고 아파트 시세가 오르자 엄마는 서울 근교 경기도에 1억 미만의 싼 빌라를 찾아보라고 하셨다. 집에서 가까운 곳이라 했으니, 내가 사는 일산에서 가장 가까운 빌라 입지로는 김포가 있었다.

엄마는 김포에서는 고촌이 가장 좋은 입지라고 말씀하셨다. 서울에서 지하철 한 정거장 거리로, 강서구에 직장이 있는 사람들이 많이 거주했다. 또 고촌 땅 전체에 비해 주거지역이 좁아 매매가 대비 월세가 높은 편이었고 2016년에 김포 고촌의 빌라들 또한 전세율이 90%까지 올라있었다. 게다가 외곽순환고속도로 김포 IC 바로 앞에 위치하고 있고, 영사정 IC를 통해 올림픽대로와 연결되어 여의도 15분, 강남 30분, 김포공항 10분, 인천공항 35분 정도가 이동에 소요되니 김포 고촌의 교통 환경은 내가 사는 일산보다도 더 우수하다. 이런 지리적 위치의 가치에 비해 집값이 저렴한 것은 주거 인프라가 부족하고 교통이 불편한 탓일 것이다.

김포는 서울하고 너무나 가깝기 때문에 언젠가 큰 상승이 올 거라는 엄마의 말씀을 새겨듣고 2016년부터 2017년까지 2년 동안 김포 고촌과 김포 구도심 사우동, 운양동, 장기동을 모두 돌아다니면서 시세를 살폈다. 역시나 아무리 보아도 서울 접근성과 입지 대비 김포만큼 집값이 싼 곳이 없었다.

2016년은 꼬박 답사만 했고, 2017년부터 2018년까지 2년 동안 나는 김포 고촌과 사우동 일대 빌라를 열 채 가까이 매입했다. 투자금은 한 채당 500만 원에서 1,000만 원 정도였으니 진정한 소액투자였다. 1억 미만의 좋은 빌라가 정말 발에 채일 정도로 많았는데 매수 후에 1년이 지나고부터 조금씩 상승을 시작했다.

1억이 넘어가면 매수하고자 하는 사람들의 발길이 줄어든다는 엄마의 지도 아래 100% 수익만 내고 모두 매도했고, 2022년 현재 김포 주택은 두 채만 보유하고 있다.

사람들은 빌라는 매도가 어렵다며 투자를 꺼리지만 1,000만 원을 투자해서 몇천만 원을 벌려고 하니까 어려운 것이다. 욕심을 내려놓고 우선 1,000만 원만 벌겠다 생각하면 부동산만큼 쉬운 투자가 없다.

# 대단지 주거용 오피스텔이 뜬다

앞서 말했듯 나의 첫 집은 원룸 오피스텔이었고 시세차익을 얻고 팔았기에 오피스텔로도 전세를 끼고 갭투자를 할 수 있다는 것을 일찍부터 알고 있었다. 하지만 사람들은 주거용 오피스텔을 투자 대상으로 보지도 않았고 여전히 무시했다.

## 🏠 주거용 오피스텔 갭투자 바람

2015년 일산의 집값이 저점이었던 시절, 나는 백석동 39평 오피스텔을 2억 6,000만 원에 급매로 사는 현장을 친한 중개사 언니의 사무실에서 보고 있어야 했다. 사고 싶었지만 나에게는 그만큼의 자금이 없었다. 주거용 오피스텔은 살아본 사람만이 그 가치를 알기 때문에 싸게 나온 매물은 기존 거주자들에게 금방금방 팔려 나갔다.

그러다 2015년 겨울부터 집값이 오르기 시작하더니 2016~2017년까지 계속해서 뛰었다. 금리가 내려가면서 은행에 있던 돈이 부동산으로 몰린 탓도 클 것이다. 2016년에 가파르게 오른 아파트 시세가 부담스러웠던 사람들이 내가 사는 단지의 오피스텔로 하나둘씩 몰려왔다. 주거용 오피스텔은 시세가 잘 오르지 않았는데 그때는 하루가 다르게 호가가 올라갔다.

엄마는 아파트 가격이 이렇게 올랐으니 빌라와 오피스텔 시세도 오를 거라 하셨다. 2015년 겨울부터 6개월간 아파트 시세가 가파르게 오르고 다음으로 아파트의 대체 주택인 빌라 시세가 올랐다. 그리고 다음으로 높은 취득세와 재산세 때문에 외면받아 왔던 오피스텔 시세까지 움직이기 시작했다.

대부분의 오피스텔은 사무실로 사용되거나 원룸 위주였기 때문에 월세를 받는 수익형 부동산 용도였다. 그래서 투룸 이상의 오피스텔은 굉장히 귀했다. 오피스텔 전세가가 매매가를 치고 시세가 오르기 시작하자 투룸짜리 주거용 오피스텔에도 갭투자의 바람이 불겠구나 하는 느낌이 강하게 들었다.

서울과 경기도 주요 지역에 위치한 역세권 투룸 오피스텔은 전용면적, 위치, 단지 조건 등에 따라 월세 100만 원 이상도 충분히 받을 수 있었다. 투룸 오피스텔은 갭투자를 하든 월세를 받든 수익률이 모두 좋았기 때문에 매물을 찾는 수요가 늘어났다. 이때부터 대기업 브랜드가 투룸 이상의 단지형 오피스텔을 짓기 시작했다.

## 🏢 미사 신도시 주거용 오피스텔 분양

엄마가 숲(입지)을 말해주면 나는 그곳으로 가서 나무(부동산)들을 살폈다. 엄마의 가르침대로 난 강남 접근성이 좋은 하남으로 눈을 돌렸고, 역시 그 지역의 분양 현장에 직접 가서 정보를 얻었다.

분양 현장에 가면 전체적인 입지 설명과 향후 개발 내용 그리고 주변 시세까지 브리핑을 듣고 큰 지도까지 얻을 수 있다. 단, 수많은 정보 속에서 버릴 것은 버리고 취할 것만 취해야 함을 기억해야 한다.

미사역 역세권에 대단지 브랜드 주거용 오피스텔 타운이 들어설 예정이었다. 커뮤니티 시설이 있는 주거용 오피스텔은 상업지구에 자리 잡고 있어 교통이 편리하고 1km 반경 안에 쇼핑 및 문화 공간 등이 모두 갖추어져 있다. 단지 안으로 들어가면 아이들을 위한 실내 놀이방, 골프 연습장, 피트니스 센터 등 주민들의 위한 편의시설

두 번째 발품: 2006~2017년

또한 뛰어나다.

미사 신도시의 대단지 브랜드 오피스텔 분양 현장들을 돌아보며 분양가 이상으로 시세가 오를 거라는 확신이 들었다. 주변 지인들에게 미사의 중대형 오피스텔로 내 집 마련을 추천했지만 사람들은 "오피스텔?" 하며 달갑잖은 표정을 지으며 무시했다. 하지만 아파트와 비슷한 주거 조건에, 아파트보다 좋은 입지의 장점을 누릴 수 있으니 젊은 사람들이 대단지 주거용 오피스텔을 선호할 것이고 그 가치는 오를 것이 분명했다.

아파트 시세가 미친 듯이 오르면 전세가격이 매매가와 비슷한 중대형 주거용 오피스텔에도 갭투자의 바람이 불 것이라 예상하고 2016년부터 '부엉이날다' 블로그에 주거용 오피스텔의 장점을 어필했다. 하지만 언제나 그렇듯 사람들은 가격이 오르고 나서야 돌아본다. 2020년 이후 입지가 좋은 대단지 브랜드 주거용 오피스텔이나 주상복합이 그 지역의 대장이 되어갔다. 이제는 아파트가 최고가 아니라는 말이다. 젊은 사람들이 선호하는 집이 시장을 리드한다는 것을 잊지 말아야 한다.

지난 몇 년간 대단지 브랜드 주거용 오피스텔의 시세는 어떠한가? 아파트 시세가 크게 상승하면 그것을 대체할 수 있는 집이 오르는 것은 당연하다. 지금 이 지역에 아파트 시세가 비싸고 공급 예정도 없다면 이 아파트를 대체할 수 있는 주택 중에 어떤 집이 가장 살기 편안할 것인가? 주변을 돌아보면 답이 나온다.

## 🏢 전철역의 사이즈를 보라

내 자금 사정에 맞는 투룸 오피스텔을 찾아다녔지만 당시에는 투룸 오피스텔이 드물어서 이제 짓고 있는 분양 현장에나 가야 찾을 수 있었다. 매일 발품을 팔고 다니면서 분양 정보를 수집하다가 미사 다음으로 가게 된 곳이 원흥이었다.

원흥역? 3호선에 원흥역이 있었던가? 원흥역은 2014년 12월 27일에 개통되었는데 거의 자가용만 타고 다녔던 나는 2016년 여름이 되어서야 처음으로 원흥역을 보게 되었다. 원흥역에서 가까운 삼송지구 아파트들은 창릉천과 넓은 녹지공원을 끼고 있어 진정 살고 싶은 입지였다. 여기도 처음에는 미분양이었는데 언제나 그랬듯이 자리를 잡자 아파트 시세는 견고하게 오르고 있었다. 삼송지구는 원흥역에서부터 시작하여 삼송역까지 개발되는 큰 그림이었으나 삼송역까지 이르지 못하여 위치적으로는 삼송지구라기보다는 원흥지구라는 느낌이 더 강했다. 원흥역은 신축 대단지 아파트와 창릉천 산책로를 끼고 있으며 녹지가 많아 쾌적한 주거환경이 가장 마음에 들었다.

2016년 여름 원흥역은 사방에 모델하우스들만 있고 역세권 주변 대부분이 빈 땅이었다. 강원도에서 오신 엄마와 함께 원흥역 주변 모델하우스를 돌았다. 엄마는 역 출구들을 살피며 전철역 출구가 여덟 개라는 점을 짚으신 다음 어떤 출구가 좋은지도 알려주셨다. 출구의 개수가 많다는 것은 그 입지에 땅을 그만큼 개발할 것임을 알아두라고 하셨고, 좋은 출구를 정할 때는 개발의 확장성을 보라고 하셨다. "출구 쪽으로 산이 있거나, 도로가 막혀 있거나, 출구가 좁은 뒷도로이거나 하면 출구 주변에 편의시설이 크게 들어오기가 쉽지 않기 때문에 유동인구가 적어. 사람들이 어느 쪽 출구를 많이 이용할까?" 엄마의 말을 듣고 보니 모델하우스에서 본 현장 중에 어느 곳이 가장 좋은지 답이 나왔다.

아무것도 없는 빈 땅이었던 원흥과의 만남은 나에게 많은 것을 안겨주었다. 여덟 개의 출구를 가진 원흥역 주변에서 새로운 투자처가 계속해서 나왔기 때문이다. 그때부터 시작된 원흥역 주변의 발품으로 오피스텔, 아파트, 지식산업센터까지 자산을 매입할 수 있었다. 여기가 지금 저평가 상태인지, 쭉 조용한 전철역으로 남을 지는 반짝거리기 전에 미리 캐치해야 한다.

# 부자는 엉덩이에 많은 돈을 깔지 않는다

## 🏠 앞으로 더 좋아질 수 있는 입지를 찾아라

아이가 크며 집 안에 짐들이 쌓여가자 도저히 투룸에서는 살 수가 없었다. 당시 내가 집에 사용할 수 있는 최대치인 1억여 원을 더해 매매가 3억 정도의 30평대 넓은 집으로 이사 가기 위한 발품이 시작되었다.

일산은 한창 집값이 오르고 있는 상태라 3억대의 30평대 아파트를 찾으려면 풍동까지 넘어가야 했다. 하지만 내가 엄마에게 배운 부동산의 첫 번째 조건은 '무조건 입지!' 아닌가. 큰돈을 벌지 못할지라도 내가 팔아야 할 때 수월하게 팔기 위해서는 입지가 우선되어야 한다. 며칠간 고민 끝에 '일산신도시를 벗어나지 말자!'는 결론을 내렸다.

내가 생각하는 일산 최고의 입지는 백석동이다. 주엽과 마두도 훌륭하지만, 나에게 좋은 입지란 지도를 펼쳐놓고 보았을 때 우선 서울 접근성이 좋고 주변에 개발할 땅이 많은 곳이다. 당장 반짝거리는 곳보다 지금은 미약하나 앞으로 점점 더 좋아지는 입지여야 한다.

마두와 주엽에 비해 집값이 저렴했던 백석동에서 처음으로 독립을 했고 지금도 여전히 백석동에 살고 있다. 그 시간 동안 고양터미널이 생겼고, 요진와이시티가 이 동네를 업그레이드시켜 주었다. 그리고 백석동 주변에는 대곡역 개발까지 앞으로 개발될 땅이 아직도 많이 남아있다.

지난 시간을 거치며 엄마가 말해왔던 좋은 입지란 이미 다 개발되어 반짝거리는 곳이 아니라 앞으로 더 개발될 '개발의 확장성'이 있는 곳임을 깨달았다. 그리고 개발 확장성이 높은 서울 초입의 경기도는 그 입지로 인해 더 살기 좋아질 가능성이 크다. 지금 서울 초입 경기도의 부동산 상황을 살펴보면 엄마의 말씀이 맞았구나 하며 손뼉을 치게 된다.


여전히 사람들이 주거용 오피스텔을 무시하던 2016년 여름, 내가 사는 일산에서는 23평 낡은 아파트를 살 돈으로 39평 오피스텔을 살 수 있었다. 같은 돈으로 23평 아파트를 살 것인가, 39평 주거용 오피스텔을 살 것인가?

앞서 말했듯 오피스텔은 상업지에 위치하기 때문에 역이 가깝고, 주변에 기반시설이 잘 갖춰져 있다. 30평대가 있는 오피스텔은 대단지이고 주민 편의시설, 넓은 주차장, 저렴한 관리비까지 진정 살기 편한 주택이었다.

반면 30평대 초반 아파트의 경우 시세가 4억 5,000만 원 정도인데다 집수리까지 하려면 내 돈이 2억은 들어가야 했다. 신용대출까지 끌어들이면 가능하겠지만 그러면 투자자금이 전혀 없어진다.

엄마는 "부자는 엉덩이에 많은 돈을 깔지 않는다."라고 늘 말씀하셨다. 부자가 되려면 돈이 최대한 많이 일하게 만들어야 하기 때문에 집에는 최소한의 돈만 깔고 살아야 한다는 뜻이다.

사람들이 아파트를 살 때 내가 주거용 오피스텔을 보금자리로 선택한 이유는 최소한의 자금으로 39평의 주택에서 살고 투자금까지 남길 수 있었기 때문이었다. 나는 실속을 찾아 39평 주거용 오피스텔을 새로운 보금자리로 결정했고, 거기서 아낀 돈으로 투자를 멈추지 않고 계속할 수 있었다.

## 🏢 나의 편안한 보금자리가 된 39평 오피스텔

내가 선택한 39평 오피스텔은 전용 32평으로 넓고 정남향에 온종일 햇살이 따스하게 들어오며 전망이 뻥 뚫려 뷰가 멋진 집이다.

부동산 투자를 해서 먼저 돈을 번 후에 좋은 새집으로 내 집 마련을 하겠다는 사람들에게 나는 투자보다 내 마음이 편한 곳에 자리를 잡는 것이 우선이라고 말한다. 새 아파트가 아니고 멋진 집이 아닐지라도 우리 가족이 만족감을 느낀다면 그 집이 우리에게 돈복을 가져다준다는 것을 경험했기 때문이다.

돈은 부동산만으로 벌 수 있는 것이 아니다. 내가 쫓는다고 돈을 벌 수 있는 것도 아니다. 돈복으로 끌어당겨야 돈이 굴러 들어오는 것이다. 그 첫 번째 조건이 내 집에서 평안과 만족을 얻는 것이다.

이사를 하고 우리 가족은 깊은 수면을 취하게 되었고 여유로워졌다. "우리 집 너무 좋아!"라고 외치며 아침을 맞이하고 기분 좋게 출근을 했다. 외출하고 집으로 돌아오면 "우리 집 너무 좋아!" 하며 또 감탄했다. 집에서 평화와 안식을 찾으면서 나의 투자는 속도를 내기 시작했다.

누군가는 경기도 일산의 오피스텔에 산다고 하면 무시당할 거라고 했다. 무시하고 싶으면 무시하라고 해! 나는 그들에게 당당하게 말한다. 내가 사는 곳에서 평안하고 행복하고 우리 가정이 화목하다면 이 집이 나에게는 최고의 안식처라고. 최소한의 돈으로 만족스러운 집에서 살고 있고, 남은 돈으로 투자하며 자산을 쌓을 수가 있었으니 이보다 더 좋을 수가 있을까?

# 불경기에는
# 월세 받는 수익형 부동산이 뜬다

지난 세월을 돌아보면 부동산 호황이 오면 반드시 뒤이어 불황이 왔다. 그리고 이러한 그래프는 반복된다.

2016년 여름, 아파트 역전세가 일어나고 뜨겁게 타올랐던 갭투자 열풍은 식어갔다. 은행 금리는 바닥이었고, 정부에서는 주택임대사업을 장려하며 세제 혜택을 주었으며, 대출 조건 또한 너무나 좋았기에 사람들은 이제야 매월 월세를 받는 것이 효자라는 것을 깨닫고 수익형 부동산으로 몰려가기 시작했다.

나는 시장의 변화에 따라 틈새 매물을 찾는 것에 짜릿함을 느끼며 적극적으로 매물 찾기에 나섰다.

## 🏢 인천 구월동에서 처음 만난 도시형생활주택

월세를 받는 입지로 주의 깊게 보게 된 첫 번째 지역은 인천이었다. 인천은 오랫동안 외면받아 온 지역이라 집값이 쌌지만 신기하게도 월세는 그리 싸지 않아서 수익률이 10%가 넘었다.

엄마가 말씀해주신 대로 인천 안에서 시청을 가장 먼저 찍고 들어갔다. 인천시청이 있는 구월동은 금융사와 백화점 그리고 길병원까지 있어 월세 수요가 풍부했다. 중개사무소 몇 군데를 돌면서 그 지역에 공실이 거의 없다는 것을 확인하며 매가와 비교해 월세가 높은 것에 놀랐다.

구월동 D 현장은 인천시청 앞에 있는 모델하우스를 방문하고 나오면서 우연히 발견했다. 300세대가 넘고 자주식 주차장인 데다 인천시청 바로 앞 대로변에 위치하고, 뒤에는 길병원이 있어 입지가 너무 좋았다.

D 현장 원룸의 분양가는 9,000만 원대에서 1억 원 초반이었다. 게다가 도시형생활주택이라니… 도시형생활주택을 아주 쉽게 설명하자면 외형은 오피스텔과 비슷하나 등기상 주택으로 분류되고, 취득세와 재산세가 저렴하다는 것이 가장 큰 장점이었다. 원룸은 오피스텔만 있던 시절에 도시형생활주택이 생기면서 엄청난 인기를 끌었다. 지금은 부동산 규제로 인해 주택에 투자하는 것이 부담

스러운 시기이지만, 당시에는 주택의 대출 한도와 금리 조건이 오피스텔보다 좋아서 수익률 또한 높았다.

엄마는 시청 주변과 대형병원 옆에는 원룸 월세가 잘 나간다고 하면서 인천은 개발할 땅이 많아 신축이 들어설 확률이 높은 만큼 시세차익은 기대하지 말라고 했다. 하지만 나는 일산에서 원룸으로 시세차익을 경험한 바 있어서 엄마의 말을 믿지 않았다. 그때는 구월동의 입지에 홀딱 반해있었고, GTX 호재까지 있었기 때문에 당연히 시세 상승까지 기대했다. 하지만 시간이 많이 지나고 나서야 인천의 원룸으로는 시세차익을 내기가 어렵다는 것을 알게 되었다. 엄마가 지적했던 대로 우리가 분양을 받고 난 후로 계속해서 신축들이 지어졌다.

처음부터 목표는 월세 수익이었고 시세차익은 덤으로 가져가자 했으니 크게 서운할 것은 없었다. 실제로 지금까지 공실 한 번 없이 가장 수익률이 높은 원룸으로 남아있기도 하다.

그런데 신기하게도 구월동의 경우 투룸은 별로 인기가 없었다. 홀로 사는 직장인이 살기 좋은 입지와 신혼부부가 선호하는 입지, 아이를 키우는 가족이 내 집 마련으로 구하는 입지는 조금씩 다르다는 것을 구월동 투자로 배우게 되었다. 역시 진정한 투자 공부는 직접 경험하는 것이다.

정책이 바뀌고 다주택자 규제가 시작되며 도시형생활주택 원룸이 찬밥 신세가 되었지만 상황은 바뀌고 또 바뀐다. 수익률이 좋다면 언젠가는 그 가치를 인정받는다.

## 🏢 주안역 근처 수익형 부동산 입지 분석

남들이 보지 않는 곳을 뒤져서 보석을 찾는 희열과 성취의 기쁨은 무엇과도 바꿀 수가 없다. 투자할 돈이 늘 부족했지만 아침에 눈을 뜨고 밤에 잠이 들 때까지 오늘은 어디 가서 무엇을 볼까 하는 생각에 매일 가슴 설렜다. 좋은 매물을 보면 다른 사람들에게도 알려주었고, 그들이 투자로 돈을 벌지라도 시샘하거나 속상해하지 않았다. 나의 투자는 느리게 움직였지만 매일의 발품 속에서 성장하고 있다는 것을 온몸으로 느끼고 있었고 그 시간들이 절대 헛되지 않으리라는 것을 믿었기 때문이다.

구월동 다음으로 발품을 팔며 넘어간 곳이 주안역이었다. 경인고속도로, 제2경인고속도로, 인천공항고속도로, 외곽순환도로에 인접해 있고, 수도권 1호선 급행으로 용산까지 30분 안에 도착하는 주안역은 서울로 직장을 다니는 사람들이 많이 살았다. 내가 찾는 매물의 조건은 역세권에 세대수가 많고 자주식 주차장이 있는 투룸이었다.

주안역은 역세권 앞에 산업단지가 있고 주변에 낡고 오래된 공동주택들이 오밀조밀 모여있었다. 대부분 15년에서 30년 된 주택으로 올수리를 해야 하는 상황이었고 공실이 많았다. 낡은 주택에 눈길이 갔지만 단독주택은 주인이 신경 써야 할 일이 많으므로 집에서 먼 곳에 있는 단독주택은 보지 말라며 엄마가 반대하셨다.


주안역에서 100m 거리의 초역세권에서 방이 분리된 1.5룸과 투룸 도시형생활주택을 만났다. 임대아파트에서만 보았던, 방이 분리된 전용 14평의 1.5룸 신축 도시형생활주택은 처음 본 것이었다. 투룸은 방 하나가 작았지만 그래도 귀한 주택이었다. 1.5룸이 투룸과 동일하게 1,000/60으로 임대가 맞춰져 있었고 매매가는 1억 4,000만 원이었다. 금리가 낮고 대출이 70%까지 나오던 시절이었기 때문에 수익률은 10%가 나왔다. '앞으로 방이 분리된 1.5룸이 뜨겠구나!' 하는 느낌이 뇌리를 스쳤다.

주안역 반대편 출구로도 신축 투룸이 있었으나 그쪽은 유흥가로 연결되어 월세가 쌌다. 산업단지 바로 앞인 이쪽 출구가 주택가의 분위기여서 임대가 더 잘 나갈 것 같았다. 뒤쪽까지 매물을 뒤져보니 똑같은 매매가 1억 4,000만 원에 앞쪽은 1000/60~65만 원이고 뒤쪽은 500/40만 원 정도였다. 역시 같은 동네에서도 주거의 분위기에 따라 임대료의 차이가 났다.

두 번째 발품: 2006~2017년

이 건물은 초역세권에 300세대가 넘었으며, 지하 3층까지 자주식 주차장이었다. 엄마는 앞으로 이 정도의 세대수에 자주식 주차장은 점점 더 귀해질 것이라고 하셨다. 가까이에 재래시장이 있는 것도 마음에 들었다. 엄마는 평일에 재래시장에 가서 시장이 살아있는지 확인해보라고 하셨다. 죽은 시장이면 부동산도 재고하는 게 좋고, 살아있는 시장이면 입지가 괜찮은 거라고 하셨다. 그날 주안에서 재래시장의 활기를 보았고, 이때부터 어디를 가든 꼭 재래시장을 확인하게 되었다.

초역세권이다 보니 철도길이 바로 옆이라 시끄러워서 세입자가 들어올까 걱정을 했더니, 중개사님은 주변에 이 정도 조건의 신축이 없어 세입자가 들어오면 나가지를 않아 일이 없을 지경이라고 했다. 공실이 없는 것을 보고 철도길 옆 주택에 대한 선입견 또한 버렸다. 아무리 철도길 옆이라도 공급의 희소가치가 있으면 그 주택은 공실이 없다는 것을 배웠다.


엄마는 늘 갭투자와 월세 받는 수익형을 함께 가져가야 한다고 말씀하셨다. 부동산의 리스크를 월세로 감당하게 되면 위기에도 버틸 수 있는 힘이 생긴다. 꾸준히 월세를 받아야 부동산 불황에도 흔들리지 않고 원금상환까지 대비할 수 있다는 엄마의 말에 난 주택담보대출에 원금상환은 먼 얘기라며 웃었다. 그러자 엄마는 투자할 때는 늘 리스크를 염두에 둬야 한다고 강하게 말씀하셨다. 은행은 그다음 해부터 주택담보대출에서 원금상환 조건까지 넣기 시작했다. 이 리스크를 대비하지 않았던 수익형 투자자에게는 날벼락이었을 것이다.

내가 수익형 부동산을 찾아 인천으로 들어갔을 때 주변 사람들은 그닥 관심을 갖지 않았다. 인천의 수익률이 입소문으로 퍼지자 그제서야 투자자들이 인천으로 몰려들었다.

수익형 부동산이 뜨고, 갭투자 시장이 활발해졌다가, 갭투자의 열기가 식으면서 이제 사람들은 다시 월세의 소중함을 실감하고 있다. 엄마의 말씀처럼 역사는 돌고 또 돈다. 그러니 지금 눈앞의 상황에 조급해할 필요도 없고 들뜰 필요도 없다.

# 재개발 투자 시 주의해야 할 것들

## 🏢 확장성이 있어야 좋은 입지다

인천까지 7호선이 연장된다는 발표가 나면서 열악했던 부평과 인천 서구의 집값은 난리가 났다.

석남역 부근은 상업지 땅에 앉은 아파트와 빌라가 많다는 것이 매력적이었다. 첫날은 먼저 주변을 차로 한 바퀴 돌아보고, 둘째 날은 석남역 부근을 걸었다. 석남역이 예정된 고가 옆에는 오래된 술집들이 다닥다닥 붙어있었다. 거북시장에 가보니 평일 낮인데도 사람들이 많았다. 집값이 놀랄 정도로 저렴했지만 월세 또한 너무나 쌌다.

석남역은 앞쪽으로 산업단지가 가로막고 있고, 뒤쪽으로는 산이 있어서 터널로 연결되어 있다. 엄마는 개발 및 확장에 한계가 있는 곳은 시세 상승에도 한계가 있다고 하셨다. 엄마가 말씀하신 개발 확장성도 중요했지만, 내가 석남역에 투자하지 않은 가장 큰 이유는 전월세가 쌌기 때문이었다. 임대료가 저렴한 곳은 투자하지 않는 것이 나의 원칙이다.

당시에는 루원시티가 허허벌판이었기 때문에 쳐다보지 않았는데 사방으로 퍼진 루원시티의 입지가 훨씬 좋았다는 것을 시간이 지나고 나서야 알게 되었다. 이 역시 엄마가 예전부터 말씀하신 내용 중 하나였다. 아무것도 없는 루원시티라고 그냥 지나쳐버렸던 나를 반성하며 이후부터는 좀 더 다양한 시선으로 개발 가능성을 가늠해보기 시작했다.

지금이 아닌 미래를 상상하는 습관을 잊지 말자!

## 🏠 부평 산곡동, 재개발 투자 공부

석남역으로 넘어가기 전 터널 앞에는 부평 산곡동이 있다. 나는 석남보다 산곡동에 투자를 하고 싶었지만 이미 투자 바람이 불어서 주택 전세가와 매매가의 갭이 많이 벌어져 있었다. 엄마와 함께 걸으며 재개발에 대해서 많이 공부하고 고민했던 곳 역시 부평 산곡동이었다.

안정적인 투자를 선호하는 나에게 재개발은 두려움의 대상이었다. 수색에서 어린 시절을 보내면서 수색 재개발이 얼마나 오래 걸리고 힘들었는지를 생생히 보았기 때문이다.

재개발구역은 뻗어 나갈 수 있는 길 주변에 무엇이 있는가가 중요하고, 개발 호재 등으로 인해 발전 가능성이 많아야 차후 시세 상승이 일어난다. 상암 DMC가 없고 상암 아파트의 시세가 그리 높게 상승하지 않았다면 수색 재개발이 가능했을지를 생각해본다. 그런 것을 보면 부동산 투자의 성공 여부는 진정 신의 영역이다.

그래서 오래된 동네이고 낡은 집이라고 무조건 재개발을 노리고 투자하면 안 되는 것이다. 동네가 낡은 것만으로는 재개발사업에 돈이 투입되지 않기 때문이다. 재개발도 이익을 추구하는 사업인지라 개발 이후의 시세 상승이 투자 비용을 훨씬 뛰어넘는다는 기대가 있어야 사업을 시작할 수 있다. 후배 하나는 광명 빌라로 재개발 삽을 뜨기까지 15년이 걸렸고, 입주까지 하면 20년을 기다리는 상황이다. 그만큼 쉽지 않은 것이 재개발로 새 아파트에 입주하는 것이다. 재개발 아파트 투자 시에는 과연 20년을 버틸 수 있을지를 생각해보아야 한다.


재개발구역에 상가가 많다면 그분들에게는 생존의 문제이기 때문에 재개발을 반대하는 경우가 많다. 그래서 잘못하면 내 평생에 실현되지 않을 수도 있다. 엄마는 재개발이 얼마나 힘든지 보아왔기 때문에 입지는 좋은데 재개발 소리는 나오지 않는 곳에 투자했다가 재개발 바람이 불 때 팔고 나오는 것이 가장 좋다고 항상 말씀하셨다. 새 아파트가 올라가길 기다렸다가는 꼬부랑 할머니가 되어야 가능할지도 모르기 때문이다.

## 재개발 투자를 할 경우 주의해야 할 것들

산곡동 골목을 돌며 재개발 투자에 대해 엄마가 알려주신 것들을 정리해본다.

첫째, 객관적으로 너무 싸다고 생각될 때는 의심을 한번 해봐야 한다. 복잡한 문제가 있어서 던지는 것일 수도 있으니 여러 중개사무소를 돌아보며 비교해보는 것이 좋다. 재개발로 뜨거워진 지역에는 돈에 눈먼 부동산업자가 많지만 잘 찾아보면 그 안에서 양심적인 중개사도 만날 수 있다.

둘째, 재개발구역에 집을 사서 오랫동안 빈집으로 두는 경우가 생기는데 이때 누가 몰래 들어와 살면 내쫓지도 못하고 골치 아파지므로 빈집은 부수거나 수시로 점검을 해야 한다. 가끔 돈을 노리고 재개발구역 빈집에 들어와서 사는 사람들이 있다.

셋째, 주인이 사는 집이 가장 좋지만 세입자가 살 경우에는 보증금이 많이 걸려있어야 하며, 현재 건물주와 땅주인이 같은지 확인해야 한다. 무허가 건물인 경우 등기를 해야 하므로 등기비까지 계산한다.

넷째, 정비구역 내에서는 집 앞에 골목길이 있어 보기에 좋아 보여도 길이 확장되며 도로로 뺏기는 수가 있으므로 길 바로 뒷집이 더 나을 수도 있다. 재개발이 이미 확정되고 난 후에 나오는 매물은 위험한 물건이 많으니 신중하게 알아보아야 한다.

다섯째, 땅 계약도 아직 완료되지 않았는데 조합원을 모집하는 경우도 많고 조합원들 간의 이해관계로 인해 10년 이상 입주가 미뤄지는 경우도 흔하다는 것을 염두에 둔다.

여섯째, 시간이 미뤄질수록 초기 분양가에서 자기분담금은 점점 늘어나고 결국 그 입지에서 가장 비싼 아파트가 되기도 한다.


산곡동의 낡고 좁은 골목길에는 판잣집이 다닥다닥 붙어있었는데, 난 그곳의 상업지 지분을 사고 싶었다. 2016년 겨울에 한 필지 지분을 8,000만 원에 살 기회가 있었고 나는 흥분해서 당장 계약하겠다고 했다. 부동산에서 매도자를 부르고 곧장 계약을 진행하려는데 엄마가 생각 좀 해보겠다며 내 손을 끌고 나오셨다. 그러더니 여기는 상가가 너무 많아서 재개발되기 쉽지 않을 테니 저 위쪽 주택가로 가서 아파트 입주권을 사자고 하셨다.


엄마는 언덕 뒤쪽으로 주택들이 모여있는 곳으로 올라가 오래되고 낡은 간판의 중개사무소로 들어갔다. 돈을 더 주더라도 이주가 확정된 곳이 더 안전하다고 하셨다. 투자금은 7,000~8,000만 원으로 비슷했다. 조합원 매물을 잡기가 쉽지 않다고 하시는 중개사님에게 우리는 음료수와 간식을 사다 드리며 매물이 나오면 꼭 연락 달라고 했다. 하지만 끝까지 전화는 오지 않았다.

엄마가 얘기한 대로 산곡동 역세권 상업지보다 주변 주택들이 더 빨리 움직였다. 만약 그때 엄마가 안 계셨다면 나는 모든 힘을 동원해서 그 상업지 땅을 샀을 것이고 아직까지도 마음고생을 하고 있을 것이다.

발품을 팔면서 많은 중개사님들께 간식과 음료수를 사드리며 연락을 부탁드렸으나 이후 연락이 온 경우는 아주 극소수였다. 하지만 그저 내가 그곳과 인연이 닿지 않은 것이니 서운히 여길 건 없다. 엄마는 작은 거라도 베푸는 것은 길 위에 덕을 뿌리는 일이라고 하셨고, 나는 전혀 다른 곳에서 생각지도 못한 분들의 많은 도움으로 성장했으니 충분하다. 당장 뭔가를 내 것으로 만들지 못할지라도 길 위에서 얻는 것들은 실로 많다. 시간이 지나면 분명 깨닫게 된다. 헛된 발품은 하나도 없음을 말이다.

# 개발 호재 지역에서
# 틈새 매물 찾기

## 🏠 마곡지구에서 매물 비교 분석을 시작하다

지금으로부터 30년 전 나는 임대아파트가 막 지어지기 시작하던 가양동으로 첫 출근을 했었다. 당시 가양동은 길에 주차를 해놓으면 미원 공장에서 날아온 하얀 가루가 차 위를 하얗게 덮었고 온종일 미원 냄새가 코를 찌르는 곳이었다. 그랬던 가양동에 아파트가 들어서고 5호선과 9호선 전철이 다니게 되고 마곡R&D밸리가 만들어졌다. 마곡의 호재로 분양시장이 뜨거웠지만, 기업들이 자리 잡기 전인 2015년과 2016년에 준공된 원룸 오피스텔들은 마피(마이너스 프리미엄, 분양가 아래로 파는 것) 매물로 쏟아졌다. 역세권 원룸 오피스텔을 9,000만 원이면 가질 수 있었다. 하지만 대부분의 사람들은 공실이 두려워서 쳐다보기만 했다.

그때 나는 원룸 투자는 이미 경험을 했기에 다음 단계인 투룸에 꽂혀있었고, 마피로 나오는 오피스텔을 사지는 않았다.

마곡은 신축과 구축 아파트, 오피스텔, 오피스, 빌라, 상가 등 모든 종류의 부동산이 모여있는 곳이다. 게다가 입지에 따라 가격 차이가 너무 심했기에 무엇이 좋은 매물인지 판단하기가 어려웠다. 그래서 난 무식하게 모든 매물을 엑셀에 정리하기 시작했다. 상가와 오피스 공급은 꽤 많았기에 주거용 부동산에만 집중했다. 준공연도, 세대수, 전용면적, 매매가, 전세가, 월세까지 정리했다.

엄마는 그렇게 꼼꼼하게 다 정리해보면 저평가 물건이 보일 거라 하셨다. 지루한 과정이었지만 숫자로 정리하고 보니 전세와 월세가 높은 지역이 보였다. 발품으로 입지를 정하고 시세 분석을 한다음, 다시 발품으로 현장을 확인했다.

발품이 숲을 선택하고 숲의 상태와 미래 가치를 보는 것이라면, 시세 분석은 나무를 고르기 위한 단계이다. 발품만이 정답이라 믿으며 느낌으로 투자했던 내게 시세 분석이 더해지자 그 파워는 대단했다.


이렇게 꼼꼼하게 분석하고도 결론적으로 나는 마곡에 투자의 깃발을 꽂지 못했다. 마곡의 모든 골목을 돌아다니고 시세 분석을 하며 많은 매물을 찾았지만 정작 돈이 있을 때는 매물이 보이지 않았고 매물이 있을 때는 자금이 없었다. 마곡과 인연이 아니었던 것이다.

부동산은 인연이 닿지 않으면 내 것이 되지 못한다는 것을 알게 된 후부터는 매물에 연연하지 않는다. 내가 갖지 못하는 매물은 복을 쌓는 마음으로 지인들에게 정보를 공유하고 길을 열어줬고, 마곡에서 공부한 것을 기반으로 다른 곳에서 좋은 자산을 많이 만났으니 난 그걸로 충분히 만족한다.

## 🏢 세종과 청주 그리고 오송바이오단지

엄마에게 세종을 보러 가고 싶다고 했더니 엄마는 세종만 보고 오기에는 아까우니 2박 3일 일정으로 충청도 일대를 둘러보자고 하셨다.

가장 먼저 청주에 도착하여 호텔방에 앉아 지도를 펼치자 엄마는 세종은 볼 것 없고 청주를 돌아본 후에 바로 오송으로 가자고 하셨다. 청주는 전철 빼고 없는 것이 없는 부유한 구도심이다. 하지만 세종과 오송이 계속 개발될 예정이라 청주는 투자처로서 매력적이지 않았다. 세종을 염두에 두고 온 나는 오송으로 가자는 엄마의 말에 "오송? 거기가 어딘데?" 하고 물었고 엄마는 "아무것도 없는 오송에 이렇게 많은 도로와 역이 연결될 때는 이유가 있는 거야. 그러니 눈으로 확인해야지!" 하셨다.

2017년 겨울의 오송은 새 아파트에 사람들이 막 입주하는 중이었고, 주변에는 재건축 바람이 불고 있었다. 가장 놀랐던 것은 오송역 역사가 굉장히 크다는 점이었다. 역 사이즈를 보면 그 지역 개발의 규모가 보인다. "오송은 앞으로 더 좋아질 테니 땅을 사야 한다."라고 하셨지만 나에게는 땅을 살 정도의 여유는 없었다.

1억에 나온 낡은 재건축아파트를 보았고, 재건축은 불가능한 3,500만 원짜리 아파트도 보았다. 그러나 주변에 신규로 건축 가능한 땅이 많아서 재건축이 성공할지 의문이었다.

마음에 드는 매물이 없어 그냥 돌아서긴 했지만 언젠가 다시 오송으로 오고 싶은 마음에 함께 움직여주신 중개사님께 선물만 사드리고 왔다. 그 뒤로 몇 번 연락이 왔지만 집과의 거리가 워낙 멀다 보니 가는 것이 쉽지 않았다. 역시 부동산은 내가 사는 집과 가까워야 투자가 쉬워진다.

충청도 답사 다음 해에 부엉이날다 블로그를 통해 '부동산 투자를 위한 판교 스터디'를 진행하며 경기도 광주역까지 가게 되었다.

당시 경기도 광주역은 땅만 밀어놓은 상태로 덩그러니 역사만 있는 황무지 상태였다. 역사의 규모가 컸기에 스터디에 참여한 분들께 경기도 광주역 쪽으로 투자할 것을 강조했지만 당장 눈에 보이는 것이 없었기 때문에 아무도 그곳에 투자하지 못했다. 몇 달 후 광주-수서 간 전철 건설 계획이 발표되었고 경기 광주역 주변의 부동산은 몇 년 만에 엄청나게 상승했다. 아무리 좋은 정보를 주어도 사람들은 눈앞에 보이는 것만을 믿는다. 하지만 투자란 내 눈앞에 보일 때는 이미 늦은 것이다.

엄마와의 충청도 답사로 많은 것을 배웠고, 그 덕분에 또 한 단계 성장했으니 엄마는 내게 최고의 스승이었다.

# 갭투자는
# 어떤 입지에 해야 할까

## 🏢 아파트 풀피가 모두 좋은 것은 아니다

갭투자가 한창 극성이던 2017년, 나는 전세가와 매매가의 차이가 거의 나지 않는 아파트를 찾아 경기도 역세권을 돌아다녔다.

미군부대가 떠난 동두천은 지역의 주수입원이 사라졌기에 베드타운이라는 말이 돌았지만, 당시 동두천 역세권 아파트는 무피(전세가와 매매가가 동일해서 투자금이 등기 비용만 필요한 상태) 투자가 가능했다. 풀피(매매가보다 전세가가 높아서 투자와 동시에 돈이 들어오는 상태)까지 가능한 매물이 있었는데, 이럴 때는 갭투자자들이 만든 거품인지, 아니면 다른 호재가 있어서 전반적인 소득이 높아진 것인지 판단을 잘해야 한다.

계약을 할까 고민하던 중 가까운 재래시장을 살펴보러던 엄마의 말씀이 기억났다. 재래시장의 활성화를 보면 사람들의 소비 규모를 알 수 있고, 소비를 한다는 것은 주변에 돈을 벌 수 있는 곳이 있다는 방증이기 때문이다. 재래시장이 없다면 가장 큰 마트를 찾는 것도 방법이다. 채소와 과일의 품질을 살펴봄으로써 그 지역 사람들의 소비 수준을 짐작할 수도 있다.

내가 살펴본 동두천 재래시장은 활력이 느껴지지 않았고 대부분의 가게가 문을 닫았으며 다니는 사람 또한 거의 없었다. 무피나 풀피 투자가 가능했지만 나는 미련 없이 돌아서 나왔다. 소비가 활발하지 않은 지역에는 갭투자를 하는 것이 아니다! 이런 지역은 투자자가 만들어놓은 거품일 가능성이 높다. 거품은 순식간에 꺼지고 매도는 힘들어진다.

살 때 투자금이 적은 것도 중요하지만 엄마는 쉽게 매도하는 것이 더 중요하다고 말씀하셨다. 매수보다 매도가 훨씬 더 어렵기 때문이다.

## 🏢 개포동 신축 빌라에 투자하다

"엄마, 서초동에 신축 아파트가 들어서면서 강남보다 집값이 더 올랐고, 방배동 빌라들도 계속해서 오르고 있어요. 경기도 아파트 갭투자보다 서울로 가서 빌라 갭투자를 하는 것이 어떨까요?"라고 말씀드리자 엄마는 구룡마을과 개포동으로 가보라고 하셨다.

우리는 30년 전에 수서역 앞 단독주택에서 살았고, 구룡마을에 지상권을 갖고 있었음에도 아버지 사업으로 모두 것을 잃었다. 구룡마을의 지상권을 아직도 갖고 있었다면 그 가치는 굉장했을 것이다. 구룡마을은 이제 사람들이 살지 않았고 폐가만이 남아있었다. 인적이 느껴지지 않은 것을 보니 이미 보상이 이뤄져서 이주를 한 것 같았다.


개포동 아파트는 1단지가 좋았으나 제일 작은 18평 집이 10억이 넘었다. 투자는 나의 자금에 맞게! 나는 빌라를 찾아보기로 했다.

빌라가 모여있는 개포4동 쪽으로 발걸음을 돌렸다. 개포동 골목 안쪽을 걷다가 신축 공사 중인 투룸 빌라를 보았다. 아직 철근 구조물만 올라간 상태였는데도 이상하게 마음이 끌려서 건물 안으로 들어갔다. 구조물 사이로 들어오는 따사로운 햇살이 내 마음을 사로잡았다. 건축 시행 일을 했던 지인 송송 님에게 전화해 이 빌라를 사고 싶은데 어떡해야 할지 물어보았다. 위치를 들은 송송 님이 건축주를 안다는 것이었다.

주변 사람들 가운데 투자자 일곱 명을 모았고, 건축주 대표님에게 일곱 명이 바로 계약을 하겠으니 할인을 해달라고 했다. 결국 우리는 공동구매로 약 10% 할인을 받았다. 당시 주변 투룸 신축 빌라 시세는 3억 3,000~4,000만 원이었는데 우리는 각각 2억 9,000만 ~3억 500만 원에 집을 매수했다. 모두 전세를 맞춰 약 4,000만 원 정도로 갭투자를 한 셈이다. 이 모든 일이 단 며칠 만에 이루어졌으니 내가 이 집을 찾은 것이 아니라 이 집이 나에게 온 것이었다.

나는 시세차익에 대하여 크게 욕심을 내는 스타일이 아니었기에 양도세 부담 없게 2년 후에 3억 4,000만 원에 팔 생각이었지만 매도가 되지 않았다. 그래서 또 2년이 흘렀다. 중간에 누수 때문에 큰 고생을 했지만 함께 매수했던 멤버들끼리 똘똘 뭉쳐 문제를 해결해나갔다.

2021년 어느 날, 갑자기 중개사무소에서 집을 팔 생각이 있느냐며 전화가 왔고 30분 만에 3억 9,000만 원에 매도를 했다. 다주택자 양도세 중과로 4,000만 원을 세금으로 내고 4,000만 원이 남았다. 4년 6개월 만에 팔기는 했지만 세금 내고 100% 수익률이니 내 기준에선 훌륭한 투자였다.

매도란 참으로 신기하다. 더 싸게 팔려고 할 때는 그리도 안 팔리더니 팔릴 때는 더 비싸게 내놓아도 순식간에 팔리는 것이 부동산이다. 그래서 엄마는 늘 '매도는 신의 영역'이라고 말씀하셨나 보다. 싸게 내놓는다고 잘 팔리는 것도 아니고 비싸게 내놓는다고 안 팔리는 것도 아니다. 매도는 때가 있으니 우리는 그때까지 단단하게 버티며 기다리기만 하면 된다.

보유하고 있는 동안 힘든 일이 많았지만 그럼에도 결과가 좋으면 모든 것은 추억이 된다. 이제까지 많은 빌라를 사고팔았지만 서운한 적이 없었는데 개포동 빌라를 팔고 나니 왠지 기분이 이상했다. 부동산 규제로 다시 살 수 없기에 그런 것일까? 강남 개포동이어서? 개포동에 갈 때마다 거닐었던 양재천이 너무 좋아서일까? 이유는 잘 모르겠지만 개포동 빌라는 오랫동안 내 마음속에 남아 있을 것 같다.

## 🏠 빌라도 값이 오른다

서초와 강남의 빌라 시세가 움직이는 것을 보고 서울의 신축 빌라 가격이 오를 거라고 예감할 수 있었다. 엄마는 한강변 빌라를 보라고 하셨다. 성수동에서 한남동을 따라 용산까지 이미 한강변 빌라의 시세가 오르고 있었고 상승세는 마포까지 내려왔다.

빌라는 시세가 없기 때문에 하나하나 발품을 팔며 알아보는 수밖에 없다. 그래도 마포는 내 고향이었기에 망원동에서부터 합정동과 상수동, 공덕동 골목들을 추억에 잠겨 즐겁게 걸었다.

빌라는 오랫동안 사람들에게 무시당했지만 아파트 시세가 부담

두 번째 발품: 2006~2017년

스러워지면서 빌라 수요가 늘어나고 있었다. 서울 아파트의 시세는 미친 듯이 계속 올랐으니 다음으로 빌라가 오르는 것은 당연한 순서였다.

망원동과 상수동은 골목상권이 펴져 나가면서 주택들이 점점 상가화되고 있었다. 홍대와 망원동은 1층과 지하를 근린상가로 바꿔서 상가로 세를 놓았는데 이 현상은 상수동과 합정동으로 점점 펴져갔다. 1층과 반지하 낡은 주택은 주택으로서의 기능을 잃어서 세가 잘 안 나갔는데 도로변을 끼고 있는 주택은 상가로 전환되면서 귀한 몸이 되었다. 반지하의 혁명이었다.

비가 오면 물이 잠기던 동네. 집값이 가장 쌌던 동네. 반지하 빌라들이 몰려있는 한강변은 이제 서울의 황금 요지가 되었다. 지분이 있는 낡은 빌라는 서울의 땅값이 오른 만큼 몸값도 비싸졌다.


엄마는 투자는 실속이라 하셨고 나 또한 투자금 대비 수익을 중시한다. 지분 빌라에 1억 이상을 묻느니 3,000~4,000만 원 갭투자를 해서 가볍게 매도하는 것이 더 좋았다. 투자란 나의 마음이 편안한 쪽으로, 나의 스타일에 맞게 하는 것이 정답이다.

그리하여 투룸 신축 빌라 위주로 매물을 찾은 결과, 마포의 매매 시세는 개포동보다 싼데 전세가는 개포동보다 높아서 투자금이 적게 들어간다는 걸 확인할 수 있었다. 만약 내가 개포동보다 마포를 먼저 뒤졌더라면 이곳에 투자했을 텐데 하는 안타까운 마음이 들었지만, 인연이 아닌 것을 어찌하랴.

매일 돌아다니면 투자할 만한 매물은 발에 차일 정도로 많다는 것을 알게 된다. 그러니 지금 내 눈앞의 매물에 연연하거나 서두를 필요가 없다. 그래서 내가 살 수 없다면 소중한 지인들에게 양보하는 것이 하나도 아깝지 않았다. 오늘 떠나 보내면 내일 새로운 투자 매물이 내 눈앞에 나타났기 때문이다.

# 낡은 빌라
# 올수리 투자에 집중하다

## 🏠 빌라는 입지 선정이 가장 중요하다

10년간의 발품으로 매물을 보는 안목이 생겼고 부동산 투자를 시작한 지 7년이 넘어가자 올려받는 전세금들이 매년 늘어났다. 작았던 나의 종잣돈이 조금씩 조금씩 스스로 몸집을 키운 것이다. 종잣돈이 불어나는 시스템이 세팅되었기에 드디어 나는 본격적인 투자를 할 수 있었다.

하지만 아파트에 투자할 만큼 큰돈은 없었고, 공격적인 투자를 하기에는 아직 소심했다. "10년 이상 그 돈이 묶이더라도 네가 힘들지 않은 자금을 묻어라."라는 엄마의 말씀을 새기며 당분간은 내가 자신 있고 마음이 편안한 낡은 빌라 올수리 투자를 하기로 마음 먹었다.

당시 김포의 낡은 빌라는 시세가 바닥까지 떨어져 있었고 올수리를 해서 전세를 놓으면 풀피가 가능했다. 올수리한 후 1년 뒤에 팔면 수익률이 100%는 나올 것 같았다. 무엇보다 LH 전세 임대가 뒷받침을 해주어서 1억 미만 빌라를 소액으로 투자하기가 너무나 쉬웠다. 좋은 빌라만 잘 찾으면 되는 것이었다.

하지만 풀피만 바라보고 결정하면 절대 안 된다! 모든 부동산이 그러하겠지만 빌라는 특히 매도가 어렵기 때문에 입지가 정말 중요했다. 바람이 불면 많이 오르지만 바람이 지나가면 반토막까지 떨어지는 것이 빌라였다. 쉽게 매도하려면 투자금이 조금 더 들어가더라도 입지가 좋아야 한다.

또한 낡은 빌라는 직접 쫓아다니면서 수리와 관리를 해야 하는 만큼 집에서 가까운 곳이 좋다. 김포에서 살 때는 몰랐는데 투자 지역으로 김포를 객관적 시선으로 바라보니 꽤 매력적인 입지였다. 한강신도시로 계속해서 입주 물량이 쏟아졌기 때문에 집값이 오를 틈이 없었지만, 그것이 나에게는 기회였다. 무엇보다 가까운 거리에 강서 마곡R&D밸리가 들어오고 있었다.

마곡에서 김포는 20분 거리다. 마곡이 아니었다면 나는 김포를 보지 않았을 것이다.

## 🏢 나의 첫 빌라 투자, 김포 J빌라

김포의 빌라들을 보고 다니며 내린 결론은 입지 면에서나 시세 면에서나 엄마가 두 채를 갖고 있는 김포 고촌의 J빌라만 한 집이 없다는 것이었다. J빌라는 옆의 아파트 분양 시즌에 시세가 두 배까지 올랐다가 이내 반토막으로 떨어졌지만 입지가 좋았기 때문에 전세와 월세가 매년 꾸준히 조금씩 오르고 있었다.

매물이 잘 나오지 않는 곳인데, 어느 날 아침 평소와 다르게 눈을 뜨자마자 핸드폰으로 네이버 부동산을 열었다. 앗! J빌라 올수리 된 집이 9,000만 원에 나와있었다.

바로 달려가서 보니 귀신이 나올 것같이 지저분한 집이었다. 역시 빌라의 올수리 수준은 개인마다 기준이 다르다. 집 상태도 좋지 않고 3층에 지분이 제일 작은 집이라 8,000만 원까지 깎을 수 있었다. 아무리 세를 내려도 몇 달째 공실이어서 맘고생을 한 매도인은 나에게 싸게라도 빨리 넘기고 싶어 했다.

낡은 빌라는 매도가 쉽지 않기 때문에 사겠다는 임자를 만나면 싸게라도 팔아야 한다. 싸게 팔기 싫다면 애정을 갖고 집을 깨끗하게 관리해야 세가 잘 나가는데 멘탈이 강한 빌라 투자자는 그리 많지 않다. 그래서 빌라 투자는 해본 사람이 잘하는 것이다.

샤시와 화장실, 싱크대를 새로 한 집이었는데 이전 세입자가 너무 더럽게 써서 집 상태가 심각했다. 이렇게 집이 더러운데 주인은 와보지도 않았으니 세가 나가지 않는 것은 당연하다. 도배와 장판만 다시 하고 전문 입주 청소를 불렀다. 인테리어 상태가 망가지지 않았다면 비용을 좀 들여 전문 입주 청소를 활용하면 찌든 때와 창틀, 벽까지 깨끗하게 닦아주기 때문에 올수리한 집처럼 변신이 가능하다.

흉하고 더러웠던 집은 도배와 장판, 입주 청소만으로도 새집처럼 변했다. 얼마나 깨끗한지 주변 부동산에서 내가 다시 수리를 한 것으로 착각할 정도였다. 전세는 7,500만 원에 바로 나갔다. 기타 경비까지 모두 합해서 1,000만 원 갭으로 투자를 하게 된 것이다. 월세로 돌리면 1000/50만 원을 받을 수 있는 집이니 이 얼마나 훌륭한 수익률인가!

나는 이 빌라로 미니 재건축을 꿈꾸었다. 아홉 세대였던 한 동을 다 사는 것을 목표로 J빌라 집이 급매로 나올 때마다 매수했고 세 채까지 보유했지만 정황상 재건축은 쉽지 않을 것 같았다. 엄마는 "대부분 노인들이 살고 그곳을 떠나기 싫어하기 때문에 한 동을 다 사려면 평생 걸릴 수도 있다. 그 시간과 돈을 다른 곳에 투자하는 것이 더 빠를 거야."라고 하셨다. 나의 J빌라 미니 재건축은 희망사항일 뿐 현실은 쉽지 않았다.

시간이 흘러 지금은 두 채를 매도하고 한 채만 보유하고 있다.

전세는 꾸준히 올라 1억이 넘어갔고 2022년 매매 호가는 1억 5,000만 원까지 올랐다.

## 🏠 그해 여름, 집수리 사장님을 만나다

광장히 더웠던 2017년 여름, 나는 그날도 빌라를 보러 김포 골목을 돌아다니고 있었다.

옛날에 우리 집 일을 해주셨던 김 목수 아저씨와 비슷하게 생긴 분이 벽에 매달려 샤시 공사를 하고 계셨다. 계단으로 올라가 살펴보니 바닥만 빼고 거의 대부분 수리를 하는 집이었다. 이분은 젊은 직원을 두고 혼자 다 수리를 하는 집수리 기술자셨다.

가게로 가서 시원한 음료수 한 박스를 사다 드리며 "더운데 음료수 드시면서 조금 쉬세요. 저는 옆 빌라 주인이에요."라며 인사만 드리고 그날은 그냥 왔다. 주인은 일만 시키고 코빼기도 안 내미는데 이런 사람은 처음 보았다며 몇 번을 고맙다고 하셨다.

그리고 며칠 뒤에 또 간식을 들고 찾아가 "저희 집도 나중에 수리해주세요." 하며 명함을 받았다. 그렇게 집수리 사장님을 만나 그 사장님이 수리하는 현장을 구경하며 어깨너머로 집수리를 공부하기 시작했다.

이런 건 전부 엄마가 알려주셨다. 점점 나이 든 집수리 기술자를 만나기 어려우니 집에서 가까운 곳에서 그런 분을 만나면 음료수나 간식을 사다 드리며 꼭 인연의 다리를 만들어놓으라고 했었다.

그 후 나는 이분과 함께 세 채의 집을 올수리하면서 눈썰미를 키웠다. 이 경험을 통해 집수리에 대해 자세히 알게 됐고 낡은 주택에 대한 두려움을 극복할 수 있었다. 지난날을 돌아보면 감사한 분들이 한가득이다.


## 🏫 빌라 투자 입지는 어디가 좋을까

김포에서는 고촌의 입지가 가장 좋았지만 주거지로 이용 가능한 땅이 많지 않은 데다 재개발 바람까지 불면서 빌라 시세가 이미 많이 올라있었다. 나의 빌라 투자는 재개발 빌라를 사서 새 아파트를 받는 것이 목적이 아니라, 차가울 때 들어가서 뜨거운 바람이 불 때 시세차익을 내고 빠져나오는 것이 룰이었다.

재개발 바람이 불어 조합이 형성되어 있는 곳은 이미 값이 오를 만큼 오른 곳이니 사지 않는 것이 좋다. 또 새 아파트 소유를 목적으로 빌라를 사면 최소 10년 이상 돈을 묻어둬야 하는데 나처럼 투자를 즐기는 사람에게는 맞지 않다. 나는 재개발 성공을 기다리는 것보다 투자 바람을 이용해서 다양한 곳에 투자하며 경험을 쌓고 싶었다.

고촌 다음으로 보게 된 곳이 사우동이었다. 엄마가 관공서 옆으로 가라 하셔서 김포시청 주변을 돌아보았는데 발품을 팔면서 사우동이 명문 학군이라는 것을 알게 되었다. 역시 사우동 아파트들은 전세가 잘 떨어지지 않았다. 관공서와 명문 학원가가 공존하는 곳이며 서울에서 가깝고 전철까지 들어올 예정이니 빌라 투자를 하기에 매력적이었다.

김포 사우동으로 입지를 결정하고 하나하나 모든 빌라들을 훑기 시작했다.


## 🏠 낡은 빌라에 투자할 때 체크하는 것들

사우동은 10년 전에 뉴타운 바람이 불면서 전국의 투자자들이 이곳 빌라에 투자를 했는데 재개발이 흐지부지 무산되고 이에 지친 투자자들이 반토막도 안 되는 금액으로 매물을 던지고 있었다.

### 서류에서 체크하는 것들

1억 5,000만 원까지 올랐던 빌라가 7,000~8,000만 원에 매물로 나왔다. 80년도에 지어진 빌라들은 땅의 용도변경도 하지 않아서 등기부등본상에 '전', '답'으로 되어있는 경우도 많았다. 오래된 구도심에 위치한 낡은 빌라는 등기부등본과 건축물대장과 토지대장으로 땅의 용도가 동일한지, 불법건축물이 아닌지 확인해야 한다는 것을 알게 되었다.

등기부등본상에 전, 답으로 되어있지만 토지대장에는 '대'라고 되어 있고 건축물대장이 있다면 큰 문제가 아니다. 옛날 건축주가 용도변경 신청을 깜빡했을 수도 있으니 이것은 현재의 집주인이 정정 신청할 수 있다. 그런데 토지대장에도 전, 답이라면 빌라의 모든 주인들이 움직여야 하기 때문에 복잡하다. 하지만 이 또한 건축물대장이 있다면 불법은 아니다.

나는 꼼꼼하게 체크하는 편인데 아주 오래전에 지어진 낡은 빌라에 투자하려면 하나부터 열까지 원칙대로 따지는 것은 조금 내려놓아야 한다는 것을 깨달았다. 그 시절에 건축허가 자체가 날림이었기에 내가 불편하다면 안 사고, 상관없다면 매수하는 쪽으로 조금씩 변해갔다.

### 빌라를 찾을 때 매물의 조건

김포 사우동에서 빌라를 찾는 조건은 지분, 주차장, 저층, 방 세개 그리고 1,000만 원 갭이였다. 이건 절대적인 조건은 아니고 김포 사우동에서의 내 기준이었다.

입지가 좋다면 지분이 많은 빌라의 경우 정기적으로 재건축 또는 재개발 바람이 분다. 투자 바람은 내가 매도하고 나오기 쉽게 만들어준다. 돌아보면 10년에 한 번씩 지분 빌라의 시세가 올랐던 것 같다.

전철역 앞이라면 주차장이 중요하지 않을 것이고, 방이 크다면 두 개라도 상관없을 것이다. 낡은 빌라는 젊은 사람들보다 대부분 노인들이 살기 때문에 짐이 많은 편이다. 그래서 작은 집보다 베란다가 있는 넓은 집을 선호하고, 또 다리가 아파서 저층을 좋아한다.

젊은 사람들이 많은 입지라면 중간층도 세가 잘 나가니 입지에 따라 수요 분석을 해서 조건을 정하면 된다. 투자에 절대적인 조건은 없다. 나는 사우동을 어르신들이 많이 사는 구도심이라 판단했고, 수요의 성향에 따라 빌라 조건을 맞춘 것이다.

빌라의 임대 시세를 확인해보니 사우동은 전세가 상승에 비해 낡은 빌라의 매매가가 참으로 저렴했다. 변수는 있겠지만 올수리 비용과 등기, 수수료까지 1,000만 원 갭으로 가능할 것 같았다.

# 낡은 빌라 투자로
# 크게 성장하다

뉴타운이 취소되고 시세가 반토막 난 빌라들이 많이 나오고 있었지만 김포에 대한 이미지가 좋지 않아서 사려고 하는 사람이 없었다. 하지만 관공서와 학군을 품고 있는 사우동은 입지가 좋았기에 임대료는 높은 편이었다.

엄마는 입지가 좋은 매물을 미리 보아두었다가 임대료가 오르는 시점에 갭이 작은 낡은 빌라를 매수하라고 알려주셨다.

김포 사우동의 골목골목을 돌아다니며 마당이 넓어서 주차가 가능하고, 방 세 개에 저층인 낡은 빌라를 찾아다녔다. 최종적으로 두 개의 매물을 뽑았고 엄마가 강원도에서 올라오셨다.

첫 번째는 80년대에 지어진 쓰리룸 빌라로 주차장도 있고 대지지분이 많았지만 학원가와 버스정류장에서 거리가 좀 있었다. 두 번째는 약 20년 된 빌라로 대지지분은 다섯 평밖에 안 되었고 신축도 아닌 데다 재건축이 가능한 구축도 아니어서 시세차익을 낼 수 있을지 애매했지만 학원가 바로 뒤편이어서 위치가 너무 좋았다.

## 🏢 느낌보다 분석을 우선시한 사우동 첫 번째 빌라

엄마는 첫 번째 빌라를 반대하셨지만 나는 엄마의 말을 듣지 않았다. 전철역이 개통되면 걸어서 약 1km 정도 거리인데 중심 상권에서 도보 거리가 멀다는 것이 엄마의 반대 이유였다.

내가 걸어봤더니 그리 멀지 않다고 우겼고 엄마는 낡은 빌라는 노인의 걸음으로 생각해야 한다고 했다. 끝까지 고집을 부리니 "그러면 네가 하고 싶은 대로 해라!" 하셨다.

주변에 낡은 빌라들이 몰려있어서 재개발 가능성이 높았고, 방세 개에 전용면적 18평, 지분 11평, 마당이 있고 주차가 가능했으며 무엇보다 700만 원 갭이었다. 빌라 투자로 완벽한 조건이었다.

### 피눈물 나게 깎아서 계약하지 마라

직접 가서 집을 둘러보았는데, 집 안에 들어서는 순간 온몸으로 축축한 습기가 느껴졌다. 보일러가 터져서 얼마 전 수리를 했다고 했지만 집안의 습기가 찝찝해서 더 깎고 싶었다. 그런데 얘기를 들어보니 10년 전 뉴타운 바람이 불었을 때 경상도에서 올라와 1억

3,000만 원을 주고 산 빌라를 기다린 세월에 지쳐서 8,000만 원에 파는 상황이었다. 얼마나 마음이 쓰릴까? 집주인의 안타까운 사정에 나까지 눈물을 보태고 싶지 않아서 그냥 제시한 금액으로 매수했다.

엄마는 "피눈물 나고 한 맺히게 계약하는 것이 아니다!"라고 늘 말씀하셨기에 나는 가격을 심하게 깎는 행동은 하지 않는다. 그래도 지금까지 투자로 손해 본 적은 없으니 싸게 사야만 돈 버는 건 아닌 것이다.

### 계약할 때 찝찝한 물건은 사는 것이 아니다

집 안의 축축했던 느낌이 지워지지 않아서 매일 그 빌라 앞에 가서 별 탈 없기를 기도했다. 하지만 습했던 그 느낌은 결국 현실화되고 말았다. 바닥 보일러가 터지고, 욕실에서 아래층으로 물이 줄줄 새고, 비가 오면 벽을 타고 천장으로 물이 들어오는 등 갖고 있는 내내 누수 사고가 끊이지를 않았다.

계약 이후에 누수와 같은 심각한 하자가 있으면 6개월 안에 해지가 가능하지만 30년 넘은 빌라의 하자는 모두 감당하고 사는 것이기에 그 이후의 일은 복불복이다.

누수 사고가 터질 때마다 조금씩 수리를 했는데, 이렇게 하다가는 돈이 끝없이 들어가겠다는 생각이 들어 신용대출로 돈을 빌려서 세입자를 내보내고 천장과 바닥까지 다 뜯는 올수리를 강행했다. 이 집의 축축한 기운을 내보내고 환한 집으로 새롭게 바꿔야만 했다.

누수로 고생하며 깨달은 것은 계약할 때 찝찝한 물건은 사면 안 된다는 점이다. 그래도 이 빌라를 미워하지 않으려고 노력했고 애정을 다해 수리를 했다. 내가 살아도 좋을 만큼 깨끗한 집으로 탈바꿈시키자 환하고 넓은 집으로 변신했고, 7,500만 원이었던 전세가 1억에 바로 나갔다.

## 매도할 때는 최대한 좋은 기운으로 보내라

다음 주인에게 넘길 때는 집 상태를 속이거나 엉망인 상태가 아니라 예쁜 모습으로 보내야 네가 부동산으로 복을 받는다고 엄마는 항상 얘기하셨다. 완벽하게 집수리를 하자 한 달도 안 되어 1억 2,000만 원에 팔렸다. 깨끗한 상태로 잘 보냈고 사는 분도 기쁘게 가져가셨다. 많이 남지는 않았지만 매도를 할 때 기분 좋게 보냈으니 지금 내가 그 복을 받으며 사는 것 같다.

집수리 비용이 많이 들어가서 세금 내고 이자 내고 순수하게 남은 돈은 1,200만 원 정도였다. 700만 원을 투자해서 순수익으로 1,200만 원을 벌었으니 그래도 이만하면 괜찮았다.

부동산 투자는 매수하고 떠나보내면서 한 채 한 채마다 다 배움이 있다. 엄마의 말씀처럼 투자의 고수는 많이 사는 사람이 아니라 많이 매도해본 사람이다. 나에게 맞는 투자를 향해 한 걸음씩 나아가는 것이 중요하다는 것을 배웠고 하나씩 떠나보낼 때마다 나도 한 뼘씩 자랐다.

## 🏢 사우동의 두 번째 빌라, 분석보다 느낌이다!

사우동의 두 번째 빌라는 첫 번째 빌라와 동시에 계약했다. 지분도 없고, 구축도 아니고 그렇다고 신축도 아닌 집. 90년도 초반에 주인이 9,000만 원에 분양받은 총 여덟 동짜리 빌라였다. 15년이 지났는데도 전혀 오르지 않아서 분양받은 주인이 살다가 나에게 8,900만 원에 팔았다.

현관에 들어서면 거실과 부엌을 겸한 공간이 나오고 싱크대 위로 작은 부엌 창문만 있을 뿐 거실 쪽으로 큰 창문이 없는 것이 마음에 들지 않았다. 주인이 분양받아 20년을 살면서 수리 한 번 안해서 문이 너덜너덜 뜯어진 채였고 전반적인 집 상태가 너무나 심각했다. 그런데 부엌의 그 작은 창문으로 들어오는 햇살이 온 집안을 따스하게 만들어주어서 느낌은 좋았다.

엄마는 첫 번째 말고 이 두 번째 빌라를 사라고 하셨지만 이 빌라에서 내 마음에 드는 것은 입지가 좋다는 것뿐이었다. 8,900만 원에 사면 전세는 7,500만 원에 가능하다고 했다.

분석으로는 첫 번째인데 느낌이 좋지 않았고, 느낌으로는 두 번째인데 분석으로는 투자가치가 별로였다. 지금이야 분석보다 나의 느낌을 믿지만 그때의 나는 내 느낌에 확신이 없었다. 할까 말까 망설여질 때는 현장에 가서 걸어보는 게 내 원칙이었다. 3일 동안 매일 가서 걸었다. 그럼에도 무엇을 사야 할지 결론이 나지 않았다. 내가 결정을 하지 못하자 엄마가 "왜 꼭 하나만 사야 해? 그냥 두 개 다 사!" 하셨다. 1년에 한 채씩만 사자는 나의 원칙이 발목을 잡고 있었던 것이다. 이런 융통성 없는 투자자라니!

## 위기가 터졌을 때 가장 먼저 놓아야 하는 것이 푼돈이다

두 채를 계약하고 나니 전세를 못 맞추게 될까 걱정이 되어 여유 있게 잔금일을 잡고 전세 세입자를 구했다. 중개사님과 의리를 지키기 위해 매수를 진행한 중개사님에게 독점으로 드렸지만 두 번째 빌라에서 사고가 터졌다.

계약하고 잔금까지 6개월이라는 시간이 있었는데도 중개사가 양쪽 수수료를 다 가지려고 매물을 혼자 붙잡고 있다가 전세 맞추는 시기를 놓쳐버린 것이다. 잔금일을 2주일 남겨놓고 "전세를 맞추지 못했으니 잔금을 준비해주세요!"라며 중개사로부터 통보가 왔다. 다음 주는 추석 명절이고 나는 잔금 치를 돈이 없는데, 기가 막히고 황당했다.

밤새 고민하다가 첫 번째 빌라를 계약할 때 매도인 측 중개사님의 느낌이 좋아서 더운 여름날 수박을 사다 드리며 인사를 했던 기억이 문득 났다. 매수인이 매도인 측 중개사한테 선물하는 것은 처음 본다며 신기해하셨는데 그때 인사를 드렸던 인연으로 급히 전화를 드렸다. 명절을 앞두고 있었고 잔금일은 2주밖에 안 남은 상태였기에 전세 7,500만 원에 맞춰주시면 수수료 100만 원을 드리겠다고 했다. 법정 수수료는 30만 원이었지만 지금 푼돈을 아까워할 때가 아니었다.

위기가 터졌을 때 가장 먼저 놓아야 하는 것이 푼돈이다. 시간을 끌수록 내가 감당해야 할 것이 푼돈에서 목돈으로 변하기 때문이다. 목돈이 되는 순간 나는 다른 사람들에게 피해를 주고 큰돈을 잃게 된다.

그분은 주변에 친한 중개사님들을 모두 동원해서 3일 만에 세입자를 데리고 왔다. 감사한 마음에 명절 잘 보내시라며 50만 원을 먼저 드리자 너무나 좋아하셨다. 그때 인연을 이어놓은 것이 얼마나 잘한 일이었던가. 그분은 내가 무사히 잔금을 치르게 도와주셨고 그 이후로 오랫동안 투자의 스승님이 되어주셨다.

세상에는 좋은 중개사님이 많지만 가끔씩 탐욕스러운 중개사를 만나 낭패를 볼 때가 있다. 이때 고생한 다음부터는 처음 중개사님에게 한 달간 독점으로 드리고 이후에는 다른 분들에게도 부탁을 드리겠다고 미리 양해를 구한다. 그렇게 설명을 하면 대부분 고개를 끄덕이며 이해해주신다.

## 기분 좋게 살 수 있는 집 상태로 만들어라

두 번째 빌라의 세입자가 보증금을 미리 주고 일주일 뒤에 이사를 온다고 하여 집수리를 할 시간이 생겼다. 너덜너덜해진 문짝에 시트지를 새로 붙이고 떼어버린 미닫이문을 다시 달아서 투룸을 쓰리룸으로 만들었다. 도배와 장판을 바꾸고 입주 청소 전문가들을 불러 벽과 창문에 붙은 지저분한 것들을 모두 제거한 후 깨끗하게 청소했다.

계약할 때 엉망이었던 집이 이사 오는 날에 새집으로 변신해있고 입주청소까지 돼있다니. 계약 조건에 포함돼 있지도 않았는데 주인이 이렇게 집을 고쳐주는 것은 처음 보았다며 세입자는 감사하다고 몇 번이나 인사를 했다.

엄마는 "세입자가 침 뱉으며 살게 하지 마라!"라고 하셨다. 부동산은 복으로 돈을 버는 것이기에 복 달아날 짓을 하면 안 된다. 나는 최대한 나도 살고 싶은 집 상태로 만든 뒤 세입자를 들였다. 이사 와서 기분 좋게 살았으면 하는 마음으로 대출을 내서라도 집을 가꾸었고 그런 노력이 나에게 복으로 돌아올 것이라 믿었다.

## 투자는 분석보다 느낌이 정답이다

나의 분석으로 기대했던 첫 번째 빌라는 수익률이 겨우 100%를 넘긴 반면, 엄마가 강력하게 밀어서 샀던 두 번째 빌라는 전세와 월세가 꾸준히 상승했고, 매입가 8,900만 원에서 시세가 1억 5,000만 원까지 올랐다. 게다가 월세 또한 1000/60만 원이 나오니 꽤 훌륭한 자산이었다.

엄마의 안목이 옳았다. 투자할 때 갭이 작다고 모두 다 좋은 것은 아니었다. 부동산은 첫째도 둘째도 입지라는 것을, 빌라는 특히 그러하다는 것을 경험한 투자였다.


## 🏠 풀피로 만드는 낡은 빌라 투자 노하우

낡은 빌라에 투자할 때는 올수리를 할 경우 얼마까지 전세를 받을 수 있는지 파악하는 것이 중요하다. 빌라는 시세가 없으므로 임대 시세 파악은 중개사의 도움이 절실하다. 그래서 아파트 단지 쪽보다는 빌라가 많은 곳에 위치한 중개사무소를 찾는 것이 좋다.

올수리 후 전세가를 확인하고 싶을 때는 전용면적은 조금 작지만 깨끗한 신축급 빌라의 전세가를 살펴보면 된다. 이때 입지와 방의 개수가 비슷한 집으로 본다. 낡은 지분 빌라(땅 지분이 커서 재전축 가능성이 높은 빌라)에 투자를 하는데 신축급 빌라까지 감안해야 하냐고 묻는다면, 그러한 노력 덕분에 안전하게 풀피로 투자할 수 있었고 꾸준한 시세 상승까지 얻었다고 말하고 싶다.

현재 상태가 깨끗한 집보다 귀신이 나올 것처럼 끔찍한 집을 산다. 그런 집은 아무리 전세가를 내려도 세가 나가지 않기 때문에 주인이 급매로 내놓는다. 집주인이 왜 수리를 하지 않을까 의문이 든다면 주인의 입장에서 생각해보아야 한다. 10여 년 전에 지금보다 두 배가 넘는 금액으로 사서 오랫동안 큰돈이 묶여있었는데 재개발은 되지도 않고 올수리로 돈이 또 들어가야 한다면 그 집이 얼마나 꼴 보기 싫을까? 손해를 보아도 좋으니 저 집을 빨리 치워버리고 싶은 게 인지상정이다. 싸게라도 사겠다는 나 같은 매수자가 나타나면 얼른 팔게 되는 것이다.

빈집이니 중도금까지 치르고 나면 올수리를 허락한다는 것을 계약서에 명시해야 한다. 올수리를 해서 전세가 풀피가 되는 것을 보면 약이 오른 집주인이 내가 언제 올수리를 허락했느냐며 심술을 부리는 경우가 있다. 그러니 올수리에 대한 내용도 계약서에 적는 것이 안전하다.

나는 매번 최선을 다해 깔끔하고 완벽하게 수리를 했기에 주변 중개사들이 구경하러 올 정도였다. 낡은 빌라 투자자들은 재개발을 원했기에 대부분 날림으로 수리를 했을 뿐 나처럼 완벽한 올수리를 하지는 않았기 때문이다. 재개발이 언제 될지 알고 그렇게 공을 들이느냐고? 설사 재개발이 확정된다 해도 세입자가 살아야 할 기간은 생각보다 꽤 길다. 그동안 수리한 비용 이상으로 임대료를 올려 받을 수 있다. 투자자는 지금 당장 나가는 돈을 아까워하지 말고, 앞으로 더 나가게 될 돈을 두려워해야 한다. 낡은 부동산에 투자할 때 수리 비용을 어설프게 아끼면 앞으로 나갈 돈이 더 많아 진다는 것을 잊지 말자.

집수리는 그동안 신뢰를 다져놓았던 사장님에게 맡겼다. 계약 금에 중도금, 집수리 비용까지 초기 투자금만 있으면 잔금 전에 세 입자를 맞추고 풀피가 된다.

지분 빌라는 매도자의 변덕과 낡은 건물에 임대를 맞추기까지 사건과 변수가 많아서 중간에서 중개사의 역할이 굉장히 크다. 그 런데 그에 비해 수수료는 너무나 미미하다. 중개사들이 낡은 빌라 계약을 적극적으로 다루지 않는 이유를 이해하게 되었고 나는 매 매 수수료와 임대 수수료까지 두 배를 지불했다. 이렇게라도 도움 의 손길을 만들어놓고 싶었다.

엄마는 중개수수료가 아까운 사람은 부동산 투자를 할 자격이 없다고 하셨다. 그럼에도 나는 수수료를 깎는 사람을 너무 많이 보 았다. 부동산으로 돈을 벌고 싶으면 사람을 먼저 벌어야 함을 모르 기 때문에 생기는 일일 것이다.

# 투룸과 쓰리룸은
# 투자 입지가 다르다

재건축 아파트의 시세가 끝없이 오르는 것을 보면서 신축 빌라와 오피스텔도 오르기 시작할 거라는 느낌이 들었다.

원룸에서 투룸으로 시세 상승이 퍼져 나가면 건축주들은 투룸 위주로 집을 짓는다. 투룸의 공급이 넘치는 때가 오면 쓰리룸의 희소가치가 높아지고 그때부터는 쓰리룸에 수요가 몰린다. 내가 투룸의 인기가 쓰리룸으로 곧 넘어갈 것이라 눈치챈 것은 어딜 가나 투룸만 짓고 쓰리룸은 보기가 드물었기 때문이다.

부동산시장의 돌림판은 역사 속에서 반복되는데, 우리가 변화의 시점을 포착할 수 있는 것은 오직 현장뿐이다.

## 🏢 둔촌동에서 쓰리룸 빌라의 투자 입지를 배우다

아파트와 달리 빌라는 개별성이 너무나 강해서 발품을 많이 팔아야 했다. 원룸 수요, 투룸 수요, 쓰리룸 수요의 입지가 조금씩 달랐다.

"재개발 여부는 신의 영역이기에 기대하지 말고 임대료가 꾸준히 상승할 지역을 찾아라!" 엄마가 쓰리룸 빌라의 입지 조건으로 꼽은 것은 비싼 아파트, 학교(학원가), 전철역, 재래시장이었다.

빌라 입지를 찾는 것은 아파트보다 오랜 시간이 걸렸지만, 남들이 잘하지 못하는 투자였기에 경쟁자가 없었다. 보물찾기를 하는 것처럼 매일매일의 발품이 재미있었다.

2017년의 겨울, 파크 골프 재미에 빠진 엄마의 골프채를 사기 위해 잠실에 가던 길에 겸사겸사 재건축으로 핫한 둔촌동과 길동을 돌아 명일동과 암사동으로 해서 송파구 방이동까지 답사를 하게 되었다.

엄마가 가장 먼저 가자고 한 곳은 강동구 둔촌동이었다. 둔촌 주공아파트는 진정 살기 좋은 곳이었다. 5호선과 9호선을 끼고 단지 내에 초·중·고가 모두 있는 대단지 아파트라니. 내가 만약 이곳에 산다면 절대 떠나고 싶지 않은 입지였다.

사람들이 떠나기 싫어하는 곳이기 때문에 재건축과 재개발이 진

두 번째 발품: 2006~2017년

행되는 것이다. 둔촌 주공아파트를 돌아보며 여기는 재건축에 성공하겠다는 느낌이 강하게 왔다.

길을 건너면 오래된 둔촌 재래시장이 있고 주변에 빌라들이 많았다. 엄마는 "전철역이 있고, 학교가 있고, 재래시장이 있는 곳은 빌라 투자에 좋다. 여기는 골목상권이 좋아서 재개발은 어렵고 넓은 전용의 쓰리룸 빌라들이 세가 잘 나가겠구나."라고 하셨다. "왜요?"라고 물어보니 "둔촌 주공이 재건축되면 비싼 아파트가 되니까 거기에서 밀려 나온 세입자들이 넓은 신축 빌라를 선택할 거야."라고 하셨다.

입지를 결정하면 사람들이 많이 다니는 동선을 확인하고 길을 따라 빌라 건물들을 살핀다. 길을 걷다가 분양 현장이 있으면 반드시 들어가서 보았다. 현장 직원의 브리핑과 자료를 통해 신축 시세와 임대 시세를 빠르게 파악할 수 있었다. 쉽게 내부를 볼 수 있는 신축 빌라 현장을 몇 개 보며 공부만 하고 돌아섰다.

이 당시만 해도 이곳 신축 쓰리룸이 3억 중반이었다. 주변에서는 비싸다고 했지만 엄마는 둔촌동 아파트의 시세가 오를 때마다 빌라의 시세도 오를 거라 하셨다.

## 🏢 투룸 오피스텔 투자처로 훌륭한 송파구 방이동

다음은 길동으로 넘어갔다. 둔촌 주공에 비해 조용하고 빠르게 재건축을 진행한 길동 신동아아파트! 길동은 입지가 약한 데다가 주변에 빌라들이 너무 많아서 빌라 투자로는 위험한 곳이었다. 9호선 개통을 앞두고 있는 보훈병원역을 지나 송파로 이동했다. 종합운동장으로 가서 엄마의 골프채를 고르고 잠실 주변 아파트와 석촌호수를 돌아 올림픽공원까지 돌아보았다.

강변을 끼고 있는 역세권의 대단지 아파트, 롯데월드라는 중심 상권, 석촌호수와 올림픽공원까지 엄청난 자산을 가진 송파. 초록의 자연, 역세권, 상업지, 직장이 모두 모여있는 송파의 입지 파워!

엄마와 방이동 먹자골목에서 점심을 먹으며 한 바퀴 걸었다. 아파트와 석촌호수, 잠실 직장가를 끼고 있는 방이동은 대단히 매력적이었다. 하지만 개포동 중에서 포이동이었던 개포4동을 무시했듯이 송파에서는 방이동을 무시했다.

방이동 골목에 있는 모텔과 나이트클럽 등을 걷어내고 입지 가치로만 부동산을 보아야 한다. 더블 역세권에 직장인 수요가 많은 방이동은 빌라보다 오피스텔 투자처로 좋은 입지이고 쓰리룸이 아닌, 원룸과 투룸의 수요가 많은 곳이다.

사람들은 세금 때문에 주택을 선호하지만 젊은 사람들은 단지형으로 안전한 오피스텔을 더 선호한다. 그렇기 때문에 직장인 수요가 많은 곳의 임대 시세는 빌라보다 오피스텔이 높다.

송파에는 원룸 오피스텔이 많이 지어졌지만 역시나 이곳도 투룸 오피스텔이 귀했다. 우리는 방이동 현장에서 분양하는 곳을 여러 군데 들렀는데 투룸 오피스텔 분양가는 3억 초반에서 3억 중반이었다. 개포동에 신축 빌라 투룸의 시세가 3억 중반이었고, 2016년에 입주한 일산 백석동 요진의 투룸 오피스텔의 시세가 3억 정도였다. 여기는 송파 잠실의 중심 상업지이다. 당연히 비싼 시세가 아니다.

안에서는 안 보이는 것이 밖에서 보면 잘 보이는 법이다. 그럼에도 송파 사람들은 방이동이라는 이유만으로 비싸다고 손사래를 쳤다.

롯데월드에 놀러도 종종 갔고 이런저런 일들로 잠실에 그렇게 많이 갔었는데 방이동을 처음 만나다니. 투자자의 눈으로 송파를 보니 송파의 강변 라인은 황금 입지였다. 당시만 해도 송파는 강남과 서초에 비해 시세가 많이 떨어져 있었는데 앞으로는 당당하게 어깨를 나란히 할 것 같았다.

그날 방이동 먹자골목에서 언젠가는 이곳에 투자 깃발 하나를 꽂으리라는 다짐을 했지만 나는 아직도 송파에 투자 깃발을 꽂지 못했다. 핑계라면 너무 없이 시작해서 늘 자금이 부족했기 때문이고, 자금이 있을 때는 눈앞에 보이는 다른 것에 투자를 했기 때문이다. 그래도 미련을 두거나 속상해하지 않는다. 내가 서있는 자리에서 최선을 다하면 되는 것이다.

엄마는 말씀하신다. 부동산은 인연이 닿아서 나에게 오는 것이라고. 그러니 흘러가는 대로 하라고.

# 투자를 잘하고 싶어서
# 공인중개사가 되다

## 🏠 공인중개사 자격증을 취득하다

처음에는 부동산 투자라는 것을 단순하게 사서 파는 걸로 생각했는데, 시간이 갈수록 건축법, 재건축, 재개발, 정비구역, 세금 등 점점 더 어려운 숙제가 가득함을 깨닫게 되었다.

엄마는 너무나 훌륭한 발품 스승님이었지만, 시장이 변할 때마다 분석도 필요하다는 것을 깨달았다. 그런데 분석을 위해서는 어느 정도 부동산에 대한 지식이 있어야 한다. 엄마가 부동산 투자를 하던 시절과는 달리 법적 규제도 다양하고 건축법도 강화되었다.

어떻게 앞으로 나아가야 할지, 어디로 가서 부동산 공부를 해야 할지, 투자의 길을 잃었다고 해야 할까? 변화가 필요했고 무엇보다 부동산에 대해서 제대로 체계적으로 공부를 하고 싶었다.

엄마는 공인중개사 자격증을 따라고 하셨지만 20년 가까이 디자이너와 기획자로 일하던 나로서는 부동산 중개사무소를 하라는 말에 쉽게 마음이 움직이지 않았다. 공인중개사가 되고 싶진 않았고, 그냥 투자자로 살고 싶었다.

"매물을 자유롭게 보고 싶으면 공인중개사 자격증이 있으면 좋아."라는 엄마의 말씀을 떠올리며 지난 시간을 곰곰이 되돌아보니 계약을 할 의사가 있는 것이 아니라면 매물을 보기가 참으로 어려웠다. 그래서 분양 현장과 네이버 부동산에 나온 매물을 위주로 공부를 하고 나름의 분석을 했었다.

'아, 공인중개사 명함이 있으면 매물 보는 것이 자유롭겠구나.' 하는 생각이 들자 맘이 달라졌다. 매물을 맘껏 많이 볼 수 있다니 심장이 두근거렸다. 어서 빨리 자격증을 취득하고 싶다는 생각이 들었다.


처음엔 책만 사서 집에서 독학을 하려고 했다. 하지만 우선 책의 엄청난 두께에 깜짝 놀랐고, 책의 내용이 당최 이해되질 않아서 머리가 아파왔다. 무엇보다 집에서는 집중하기가 어려웠다. 결국 학원에 등록해서 매일 학원 책상에 앉아 열심히 수업을 듣기 시작했다. 하지만 돌아서면 까먹고 돌아서면 까먹는 시간이 계속되면서 자괴감이 몰려왔다.

그래도 포기한다는 것은 자존심이 허락하지 않았다. 아이를 어

두 번째 발품: 2006~2017년

린이집에 데려다주고 학원에 가서 수업을 듣고 밤에 아이가 잠든 후에 2~3시간 동안 공부를 했다. 까먹으면 다시 보고, 다시 보고, 누가 이기나 해보자 하는 마음으로 책이 너덜너덜해질 때까지 반복해서 공부했다.

공인중개사 학원에 가면 20대 초반부터 머리가 희끗희끗한 70대 어르신까지 다양한 연령대의 수강생들이 함께 수업을 듣는다. 기억력이 좋은 20대가 많이 합격할 것 같지만 결과는 나이 든 분들의 합격률이 높다. 젊은 사람들은 다른 쪽으로도 기회가 많지만 나이가 들면 기회의 문이 많지 않기 때문에 더 간절해진다. 공인중개사 공부를 하면서 간절함이 젊음을 이긴다는 것을 알았다.

오랫동안 발품을 팔면서 보고 들은 용어들을 공인중개사 자격증 공부를 하면서 상세하게 알게 되니 너무나 재미있었다. 수업 시간에 졸지도 않고 반짝거리는 눈으로 집중했다. 서두르지 말고 지금의 공부를 즐기자! 아이에게도 나에게도 무리가 되지 않도록 천천히 일정을 잡아 2016년에 1차를 붙고 2017년 가을에 2차를 붙었다.

자격증을 취득하고 만세를 불렀다. 나 자신이 참으로 대견하고 자랑스러웠다.

## 🏠 김포 사우동 중개사무소에 소속되다

자격증을 취득하고 나면 많은 지식으로 훨씬 단단해질 것이라 생각했는데 막상 변한 것은 아무것도 없었다. 내가 공부한 내용은 이론일 뿐 현장과 다르다는 것을 깨닫자 일종의 허무감이 밀려왔다. 현장으로 가서 가능한 한 많은 경험을 하고 싶었다.

그때 문득 김포 빌라를 취득할 때 도와주신 중개사님이 생각났다. 1회 공인중개사 합격자로, 중개일보다 공부하는 것을 더 좋아해 당시 대학원에서 도시공학 박사과정을 밟고 있었다. 김포 사우동에서 첫 번째 빌라를 취득할 때 매도인 측 중개사였는데, 그해 여름 내가 수박을 사다 드리며 인사를 드린 후에 두 번째 빌라의 전세 맞추는 일을 극적으로 해결해주셨던 바로 그분이다.

2018년 1월 바람이 차갑고 몹시 추웠던 날, 그분의 사무실로 찾아갔다. 월급도 식대도 전혀 필요 없으니 여기에 나와서 대표님을 스승님으로 모시고 싶다고 말씀드렸고, 그 사무실에서 공인중개사로 일하게 되었다. 알고 싶은 것이 너무나 많은 상황에서, 질문을 했을 때 바로바로 대답해줄 수 있는 스승님이 곁에 있다니 이 얼마나 행운인가!

과거에는 매물의 집 안을 보는 것이 쉽지 않아 신축 분양 현장만 돌아다니면서 공부해야 했지만, 이제 공인중개사 명함이 있으니 원한다면 내부를 볼 수 있었다. 공인중개사 자격증을 취득하고 나서 이것이 가장 신나는 일이었다.

부동산 투자를 할 때 흔히 갖게 되는 선입견들을 지우고 가능한 한 다양한 매물을 접했다. 맘껏 매물을 공부할 수 있다는 즐거움에 하루가 빠르게 흘러갔고 현장에서 나는 매일매일 성장했다.

단단한 부동산 투자자가 되고 싶다면 공인중개사 자격증을 취득하여 최소 1년은 소속공인중개사로 일해볼 것을 추천한다. 건강하고 성실하기만 하다면 분명 일취월장할 수 있을 것이다.

공인중개사로 있으면 좋은 매물을 먼저 선점할 수 있다는 것이 대단한 매력이었지만 결국 나는 중개인이 아닌 투자자로 살겠다며 스승님께 인사를 드리고 사무실을 나왔다. 그럼에도 스승님은 현재까지도 내게 소속공인중개사 신분으로 매물을 자유롭게 볼 수 있도록 배려해주고 있다. 스승님 덕분에 나는 매물을 제대로 분석하는 법을 수련했고, 이후 내 투자의 황금기가 시작되었다고 해도 과언이 아니다.

## 🏠 공인중개사 첫 경험지로 김포를 선택한 이유

엄마는 아파트나 오피스텔 쪽에 있는 중개사무소보다 낡은 빌라가 많은 쪽의 중개사무소를 가라고 하셨다. 낡은 빌라를 중개하는 분들은 땅을 알기 때문에 배울 것이 훨씬 많다는 이유였다.

배움에 늘 목이 말랐던 나는 아파트, 빌라, 땅, 상가, 재건축, 재개발 등 모든 부동산을 경험할 수 있는 곳이 어디일지를 생각했다. 김포를 중개사로서의 첫 현장으로 선택한 이유는 집에서 가까웠고 위의 모든 것을 다 경험할 수 있는 곳이기 때문이었다.

많은 사람들이 김포를 아직도 시골 지역으로 알고 있지만 서울에서 접근성이 좋음에도 불구하고 집값이 저평가되어 있는 데다 구축 아파트, 신축 아파트, 토지, 빌라 등 다양한 매물이 있어 투자 공부를 하기에 좋은 지역이다. 재건축과 재개발 바람이 불고 있었고, 김포시청과 관공서, 명문 학원가까지 품고 있으니 상가를 접할 기회 또한 많다.

김포는 대부분 절대농지라 집 지을 땅이 적고 중심상권도 작지만 신도시 개발로 인구가 늘어나면서 상권이 확대되고 있다. 구도심은 임대 수익률이 좋고 신도시는 시세차익을 노릴 수 있다.

2018년의 김포는 지하철 개통을 앞두고 있음에도 불구하고 규제지역에서 빠졌기 때문에 매력적이었다. 하지만 토지 확보도 하지 않은 상태에서 지주택(지역주택조합) 분양권을 팔아먹기도 하고 재개발 등으로 현혹하거나 공실 위험이 높은 것을 속이기도 하는 등 부동산 사기꾼 또한 많은 지역이었다.

엄마는 "투자자는 온실 속에서 배우면 안 된다. 안전한 곳보다 사기꾼이 많은 곳으로 가야 어떤 것이 투자 리스크인지 알게 되고 대비하는 법을 배운다."라고 말씀하셨다. 투자자는 최고의 상황보다 최악의 상황을 알아야 성공한다고 했던 엄마. 김포를 선택한 결심의 중심에 엄마가 있었다.

세 번째 발품:

2018~2022년

# 나의 부동산 발품 홀로서기

10년 동안 나의 투자 스승님은 엄마가 유일했지만

공인중개사 자격증을 딴 후인 2018년부터

많은 부동산 매물들을 접하게 되었고

그 과정에서 만난 중개사님들과 부동산업계분들이

또 다른 스승님이 되어주셨다.

이를 바탕으로 2019년까지

나만의 분석 노하우가 설계되었고,

2020년에 투자의 황금기를 맞이하며

시세차익과 안정적 월세가 보장되는

부동산 자산들을 다양하게 세팅할 수 있었다.

# 지적도 보는 법을 배우다

## 🏠 도로와 상하수도 확대에 주목하라

거주민도 거의 없는 변두리인데 시내 방향으로 큰 도로가 생긴다면? 차 하나 겨우 다닐 정도의 비포장도로 앞에 상하수도 공사를 한다면? 이는 그쪽으로 뭔가 개발이 확대되고 있다는 증거라고 엄마는 말씀하셨다. 정비기반시설, 특히 도로나 상하수도 시설이 확대된다면 개발 계획이 있을 가능성이 높다. 지자체에서 큰돈을 쓸 때는 분명 이유가 있는 것이다.

2018년 1월, 일산 산황동에서 도로공사를 하는 것을 본 나는 시청 도시개발과에 가서 도시계획지도를 확인하고, 담당자를 찾아 이 도로가 어디로 연결되는지를 문의했다. 다음으로는 도로가 공사 중인 곳에서 가장 가까운 중개사무소로 들어가 수다를 떨며 자연스럽게 땅 시세와 주변 상황에 관한 팩트를 확인했다.

도로 예정지 주변의 계획관리지역 땅값이 평당 70~80만 원이었는데 순식간에 150만 원까지 올랐다. 그런데 신기하게도 사람들은 도로가 생기는 것에 관심이 없었다. 그 지역 공인중개사들도 모르는 경우가 많았다.

부동산에 이유 없는 변화란 없다. 변화가 있다면 그 원인을 찾아보는 습관을 들여야 한다. 이제는 답사 후에 반드시 자료와 정보를 확인해야겠다 다짐하며 도시계획 정보를 찾아보고 팩트 확인을 하며 분석이란 것을 하기 시작했다.

자료를 보며 분석을 시작하고 나서 가장 놀라웠던 것은 그저 느낌만으로 좋았던 입지들이 분석해보니 진정 좋은 것들이었다는 사실이다. 끌렸던 데는 다 이유가 있었음을 알고 소름이 돋았다.

사람들은 분석을 하고 현장을 본다. 하지만 거꾸로 해야 한다. 발품이 먼저이고 다음이 분석이다. 분석이란 나의 촉에 확신을 더하는 것이다. 분석을 하면서 부동산을 보는 나의 촉에 감사와 믿음이 더해지며 투자에 대한 자신감은 점점 더 상승했다.

## 🏠 지적도 보는 법과 토지 용도를 배우다

고양시의 30평대 신축 빌라 대단지에 우연히 들르게 되었다. 500m 안에 초·중·고등학교가 모두 있는 햇살 좋은 남향 빌라의 내부를 처음으로 보고 나는 충격에 휩싸였다. 빌라의 설계나 자재를 낮게 보았던 선입견이 와장창 깨진 것이다. 내부 구조와 자재가 꽤나 훌륭해서 아파트 대체주택으로 전혀 손색이 없었다.

이 정도 입지에 이 정도 수준의 집이라면 사람들이 주거용으로 구입하고 싶겠다는 생각이 들었는데, 아니나 다를까 그 빌라들은 빠른 속도로 분양이 되어나갔다. 집 주변에 공원이 있고 걸어서 500m 안에 어린이집, 유치원, 초·중·고가 모두 다 있다면? 아파트는 너무 비싼데 아이 키우기 좋은 입지에 전용 25평 이상의 테라스까지 있는 빌라라면 사람들은 그 집으로 내 집 마련을 하고 싶을 것이고, 그렇다면 신축 빌라들이 많이 지어지겠다는 생각이 들었다.

그럼 아무 땅에나 빌라를 지을 수 있는지에 대한 궁금증이 밀려왔다. 서울에는 빈 땅이 없기에 단독주택들이 사라지고 신축 빌라들이 올라가고 있다. 그렇다면 구축 빌라를 밀고 대단지 아파트가 아닌 신축 빌라를 건축할 수도 있는 건지 궁금해졌다.

사무실로 가서 스승님에게 물어보니, 토지의 용도와 지적도를 보는 법을 알려주셨다. 재건축, 재개발 투자를 꿈꾼다면 지적도를 볼 줄 알아야 한다.

**┃ 성수역 역세권 부근 지적도**

지적도에서 노란색은 주거지, 초록색은 녹지 또는 농지, 보라색은 준공업지, 붉은색은 상업지를 나타낸다. 나는 내 방식대로 외우기 쉽게 기억했다. 상업지 땅이 가장 좋은 것이고 준주거와 준공업지가 다음으로 좋고, 녹지와 농지는 보지 말자! 노란색 주거지에는 1종과 2종, 3종이 있는데 숫자가 큰 3종은 아파트를 지을 수 있고 2종은 약 7층 정도의 건물이, 1종은 5층의 빌라가 올라간다.

주거지에서의 1종, 2종, 3종 등의 상세한 토지 용도는 '토지이음' 사이트(www.eum.go.kr)에서 해당 주소만 넣으면 쉽게 확인이 가능하다.

세 번째 발품: 2018~2022년

만약 1종의 넓은 땅에 대단지의 낡은 빌라들이 있다면 일부 땅을 도로로 내어주고 종상향을 하는 게 가능하다. 그러므로 1종의 빌라라면 단지가 크거나, 옆으로 낮은 빌라들이 이어져 있는 것이 좋다.

▌안산 초지역 주변 1종 대단지 빌라들은 아파트로 재탄생했다

빌라는 재개발만 가능한 것이 아니라, 입지만 좋다면 건축주가 재건축용으로 빌라를 매수하는 경우도 많았다. 낡은 빌라의 다양한 상승은 실로 멋지다 할 만하다.

**|** 여의도와 가까운 영등포 준공업지 낡은 주택들은 미니 재건축을 많이 한다

아파트가 오르면 대체 주택도 오른다. 서초동과 방배동을 비롯하여 강남3구의 신축 쓰리룸 빌라들이 오르고, 강북구까지 퍼지더니 서울 전체에 신축 쓰리룸 빌라는 아파트가 오르면서 함께 상승했다. 2017년에 둔촌동 중심에서 쓰리룸 신축 빌라가 3억대였는데 2020년이 넘어가면서 성수동 신축 빌라가 10억이 넘어가는 것도 보았으니 빌라 시세도 이렇게까지 오를 수 있구나 싶다.

# 수익률의 신세계,
# 지식산업센터를 만나다

중개사무소에 소속되어 있으면서 가장 좋았던 것은 주변 분양 현장 담당자들이 자료를 갖고 온다는 것이었다. 내 발로 찾아야 했던 정보를 앉아서 얻을 수 있게 되면서 다양한 매물들에 대한 공부가 가능해졌다.

10년 넘게 주택에만 투자를 하면서 조금씩 지쳐가고 있던 어느 날, 지식산업센터의 자료가 들어왔다. 지식산업센터가 뭐지? 부동산에 대해서는 바로 달려가서 공부해야 직성이 풀리는 나는 조사에 착수했다. 지식산업센터는 옛날의 아파트형공장이다. 쉽게 설명하면 사업을 하는 사업자에게 정부가 세금, 대출한도, 금리 등의 다양한 혜택을 주며 사업장에 대한 부담을 줄여주는 사무실 또는 제조업장이다.

엄마는 현장 공부를 위해 성남과 하남을 돌아보라고 하셨다. 성남에 가니 큰 트럭들이 계속해서 이동 중이었는데 사무실 입구까지 차를 대고 물건을 실을 수 있었다. 이것을 '드라이브인' 시스템이라고 한다. 사업장 대부분이 제조실과 연구실 같았고 사무실 내부가 꽤 컸다. 하남 미사에는 기존 아파트형공장이 거의 없었고 지식산업센터가 이제야 새로 생기기 시작하는 중이었다.

제조보다 IT 기반 사업장들이 더 많이 늘어나면서 아파트형공장에서 지식산업센터라는 명칭으로 바뀌었고, 분양을 받을 수 있는 업종이 제조업에서 정보통신업과 지식기반 서비스업까지 넓게 확대되면서 대형의 제조용 사무실보다 작은 면적의 오피스형 사무실 분양이 늘어나고 있었다.

내가 처음으로 구경했던 지식산업센터 분양 현장은 김포 장기동이었다.

## 🏢 지식산업센터의 시장 수요와 공급의 변화

김포에서만 20년 가까이 중개사무소를 해온 스승님이 김포에는 소형 사무실이 부족하다고 알려주셨다. 김포는 대부분 농지이고 신규 아파트들이 계속 들어서면서 인구는 늘어나고 있는데 오피스 빌딩은 없다. 게다가 김포에서 사업을 하는 주변 사장님들도 김포 고촌과 장기동, 사우동에서 사무실 구하기가 어렵다고 하셨다.

일산에 있는 아파트형공장과 오피스를 살펴보고 서울의 오피스 매물도 확인했다. 아, 정말 20평 미만의 소형 오피스가 귀하다! 요즘은 1인 기업이 점점 늘어나고 있는데 작은 사무실 구하기가 어렵겠구나 싶었다. 대형 오피스에서 소형 오피스로 시장의 수요와 공급이 변하고 있음을 느낄 수 있었다.

## 🏢 지식산업센터의 입지와 시장의 변화

지식산업센터의 유형은 제조형과 오피스형으로 나뉜다고 볼 수 있다. 드라이브인 시스템을 갖춘 공장은 시내에서 떨어져서 IC 옆에 대규모로 들어서고 100평 이상의 대형이 많다. 물류 이동을 위해 큰 트럭이 움직이는 경우가 많으므로 지하나 저층이 인기가 높다.

IT 기반의 지식산업센터는 오피스형이므로 시내 중심에 자리 잡고 있으며 교통이 편리한 곳이 좋다. 또 조용하게 일하는 사무실이므로 저층보다 고층을 선호한다.

인터넷 쇼핑이 활발해지면서 시내 가까이에 물류창고를 두려고 하는 업체가 늘어날 것이고 그렇다면 시내 가까이에 있는 제조형 지식산업센터가 창고로 사용되는 수요가 늘어날 것이다. 시장의 변화를 알면 부동산 수요가 어디로 이동하는지 미리 눈치챌 수 있다.

## 🏢 지식산업센터가 수익형부동산?

지식산업센터는 사업자 담보대출로 70% 이상 대출이 나오고, 금리도 주택보다 저렴했으며 신용으로 10% 정도 추가 대출이 가능하니 80% 이상 대출을 활용할 수 있다는 장점이 있었다. 그런데 장기동 지식산업센터 분양 현장에 온 사람들은 대부분 투자자였다. 지식산업센터는 사업자만 분양받을 수 있는데 왜 투자자가?

이야기를 들어봤더니, 오래전에 대형 아파트형공장을 분양받은 대표님들이 사업의 규모가 작아지거나 사업장을 다 사용할 수 없는 상황이 생기자 사무실을 나누어 다른 사업자에게 임대를 놓았는데 그 수익률이 엄청났다고 한다. 아파트형공장의 수익률이 입소문으로 퍼지면서 사업체를 운영하는 대표님들이 사업장 및 수익형부동산 성격으로 투자를 했고 소액투자가 가능한 지식산업센터까지 투자자가 몰린 것이었다.

주택은 집수리와 관리 등 할 일이 끝없고, 임대차법으로 피곤해졌으며, 세금 또한 점점 오르고 있어 사람들은 주택 투자에 지쳐가고 있었다. 투자의 끝에는 결국 상가와 오피스로 정착하는 이유를 알 것 같았다. 투자금이 많이 필요한 상가와 오피스는 엄두도 못 냈는데, 지식산업센터를 만나니 소액투자로 월세를 받을 수 있는 신세계를 만난 기분이었다.

나는 20년 가까이 디자인 사업자등록이 있었기에 지식산업센터를 분양받을 수 있는 자격조건이 된다. 하지만 아무리 평당 500만 원대라는 분양가가 매력적이라고 해도 김포에 사무실이 필요하지는 않을 것 같았다. 일단은 내가 사는 일산 주변 분양을 기다리기로 했다.

그리고 그해 여름, 나는 고양시 덕양구 원흥의 지식산업센터 오피스를 분양받았고, 2020년 봄에 법인 명의로 드라이브인 시스템의 공장을 분양받았다. 내가 당장 사용할 필요는 없어서 임대를 주었기 때문에 투자금은 1,000만 원만 들어갔다. 현재 수익률은 22%이다.

이 모든 것은 부동산은 미리 공부해둬야 한다는 엄마의 말을 잘 들었기 때문이다.

# 낡은 빌라 투자 입지
# 선정과 분석 방법

## 🏢 구도심과 신도시가 함께 성장하는 곳

김포 사우동은 대단지 아파트, 학원가와 관공서, 맛집 골목, 빌라 등이 몰려있는 구도심 상권의 중심이다. 새 아파트들이 들어오는 풍무동과 걸포동을 양쪽으로 끼고 그 중심에 사우동이 있다. 새 것과 오래된 것이 공존하는 지역은 함께 살아남는다.

투자란 현재보다 미래에 더 좋은 것이어야 하기에 현재가치에 보태지는 플러스알파 요소가 있어야 한다. 내가 사우동의 미래가치로 본 것은 마곡에서 20분 거리라는 점, 그리고 전철 개통과 서울과의 도로 연결이었다.

오랜 발품에서 깨달은 것은 모든 것을 밀어내는 재개발보다 구도심을 살리면서 옆에 들어오는 신도시가 훨씬 살기 좋다는 점이다. 판교가 분당구를, 광교가 수원을, 상암이 마포를, 다산이 구리를, 안양의 새 아파트들이 그 지역을 좋은 입지로 만들어주었다. 주변을 둘러보면 구도심과 신도시가 공존해서 성장한 입지가 참으로 많다. 나는 풍무동과 걸포동 덕분에 사우동의 입지가 훨씬 더 견고해지라 믿었다.

전철과 도로 등의 교통 상황이 지금보다 더 좋아질 곳, 새 아파트들이 들어서며 주거비가 계속해서 상승할 동네, 구도심과 신도시가 만나는 지점, 학교와 학원가, 빌라, 직장들이 있는 입지 등의 조건을 갖고 있다면 정기적으로 재개발 바람이 불기 때문에 큰 하락이 없고 월세와 전세가 꾸준히 상승한다.

## 🏢 빌라 투자 시 전세와 월세 수익률도 확인한다

소속공인중개사가 되어 사우동으로 출근한 이유는 분석하는 방법을 배우기 위해서였다. 딱히 요령이 없던 나는 잘 모를 때는 무식하게 기본에 충실하자는 생각으로 성실하게 모든 매물을 정리해보기 시작했다. 모든 빌라 매물들을 리스트업 하고 빌라의 내부를 본 후에 스승님에게 전세와 월세가 얼마인지 질문했다.

갭투자를 위해서 전세 시세만 보던 내가 월세 수익률을 확인하기 시작한 것이다. 대출을 받지 않고 100% 현금 투자 했을 때 7~8%의 수익률이 나오는 경우 대출을 끼면 지렛대 효과에 의해 10%가 넘어 갈 수 있다. 아무리 고금리 시대가 온다고 해도 은행에서 예금 이자로 7% 이상을 주는 날은 올 것 같지 않았고 이 정도 월세가 나온다면 시세 상승이 일어날 것이라 믿었다. 계획대로 매도가 안 될지라도 월세를 받거나 전세를 올려 받을 수 있으니 이 집에 들어간 자금 때문에 힘들지는 않을 것이다. 월세 수익률이 높으면 언젠가는 매매 시세가 오르기 때문에 갭투자하기에 안정적인 빌라인 것이다.

## 🏠 빌라 투자는 종잣돈을 모으는 수단

대부분의 사람들은 빌라 투자로 재개발을 꿈꾸며 한 번에 큰돈을 벌고 싶어 한다. 빌라가 재개발되어 새 아파트가 올라간다면 금상첨화겠지만 최소한 15년에서 20년의 세월을 견디고도 성공 여부가 불확실한 것이 재개발이다. 재개발에 성공하는 경우보다는 평생 낡은 빌라 때문에 맘고생 하다가 끝나는 경우를 더 많이 보았다.

재개발에서 가장 큰 리스크는 사람의 마음이다. 재개발과 재건축은 사람의 마음이 단합하여 움직이는 것이고 각자의 이익과 계산이 맞아야 성공에 이를 수 있다. 하지만 가족끼리도 단합이 어려운데 모르는 사람들끼리 마음을 합치는 것이 어찌 쉽겠는가.

나의 빌라 투자는 재개발이 아니라 1,000만 원 투자해서 1,000만 원을 벌며 조금씩 종잣돈을 모으는 것이 목적이었다. 그래서 낡은 빌라를 구매해 올수리하는 건 효과적 투자였다. 수리 후에는 전세를 크게 올려 받아 갭을 줄일 수 있고 월세도 높게 받을 수 있어서 이후 시세 상승으로도 이어지기 때문이다.

재개발 바람이 부는 빌라를 비싸게 주고 사는 것보다, 갭이 작고 수리한 후에 임대료를 올려 받을 수 있고 느릴지라도 꾸준한 시세 상승이 일어나는 집을 사는 것이 좋다. 언젠가 내가 그 집을 팔고 싶을 수도 있고 자금이 필요할 수도 있으니 가능한 한 매도가 편안해야 한다.

처음에는 재개발을 노리는 토끼가 빠른 것 같지만 세월이 흐른 뒤에 보면 손해 보지 않고 작은 이익을 축적하며 시간의 복리에 올라탄 거북이가 이긴다.

## 🏠 젊은 시절에는 빌라에 투자하라

소속공인중개사로 출근하고 사우동 빌라를 분석한 지 한 달 정도 되자 투자하면 좋을 매물들이 리스트업되었다. 매수해서 올수리하면 갭이 1,000~1,500만 원 정도였다. 집수리 비용이 점점 비싸지고 있었지만 낡은 빌라를 이렇게까지 올수리하는 사람이 거의 없었기에 제대로 올수리를 하기만 하면 최고가로 전세가 나갔다.

낡고 형편없었던 집이 나의 손을 거치면서 새로 태어나는 것을 보았을 때의 성취감과 뿌듯함은 엄청났다. 얼마나 재미있었는지 눈만 뜨면 지도를 보면서 매물을 찾는 날들이 계속되었다.

2018년은 내 인생 최고로 많은 빌라와 낡은 주택을 보고 다닌 해였다. 빌라가 시세가 없는 이유는 아파트처럼 일반적이지 않기 때문이다. 구조와 조건이 천차만별이라 임대 시세를 예상하기 어렵고 그렇기에 투자하기 힘들다고 생각하지만 주변 임대 시세만 파악하면 저평가 매물을 찾을 수 있고 시세까지 리드할 수 있다. 오히려 시세가 없기 때문에 내가 시세를 정할 수 있다는 것이 매력적이다.

낡은 빌라를 사서 올수리를 한 후 1~2년 뒤에 세금을 내고도 100% 수익이 났다. 몸이 고단하긴 했지만 이만 한 수익률이 없었다. 빌라는 투자금이 적은 대신 몸과 마음이 너덜너덜해지는 경우가 많아서 대부분의 투자자들은 진입하지 않는 길이다. 그렇기에 경쟁자가 적어 매물은 발에 차일 정도로 많았고 내가 원하는 가격에 매수할 수 있었다.

　젊은이들에게 한 살이라도 어릴 때 낡은 빌라 투자를 해보라고 말하고 싶다. 변수가 많아 고생스럽지만 부동산 투자에 대한 다양한 경험을 쌓는 데 빌라만 한 것이 없다. 빌라 투자를 해보면 땅도 알게 되고 개발 사업도 알게 되고 입지에 대한 공부 또한 당연히 깊어진다. 그렇게 빌라 투자로 몇 년 경험을 쌓으면 아파트 투자는 쉽다는 것을 알게 된다.

　재개발 바람이 불어 수도권의 웬만한 빌라는 최고가를 경신했다. 하지만 그중에 재개발에 성공하는 곳은 얼마나 될까? 머리가 하얀 노인이 되어서야 새집으로 들어가 살 수 있다는 것이 재개발 투자이다. 그만큼 세월에 세월을 더해야만 가능하다는 이야기이다. 그 세월을 이기지 못하는 자는 아파트보다 빌라를 먼저 헐값에 던진다.

　그러니 나는 앞으로 빌라 투자의 기회가 다시 도래할 것이라고 본다. 투자자를 꿈꾸는 청춘들은 그때를 노리고 반드시 미리 공부하며 준비하기를 바란다.

# 투자 내공을 키워준
# 낡은 빌라 투자

## 🏢 친한 지인에게 낡은 빌라 투자를 권하다

할아버지가 오랫동안 치매를 앓다가 돌아가시고 할머니 또한 치매에 걸려서 자식들이 요양병원으로 모시면서 이 노부부가 살던 빌라 1층 집이 급매로 나오게 되었다.

곰팡이로 얼룩진 시커먼 벽 때문에 공포영화에 나올 것 같은 분위기의 집이었다. 대로변 옆이고 지분도 많아서 매물이 잘 나오지도 않는 빌라로, 시세가 1억이었는데 급매로 8,500만 원에 나왔다. 하지만 으스스한 그 집을 보고 어느 누구도 살 생각을 하지 못했다.

나는 어릴 때부터 낡은 집을 수리하며 살았던 터라 이런 집이 전혀 두렵지 않았다. 지분 18평에 전용면적도 18평, 방 세 개에 앞과 뒤에 넓은 베란다가 있는 연립주택이었다.

30년이 넘은 빌라라 집 상태는 엉망이었지만 남향이어서 넓은 거실 창문으로 온종일 해가 들어왔다. 난방비를 아끼려고 창문을 막고 짐을 쌓아놓고 살았던 탓에 곰팡이가 꼈던 것이었다. 햇살의 기운을 보니 내가 사고 싶었다. 하지만 부동산 투자에 막 관심을 갖기 시작한 친한 언니에게 먼저 그 빌라를 권했다. 언니가 잘살았으면 하는 마음이 컸기에 속으로 '언니가 하지 않는다고 하면 그때 내가 사야지.' 생각했다.

집을 보고 언니 또한 햇살에 반했지만 문제는 집이 너무 멀어서 김포까지 집수리를 챙기러 올 수 없다는 것이었다. 그래서 내린 결론은 내가 집수리를 도와주는 것이었다. 이를 알게 된 엄마가 강하게 반대했지만 나는 집수리에 자신이 있었고 더 많은 경험을 해보고 싶은 마음이 컸기에 엄마 말을 듣지 않았다.


뜨거웠던 여름에 음료수를 사다 드렸던 것이 인연이 된 그 집수리 사장님께 이번에도 부탁을 드렸다. 언니와 나는 욕실 자재, 타일, 샤시, 방문 등을 고르며 신이 났다. 귀신 나올 것 같은 집이 어떻게 변신할지 잔뜩 설렜다. 보일러를 돌려본 후 바닥에 새는 곳이 없는지 살펴보고 비 오는 날에는 가서 누수를 확인했다. 곰팡이가 가득한 벽을 락스로 닦아낸 후 약품을 뿌리고 본격적으로 집수리가 시작되었다.

예전 집주인들은 가운데 방문을 떼어버리고 거실처럼 터서 사용했었는데 우리는 미닫이문을 달아서 방 하나를 더 만들었다. 엄마는 방이 작다고 문을 떼어버리면 안 된다고, 임대를 할 때도 매도할 때도 방의 숫자로 집의 가치가 올라간다고 항상 당부했었다.

단열을 위해 이중 새시를 설치했고 외벽 쪽에는 이보드(단열을 위해 외벽에 붙이는 스티로폼 보드) 작업을 했다. 싱크대도 공장에 맞춤 제작을 의뢰해놓았고 옛날 집이라 위로 올라가 있는 수조를 아래로 내렸다. 이때까지는 모든 것이 순조로운 듯했다.

그런데 이후로 매일매일 사고가 터졌다. 이렇게 손이 많이 가고 거친 집은 처음이었다. 얼마 전까지만 해도 사람이 살았던 집인데도 전기선이 끊어진 곳이 많아 전기공사를 새로 해야 했고, 갑자기 수도가 터져서 수도 배관까지 모두 다 교체해야 했다.

하루하루가 살얼음판이었고 매일 쫓아다니느라 나의 일은 전혀 하지 못했다. 그냥 내 부동산이었으면 마음을 내려놓고 수리비가 많이 들어가도 액땜하는 맘으로 했을 텐데, 친한 언니에게 소개해준 상황이라 너무 힘들었다. 공사비가 늘어날 때마다 스트레스로 머리가 너무 아파서 두통약을 달고 살았다. 어릴 적부터 낡은 집을 많이 보아와서 나름대로 내공이 있다 생각했는데, 이 집을 수리하면서 내가 얼마나 교만했는지 깨달았고 이 집을 언니에게 권한 것을 후회하고 또 후회했다.

마지막 도배와 장판만 남겨놓은 상태인데 바닥이 깨져있는 것을 늦게 발견하고 다시 한 번 멘붕이 왔다. 장판 작업을 미루고 바닥 보일러까지 점검하기로 했다. 보일러가 문제없는 것을 확인한 후 바닥을 시멘트로 단단하게 만들어주었다.

공사가 끝나고 난 후 한 달 정도 집을 비워놓은 채 난방을 돌리고 비 올 때에도 누수가 없는지를 체크했다. 세입자가 들어올 때까지 나는 거의 매일 가서 환기를 시키며 집 안 누수를 체크했다. 하지만 세입자가 들어온 후 비만 오면 천장에서 물이 샜고 바닥에서부터 물기가 올라와 도배지를 적셨다.

내 투자보다 더 성심껏 하나부터 열까지 쫓아다녔는데 왜 자꾸 이런 일이 생기는 걸까? 언니가 너무나 스트레스를 받았기에 세입자 전화까지 모두 내가 대응해야 했고, 언니의 스트레스가 나의 스트레스가 되었다. 이 빌라를 빨리 매도하는 것이 나을 것 같았지만 원하는 가격에는 팔리지 않았다. 결국 시세차익을 조금만 보기로 하고 싸게 넘겼다.

투자를 한 언니는 기대보다 조금 벌어서 서운해했고, 나는 그간 들어간 내 시간과 고생과 스트레스가 아까웠다. 그 와중에 우리의 인연을 지키기 위해 서로 최선을 다했기에 언니도 나만큼이나 마음고생이 심했을 것이다. 그제야 엄마가 반대했던 이유를 알게 되었다. 엄청나게 고생을 하고서야 절대 지인에게 투자를 권해서는 안 된다는 것을 깨달았다.

## 🏘 낡은 빌라는 근력을 키우는 투자다

언니의 빌라로 인해 내 투자 인생 최고로 고생을 했지만 많은 경험을 얻었다. 오래된 낡은 주택은 지금 괜찮아 보일지라도 무조건 보일러 배관, 수도 배관, 전기공사 등 모두 다시 하는 것이 안전하다는 것을 알았다.

사람들은 부동산을 사면 그다음부터는 자동적으로 돈을 벌 것이라 착각을 한다. 하지만 세상에 공짜로 버는 돈은 없다. 집은 사람이 사는 공간이기에 별의별 사건 사고가 생긴다. 그런 것들을 집주인이 해결해줘야 하는 경우가 굉장히 많다. 그런데 대부분의 사람들은 그 과정은 알지 못하고 투자금 적은 것만 생각하며 쉽게 돈을 벌 수 있을 것이라고 착각한다.

낡은 집 투자는 미경험자의 멘탈로는 쉽지 않기에 안일하게 접근하면 안 된다. 투자금이 적다는 매력이 있지만, 보유에서 매도까지 심장을 내놓아야 하는 투자이기 때문이다.

세 번째 발품: 2018~2022년

하지만 세상에 의미 없는 시련은 없다. 고생한 만큼 몇 배로 성장하기 때문에 투자 근력을 키우는 데 빌라 투자만 한 게 없다고 나는 여전히 생각한다.

# 부동산은
# 사람이 중심이다

## 🏠 부동산 공부는 사람을 이해하는 것이다

　엄마는 강북 우인선 쪽은 보지 말라고 하셨지만, 발품의 세월이 쌓이고 입지를 보는 시야가 생기자 새로운 지역을 내 눈으로 직접 보며 다양한 공부를 하는 것이 재미있어진 나는 관심 범위를 넓히기 시작했다.

　답십리 - 종암동 - 길음뉴타운 - 미아동 - 수유동 - 삼양동 - 우이동 - 북한산 밑까지 강북구를 쭉 한 바퀴 돌았다. 처음에는 차로 드라이브를 하듯 가볍게 지나갔다. 그런 다음 집으로 돌아가서 하룻밤을 자고 나면 마음에 남은 곳이 있다. 그다음 날은 내 마음을 사로잡은 곳만 집중적으로 돌아본다. 최종 입지를 결정하는 것은 머리가 아니라 마음이다. 마음이 말하는 소리를 따라 관심 입지를 축

소해나가는 것이다. 이것이 바로 엄마에게 배운 부동산의 감을 키우는 방법이다. 이렇게 부동산 입지를 둘러보면서 "오늘은 어떤 곳을 만나게 될까?" 하며 매일매일 설렜다.

회칠이 벗겨진 기다란 목욕탕 굴뚝이 보이고 꼬불꼬불 길을 따라 낮은 집들이 촘촘히 붙어있다. 어릴 적 살던 동네와 비슷한 재래시장과 시간이 멈춘 듯한 골목들. 쓰러질 듯한 구옥들 사이로 하나둘씩 신축 빌라들이 들어서고 있었다. 이곳도 변화가 시작되고 있는 듯했다. 역세권 대로변에 위치가 좋은 집이 있어서 구경을 했는데 집값이 놀라울 정도로 쌌다. 서울 역세권에 이렇게 싼 집이 있다는 것이 충격이었다.

우인선 전철도 개통되었고, 버스 노선도 이렇게나 많은데 왜 여기는 아파트 값이 싼 것일까? 왜 여기는 아파트보다 신축 빌라가 더 인기 있지? 또 이상한 것은 막상 역세권 근처 상가는 공실이 많은데 재래시장에는 평일에도 사람이 바글바글한 점이었다.

부동산 시세가 꾸준히 올라가는 초등학교 주변, 역세권, 대학 인근 등의 투자 공식이 하나도 안 맞았다. "이건 뭐지?" 참으로 신기한 동네였다. 내가 알고 있던 입지의 공식이 와르르 무너졌다.

강북구 우인선은 내 안에서 결론을 낼 때까지 가장 많이 오랫동안 발품을 판 곳이다. 그리고 그 덕분에 부동산의 기본은 무엇인가를 깨닫게 된 곳이기도 하다.

그 지역에 사는 사람들 속으로 들어가는 것이 발품의 기본이다. 여기에 사는 사람처럼 전철을 타고 이동하면서 골목을 걸어보는 것이 부동산 답사의 정석인 것이다. 우인선은 무임승차 노인들만 타서 적자라는 말이 많았다. 그 동네 터줏대감으로 보이는, 오래된 간판이 있는 식당에 들어가 늦은 점심을 먹으며 주인분과 이런 저런 이야기를 나누었다. 그분의 얘기에 의하면, 버스 노선이 워낙 많고 버스가 자주 오기 때문에 귀찮게 전철을 이용할 필요가 없다는 것이었다.

관심 있는 지역의 재래시장을 둘러보고, 오래된 식당에 들어가 밥을 먹으며 수다를 떨고, 동네 슈퍼에서 과일과 채소의 상태를 확인하는 것은 그 지역에 사는 사람들의 성향을 알기 위해서다. 사람을 알아야 그들이 선호하는 집도 알게 된다. 미용실을 이용하며 지역 정보를 얻는 것도 괜찮은 방법이다. 숲(입지)에 대한 확신을 얻고 마지막으로 나무(매물)를 찾으러 가는 것. 이것이 발품의 순서이다.

## 🏠 서울 아파트는 모두 투자 가치가 높을까

강북구 전철 개통 호재로 역 주변 상가의 임대료가 올랐지만 강북구는 소득이 낮은 사람들이 사는 주택가라서 역세권 상가들이 적자라 했다. 또한 고도제한이 있어서 이곳 아파트들은 재건축이 힘들다는 이야기를 들었다. 아파트는 신축이거나, 재건축 확률이 높거나, 이 둘 중 하나여야 투자의 매력이 있다.

전철 개통 호재가 있으면 아파트의 시세가 일단 뛰지만, 다음 호재로 연결되어야 매도 시에 차익을 볼 수 있다. 주변에 좋은 직장을 제공하는 기업체가 있는 것도 아니고 사람들이 일부러 오는 관광지도 아니다. 개발 계획이 있었다면 역사를 이렇게 작게 만들었을까 싶었다.

나는 부동산 투자에서 아파트는 불패라고 생각하지 않는다. 아파트 시세가 무너질 때 얼마나 많이 떨어지는지를 보았기 때문이다. 우인선의 아파트들은 과연 투자 가치가 있을까?

## 🏢 거기 사는 사람들을 이해하면 시세가 보인다

"여기는 왜 아파트하고 빌라 시세가 비슷해요?"라고 물어보았다. 국밥집 아주머니는 "여기는 빌라가 대장인 곳이야." 하셨고, 간판이 떨어질 것 같은 중개사무소의 나이 든 사장님은 "이 동네는 아파트 인기 없어! 노인네들이 관리비 내는 거 아까워해."라고 하셨다.

서민 동네는 아파트 전세와 신축 빌라 분양가가 비슷하면 신축 빌라로 내 집 마련을 하기 때문에 빌라의 전체 시세가 올라간다. 관리비 절약을 위해 아파트보다 신축 빌라를 선택하는 것이다.

쓰리룸의 수요가 강세였던 이곳에 이제야 투룸 바람이 분다. 서울의 비싼 전셋값에 밀려 전철을 타고 젊은 사람들이 들어온다는 증거이다. 그렇다면 나는 투룸에 투자해야 하는 것일까? 같은 투룸인데 이 동네와 앞 동네, 이 집과 저 집의 시세가 다 다르다. 역세권 대로변이라고 무조건 전세가 높게 나오는 것도 아니고, 싸다고 무조건 좋은 것도 아니며 비싸다고 나쁜 것도 아니었다. 빌라의 구조와 면적이 이처럼 다양한 곳이 있다니. 빌라는 이렇게 개성이 강한 주택이다.

## 🏠 부동산 공부가 아니라 사람 공부를 해야 한다

강북구에서 '부동산'이 아닌 계절을 담은 '집'을 만났던 날이 생생하다. 막다른 골목길의 끝에서 햇살이 쏟아지는 예쁜 집을 본 순간 '쿵!' 하고 그 집이 내 마음속으로 내려앉았고, 집에 돌아간 후에도 밤새 눈앞에서 어른거렸다.

하루가 지나 나의 속내를 깨닫고 좀 부끄러워졌다. 이때까지 나는 꽤 인간적인 척했지만 집을 투자의 대상으로 대하고 계산하는 인간이었다. 투자자의 입맛에 맞게 세팅된 부동산만을 찾아다녔기에 공식에 대입하고 분석하고 계산하며 숫자로 결정했다. 그러다 보니 진정 사람 사는 집, 살기 좋은 집을 잊고 있었다. 그러다 투자자로서는 흥미를 느끼지 못할 막다른 골목의 아담한 집을 보고 마음을 빼앗기고서야 복잡한 감정을 느끼게 된 거였다.

역세권 대로변에 위치한, 갭이 무조건 적은 투자용 부동산이 아니라 조금 걸어 들어가더라도 평생 모은 돈을 주어도 아깝지 않을 집, 내 분석과 계산기에 들어맞는 집이 아니라 진정 사람이 살 만하고 살고 싶은 집이 시세 상승으로 연결된다.

그 집이 너무 좋아서, 그 집에 살고 싶어서 샀던 첫 마음이 떠올랐다. 강북구에서는 그 마음으로 집을 보아야 함을 알았다. 막다른 골목길 끝에서 내 마음이 부끄러워 고개를 숙였다.

평생 일해서 아끼고 모은 돈으로 내 집 한 채를 사는 마음은 투자 공식으로 사는 부동산이 아니라 진정 살고 싶은 집이어야 한다. 더 이상 이사 다니지 않고 갖고 있는 전세금으로 살 수 있는 집은 조금 안쪽이라도 괜찮다. 너무 당연한 것을 오랫동안 잊고 있었다. 강북구에 사시는 어르신들은 그런 마음으로 집을 보고 산다는 것을 알았다. 나는 사람의 마음이 아닌 머리로 분석을 했기에 이 동네 상황을 이해하기가 어렵게 느껴졌던 것이다.

나는 그제서야 엄마가 왜 이 동네는 가지 말라고 하셨는지를 알게 되었다. 나는 투자자의 눈으로 부동산을 보기 때문이었다. 투자가치로 이곳을 보아서는 답이 안 나온다는 것을 엄마는 아셨던 거다. 비싼 서울 전세에 밀려 젊은 사람들이 들어오기는 했지만 인프라도 약하고 재건축이 힘든 주변 아파트를 선택하기보다 바로 옆경기도의 새 아파트로 갈 것이다.

엄마는 스스로 답을 찾을 때까지 계속해서 가라고 하셨다. 엄마가 살던 시절의 답과 지금의 답이 다르기 때문에, 그리고 어차피 부동산은 정답이 아닌 내 안의 해답을 찾는 과정이기 때문이다.

엄마가 가르쳐주신 발품은 분석이 아니라 사람을 보는 것이었음을 알게 되었다. 그리고 부동산 공부는 분석하고 계산하는 것이 아니라 그곳에 사는 사람들의 성향과 마음을 이해하는 것임을 깨닫게 해준 우인선에 감사하고 싶어졌다.

# 주택 누수의 경험이 능력이 되다

## 🏠 계약할 때 시끄러운 것은 사지 말자

대지 지분이 꽤 괜찮은 공실의 빌라를 8,000만 원에 계약했다. 잔금 지급일이 얼마 남지 않아 마지막으로 집 내부를 확인하러 갔다가 거실과 안방 천장에서 물이 뚝뚝 떨어지고 있는 것을 발견했다. 천장 가운데 쪽이 젖어있으면 윗집에서 누수가 발생한 것이고, 물이 천장 가장자리 또는 벽을 타고 내려오면 빗물 누수일 가능성이 크다. 윗집 누수의 경우라면 윗집 바닥 보일러 배관 문제거나 수도 배관이 터진 것이다.

윗집 주인에게 연락하여 누수를 해결해달라고 요청해도 답이 없을 경우에는 내용증명서를 보내야 한다. 윗집의 누수로 인한 아래층의 피해는 윗집에서 모두 책임져야 하기 때문에 대부분은 빠르게 해결 된다.

윗집 세입자는 LH 전세 임대로 들어온 사람이었는데 전화도 잘 받지 않고 집을 비워놓은 채 친척집에서 살고 있는 상황이었다. (LH 전세 임대는 본인 부담금 5%만 들어가고 나머지는 LH에서 빌려주는 것이다. 빌라 투자에서 LH 임대를 이용하면 전세를 빼기가 아주 쉬워진다. 하지만 세입자 본인의 보증금이 작다 보니 집을 소중하게 여기지 않는 세입자를 만나는 경우가 있다.) 세입자가 나타나기 전에는 문을 따고 안으로 들어갈 수 없기 때문에 윗집 주인은 발을 동동 구르며 난리가 났다. 결국 집주인은 모든 것을 배상해주겠다는 각서를 쓰고 돌아갔고, 세입자는 천장이 내려앉을 만큼 온 집에 누수가 번지고 나서야 나타났다.

계약 당시에 중개사 사장님이 옥상과 벽까지 누수 공사를 한 집이어서 누수는 걱정 없다고 했는데…. 온 집안의 천장에서 물이 뚝뚝 떨어지고 있으니 어느 계약자가 잔금을 치르겠는가. 매도인은 조금 더 깎아주고 깨끗하게 수리까지 해주겠다고 했지만, 엄마는 아무리 싸게 준다고 해도 계약할 때 복잡하고 시끄러운 물건은 사지 않아야 한다고 하셨다.

나는 계약 해지를 통보했으나 매도인은 자기 집의 원인이 아니니 해지를 못 해준다고 버텼다. 나는 계약할 당시에 방수 공사를 한 업체 연락처를 받아놨었는데, 업체와 통화해서 이전부터 윗집에서 누수가 있었다는 것을 확인했다. 그럼에도 중개사와 매도인은 고지하지 않았던 것이다.

고지의무를 어긴 것을 이유로 중개사와 매도인 양쪽에 내용증명서를 보냈다. 엄마의 고단했던 부동산 투자 덕분에 내용증명서를 써온 세월이 10년이 넘는 나다. 그들은 내용증명서를 받자마자 계약금을 돌려주었고 나는 이 빌라와 헤어졌다.

계약은 물 흐르듯이 자연스럽고 기분 좋게 진행되어야 한다. 계약할 때 이런저런 이유로 시끄러우면 이상하게도 나중에 문제가 생기는 경우가 많기 때문이다. 이후로 그 빌라의 시세가 많이 올랐지만 후회는 없다.


## 🏢 집수리를 두려워하지 않으면 투자 강자가 된다

내가 가진 세 채의 J빌라 중에 가장 지분이 많은 1층 집은 상태는 별로 좋지 않았지만 오래 살아온 세입자 할머니로부터 꼬박꼬박 월세를 받고 있는 터라 딱히 문제는 없었다. 그러던 어느 날 할머니가 천장에서 물이 떨어진다고 연락을 해 왔다. 집에 가서 봤더니 2층에서부터 벽을 타고 물이 새고 있었다. 그 위 3층에 있는 집을 아침저녁으로 찾아가도 답이 없었다.

주변에 3층 주인을 아는 이가 없어서 등기부등본을 떼어보고 주소지인 강서구까지 찾아갔으나 이사 간 지 오래라 하고, 경찰서로 가서 찾아달라고도 해봤지만 안된다는 답만 받고 돌아왔다. 수도계량기를 확인하니 사람이 살지 않는 상태인 것 같았다. 시간이 갈수록 누수는 점점 심각해져서 물이 온 집 안 천장과 벽을 적시고 흘러내렸다.

아무래도 공동 수도 배관이 터진 것 같았다. 건물의 모든 집을 찾아가 공동 배관이 터져서 다른 집으로 피해가 번질 것이니 함께 해결하자고 했지만, 당장 자기 집에 문제가 없다고 다들 묵묵부답이었다. 결국 세입자 할머니를 다른 집으로 이사시켜 드리고 전기를 끊어 합선을 막았다. 속상해하는 내게 엄마는 "우리 집은 이제 사람이 살지 않으니 큰 사고 날 것도 없잖아. 온 건물에 누수가 번지면 사람들이 해결하려고 들겠지. 최악의 상황이라고 해봤자 올수리야. 최선을 다했으니 지금부터는 기다리는 수밖에 없어."라고 말씀하셨다.


물이 새기 시작한 지 2주가 지나가자 우리 집은 천장 합판이 내려앉았다. 2층 집 상태 또한 심각해졌다. 그때까지도 2층과 우리 집만 발을 동동 구를 뿐 어느 집 하나 움직이지 않았다.

누수는 드디어 1층 옆집 천장으로 번졌고 그제야 사람들이 해결을 위해 움직이기 시작했다. 다른 집으로까지 누수가 번지고 나서야 모든 세대들의 협조 아래 누수 전문 업체를 부를 수 있었고 공동으로 올라가는 수도 배관이 깨진 것을 찾았다. 함께 움직이니 아주 빨리 해결이 되었다. 건물 전체 수도 배관을 교체하고 옥상 방수까지 진행한 후 누수 걱정 없는 건물이 되었다.

주택 투자에서 가장 무서운 것이 물이다. 누수를 초반에 잡지 않으면 물이 온 건물에 번지면서 건물까지 망가지기 때문에 피해는 점점 커지게 된다. 한 달이 넘게 물이 떨어졌던 우리 집은 문을 열자 곰팡이 냄새가 진동했다. 무너져 내린 천장까지 더해져 공포영화에나 나올 법한 끔찍한 집이 되어있었다.

나는 그 집을 8,000만 원에 샀다. 당시 시세는 1억 2,000만 원 정도까지 올라있었기 때문에 집수리를 안 한 상태로 가져가면 1억에 팔겠다고 내놓았으나 집 안을 보고는 다들 얼굴색이 변하여 도망을 갔다. 한 달이 지나도 매도가 되지 않았고, 결국 직접 집수리를 시작했다.

어차피 수리하는 것 바닥 보일러까지 뜯기로 하니 올수리 견적이 1,000만 원이 나왔다. 항상 그랬듯이 이 집은 최고로 집수리 잘한 집으로 변신을 했고, 이후 바로 전세 1억을 받았다. 집수리를 잘한다는 것은 무조건 좋은 자재를 쓴다는 것보다 사는 사람이 불편하지 않게 세심하게 배려하는 거라고 생각한다. 나는 그 지점이 충족되도록 항상 신경을 썼다.

그리고 몇 달 뒤 난 이 집을 1억 3,000만 원에 팔았다. 이 집을 통해 대부분의 사람들이 집수리를 무서워한다는 것을 다시 한 번 알게 되었다. 집수리를 두려워하지 않으면 싸게 매수할 수 있는 괜찮은 집이 생각보다 많다.

그 사건 이후로 나는 그 지역에서 일명 '썩은 집 투자 전문가'로 소문이 났다. 지금까지도 지역 중개사님들은 낡고 상태가 안 좋은 집이 싸게 나오면 나에게 가장 먼저 전화를 하셔서 그런 집에 투자할 수 있는 사람은 나밖에 없다고 하신다. 나 역시 그런 집들을 통해 번 수익이 적지 않으니 경험이야말로 정말 소중한 자산이다.

# 땅콩주택과 서울의 재개발

## 주거의 변화와 틈새를 읽어라

김포로 자주 부동산 답사를 가면서 인연을 맺은 시행사 팀장님이 있는데 그분 덕분에 땅콩주택이라는 것을 처음 만나게 되었다. 땅콩주택은 하나의 등기에 두 집이 있는 것이다.

하나의 등기에 두 개의 원룸 오피스텔을 소유하는 형태도 있고, 6층 쓰리룸 빌라와 7층 옥상 1.5룸으로 주거가 분리된 구조도 있었다. 단점은 하나의 주택에 대해서만 대출이 나오기 때문에 만약 하나에서 담보대출을 받으면 다른 하나는 전세대출을 받을 수 없다. 그래서 대부분은 넓은 집에 주인이 살고 작은 집에서는 월세를 받는 형태로 활용되었다.

금리가 저렴하고 대출한도도 높았던 시절이라 수익률은 10%가 나왔지만 땅콩주택이라는 것 자체가 생소할 때라 인기가 많지는 않았다. 하지만 중과세 때문에 주택 수 늘어나는 게 부담스럽고 종합부동산세가 신경 쓰이기 시작하면서 땅콩주택도 나름대로 매력적인 틈새 투자 아이템이 되고 있었다. 주의할 것이 있다면 불법 건축이 아닌지 확인해야 한다는 점이다. 건축주가 불법 건축을 해서 분양하는 경우가 있는데 피해는 고스란히 집주인이 안고 간다.

세상이 변하고, 정책이 변하고, 사람들의 니즈가 변하면서 집의 형태도 변화한다. 변화를 읽으려면 매물보다 분양하는 모델하우스를 자주 보는 것이 좋다. 사람들이 어떤 것을 선호하고 좋아하는지 빠르게 캐치할 수 있기 때문이다.

## 🏠 부동산 투자자의 발품은 쉼이 없다

2018년 5월, 용산구 청파동으로 단독주택을 보러 가는 길이었다. 만리동 고개를 넘어가는데 반짝거리는 새 아파트들이 시야에 들어왔다. 순간 길을 잘못 들어섰나 놀랐다가 이내 서울역 뒤쪽 언덕 위로 옹기종기 모여 있던 작고 낡은 집들이 사라지고 아파트 단지로 변신했다는 것을 알게 되었다. 만리동 언덕길에 있던 후배의 판잣집에 자주 놀러 갔었는데 그새 이렇게 변하다니. 이래서 사람들이 서울 재개발 투자에 열을 올리는구나 싶었다.

재건축이 규제를 받으니 이제는 재개발이 뜬다. 그렇다면 서울 좋은 입지에 낡은 주택을 산다면 재개발 투자에 성공할 수 있을까? 엄마는 낡은 주택에는 대부분 노인들이 사는데 그분들은 평생 살아온 터를 떠나기 싫어하고, 자기 분담금을 내며 새집에서 살겠다는 열망 또한 그리 크지 않다고 얘기하셨다. 부모님이 돌아가시거나 쇠약해지시면 자식들이 나서서 재개발을 추진한다. 그러니 예상보다 훨씬 오래 걸릴 수 있다.

재개발 바람이 불 것 같은 곳으로 들어가, 투자 바람이 불 때 비싸게 팔고 나오는 것이 엄마의 재개발 투자 방식이었다. 재개발에 성공하여 새 아파트로 들어가 살 날을 기다리는 그 세월 동안 고생하느니 뜨거울 때 팔고 나와서 다른 곳에 투자했다가 기회가 왔을 때 초피(분양가에 프리미엄이 처음으로 붙는 단계의 금액)를 주고 매수하는 것이 편하다고 하셨다.

하지만 사람 심리라는 것이 뜨거울 때 팔기가 쉽지 않다. 더 벌 수 있을 것 같은데 왜 지금 팔아야 하는가 하는 생각이 들기 마련이다. 부동산은 사람들의 기대감이 높을 때 잘 팔리고, 그 온도가 식을 때는 하루아침에 얼어버린다. 그래서 적당히 벌고 나올 생각을 해야 돈이 묶이지 않는다.

만리동 재개발 성공으로 주변 땅값이 만만치 않게 올랐다. 지분 값이 너무 많이 오르면 재개발 진행은 어려워진다. 사업성이 떨어지기 때문에 아무리 재개발이라도 시세가 끝없이 오르지는 않는 것이다.

나는 그날 만리동을 보며 깨달았다. 부동산은 끊임없이 변하기 때문에 내가 마음에 드는 입지는 수시로 가보아야 한다는 것을. 오늘 다녀왔다 하여도 입지는 변하고 또 변하는데 과연 오늘의 부동산 고수가 내일도 고수일 수 있을까? 같은 입지라도 수시로 발품을 팔아야 그 변화를 빨리 읽을 수 있다. 이리 부지런히 돌아다녀도 눈치 채지 못한 입지 변화가 있으니 평생 발품을 팔아도 서울 하나도 정복하지 못하겠구나 하는 생각이 새삼 들었다.

부동산은 절대적인 정답이 없다. 그러므로 부동산 투자자는 쉼 없이 꾸준히 발품을 팔아야 하는, 참으로 고단한 직업이다. 밖에서 잘 보이는 것과 안에서 잘 보이는 것이 다르고, 숲으로 봐야 할 때가 있고 각각의 나무를 봐야 할 때가 있다. 상황에 따라 그 지역의 부동산 전문가는 나일 수도 있고, 그 동네 주민일 수도 있고, 지역 중개사인 경우도 있다. 그래서일까. 이렇게 세월을 겪었으면 이젠 부동산 투자가 좀 쉬워져야 하는데, 깊이 파고들면 들수록 점점 어렵게 느껴지는 것 같다.

부동산 투자라는 것이 생각과 계산을 내려놓고 즐기면서 많이

세 번째 발품: 2018~2022년

보고 다니면 참으로 쉬운 재테크인데 가끔씩 이렇게 안개 속에서 길을 잃을 때가 있다. 그리 발품을 팔았으면서 재개발을 나만 혼자 늦게 알았다는 자괴감으로 의기소침해하고 있을 때 엄마가 말씀하셨다.

"남들이 좋다는 것에 휘둘리지 말아라. 부동산 투자는 사람들이 말하는 정답이 아니라 '너의 정답'을 찾아야 성공하는 거야."

# 호재 속에서
# 저평가 아파트 찾기

## 🏠 호재가 실현되기에는 아직 멀었다

일산은 베드타운이라는 소리를 듣고 있었지만 그래도 킨텍스에 대한 관심은 뜨거웠다.

킨텍스, 방송영상밸리, 테크노밸리, CJ라이브시티라는 개발 호재는 고양시 전체의 호재이고 일산을 사랑하는 나로서는 진심으로 박수를 칠 일이지만 투자 측면에서 본다면 과연 지금 진입하는 것이 맞을까 하는 생각이 들었다.

킨텍스가 일산의 중심으로 자리 잡는 건 아직 먼 이야기이고, 새 집에 살 수 있다는 장점 빼고는 기반시설이 거의 없기 때문에 불편한 점이 많았다. 하지만 대화역 인근 킨텍스 방향 아파트들의 시세는 끝없이 오르고 있었다.

킨텍스라는 호재로 이곳의 집값이 오르는 게 맞는 걸까? 당장 투자하지 않을지라도 사람들이 몰리는 지역은 공부해놓는 것이 좋다는 엄마의 말씀에 따라 대화역 부근을 돌아보기로 했다.

## 🏠 킨텍스 인근에서 저평가 아파트 찾기

### 입지를 직접 걸으며 사람들의 동선을 체크하라

대화역 5번 출구 쪽으로 나오면 공원 산책길이 이어진다. 3년 전에 대화동 아파트를 살까, 백석동 아파트를 살까 고민하다 백석동으로 결정했던 이유는 서울에서 가까운 입지가 좋았기 때문이었다. 킨텍스 호재가 터지자 갭투자자들은 대화역 주변 소형 아파트까지 빠르게 시세를 올리고 있었다.

대화역 넓은 공영주차장에 일산서구청이 새롭게 들어올 예정이었다. 2018년 12월 준공이니 대화역이 더 복잡해지겠구나 싶었다. 건너편에는 고양종합운동장이 있지만 자주 갈 일은 없다. 뒤쪽 저 넓은 땅들이 어떻게 개발될지가 더 기대됐다. 대화역 앞의 상업지는 늘 북적거렸다. 파주와 운정에서 나오는 사람들이 대화역에서 전철을 타기 때문일 것이다.

대화역 2번 출구로 나가면 킨텍스로 연결되는데 킨텍스 호재로 인해 장성마을 아파트들이 많이 올랐다. 전세가와의 갭은 건너편

성저마을보다 훨씬 높은데도 장성마을 아파트에는 팔겠다는 매물
이 거의 없는 상황이었다.

대화역의 모든 출구를 직접 걸어 다니며 눈앞에 보이는 것들을
스캔했다. 이렇게 하는 이유는 사람들이 어디로 이동하며 어디에서
많이 머무르는지 동선을 체크하기 위해서다. 동선 체크는 향후 아
파트와 상가 투자를 결정하는 데 정말 큰 도움을 주었다.

투자 열기가 뜨거운 곳에서 한 걸음 떨어져서 나라면 어디에서
소비하고 어디에서 살고 싶을지 생각해보자.

## 어떤 수요를 대상으로 할지 먼저 결정하라

호재 속으로 들어가 투자를 하고 싶다면 어떤 수요를 대상으로
할지 먼저 결정해야 한다.

상가는 소비하는 사람들을 대상으로 보아야 하고, 아파트는 실
거주자, 원룸이나 오피스텔, 소형아파트는 킨텍스 주변 직장에 다
니는 1인 또는 신혼부부라는 전제를 해야 한다. 주식이라면 호재로
뜨거운 기업을 사서 바로 되팔아도 시세차익이 나겠지만 부동산은
거래세로 인해 단타가 쉽지 않다. 최소 몇 년은 갖고 있어야 하므로
내가 매도할 때에도 뜨거울 것인가를 염두에 두어야 한다.

그렇다면 지금 모두가 쳐다보는 곳이 아니라, 부동산시장이 차
가울 때에도 사람들이 꾸준히 찾을 곳은 어디일까? 레이더를 돌려
보자!

대화역 근처 상가를 사고 싶다면 사람들이 어디에서 많이 머무르는지를 살펴보고, 실거주 수요가 많은 아파트를 보고 싶다면 어디에서 아이 학교를 다니게 하고 싶을지 알아본다. 월세를 받는 소형주택이라면 킨텍스에서 대화역까지 정류장 앞에 위치한 매물들을 본다. 이렇게 타깃을 정하고 매물을 찾다 보면 저평가 매물이 보인다.

아파트를 결정할 때는 학교가 가장 우선이다. 일산 킨텍스 근처에서 일하는 직장인들은 어디에서 아이를 키우며 살기 원할까를 생각해봤다. 마곡 R&D 단지가 발표되었을 때 마곡 대기업에 다니는 부모들은 인근 학원가를 중심으로 주거지를 많이 잡았다. 일산에는 후곡과 백마 학원가가 있다. 2018년 당시 대화역 킨텍스 방향 아파트들이 올랐지만 나는 주엽과 후곡 학원가 부근 그리고 백마 학원가를 보아야 한다고 생각했다. 내가 연봉이 높은 직장인 부모라면 당연히 그곳에서 아이를 키우고 싶을 테니 말이다.


2020년이 넘어가면서 킨텍스 안 주상복합들이 가장 **빠르**고 높게 시세 상승을 했지만 과연 시세 하락에도 타격을 받지 않을지는 고민해볼 문제였다. 실소유자들이 무엇을 원할지 생각해봐야 한다.

2018년 당시 킨텍스 효과로 대화역 부근 84타입(24평형)이 8억대가 넘어갔지만 나는 역세권에서 84타입 3억 대를 찾아냈다. 다들 킨텍스 방향만 보느라고 여기는 보지 못한 것이다. 지금은 이 지역도 8억 대가 넘어가는데, 부동산시장이 하락할 때도 크게 떨어지지는 않을 것이라 본다. 전세와 월세가 비쌀지라도 아이를 키우며 살기 편한 곳의 시세는 견고하다.

'어디가 오를까'를 분석하지 마라. 이는 신의 영역이다. 대신 '실거주자들이 무엇을 원할까'를 생각해라. 사람들의 생각은 대부분 비슷하기 마련이다. "나라면 어떨까?" 하며 상상력을 발휘하면 그곳에 저평가 매물이 있다.

부동산 현장 답사를 다니면서 다른 사람들이 모르는 저평가 매물을 찾게 되면 희열로 온몸에 소름이 돋는다. 그 심장의 팔딱거림을 잊지 못해 나는 매일 길 위로 나가는지도 모르겠다.

호재로 이미 뜨거운 곳일지라도 기회는 또 온다는 것을 잊지 말자. 킨텍스 호재 효과로 얼마나 더 오를지는 모를 일이다. 하지만 나는 일산 집값이 입지에 비해 여전히 싸다고 생각하는 사람이다. 꾸준히 현장을 공부하며 때를 기다릴 수 있기를, 우리 모두 지치지 않기를 바라본다.

# 땅 투자 공부로
# 시야가 넓어지다

## 🏠 땅을 보며 입지를 분석하는 시야가 넓어지다

남북 교류로 인해 북한 인근의 땅값이 오른다는 언론의 보도는 연일 땅 시세를 부채질했다. 파주의 절대농지 논은 세 배까지 올랐고, 김포 논도 평당 100만 원 미만을 찾기가 어려웠다. 그때 김포 스승님이 강화로 땅 보러 가기를 권하셨고, 난생 처음 땅 공부를 하게 되었다.

30년간 발품을 팔며 땅 투자를 하셨던 엄마, 평생 부동산 개발 사업을 하신 건축업계의 선생님, 땅 투자의 틈새를 찾아주시는 35년 경력의 중개사 스승님, 이렇게 세 분과 나는 강화도로 향했다. 강화로 가게 된 것은 강화대교 앞에서 북한 바로 앞인 교동까지 고속도로 공사를 하고 있는 것을 보았고, 향후 영종도에서 북한 바로 앞까지 도로 개통이 계획 중이라는 얘기를 들었기 때문이었다. 영종도에서 강화로 다리가 놓이고 북한까지 도로가 연결되면 강화도의 가치는 어떻게 변할까? 강화고속도로 건설로 인해 강화도의 끝 동네 교동의 땅값이 치솟고 인근에는 중개사무소의 간판들이 늘어나기 시작했다.

당장은 아니라 해도 도로 개통은 주변 땅의 가격을 상승시킨다. 인구가 줄어들고 있는 강화에 고속도로가 왜 들어서는 걸까? 언론에 노출되진 않았지만 남북 경제교류의 발판을 만들기 위한 밑작업이 활발하게 이뤄지고 있다는 의미 아닌가 하는 생각이 들었다.

## 🏠 땅 투자로 돈 버는 다양한 방법을 눈으로 보다

절대농지는 개발이 절대 불가능한 땅이라고 알고 있었는데, 농막을 이용하여 땅의 가치를 올리는 방법을 배우면서 상황에 따라 얼마든지 틈새가 존재한다는 것을 알고 감탄을 금치 못했다. 역시 오랫동안 현장에서 일해온 분들은 고수였다.

또한 땅이 넓으면 평단가가 싸기 때문에 공동으로 구매한 후 필지를 나누어 등기를 분리하면 땅을 싸게 살 수 있다. 넓은 땅을 싸게

산 다음 분할해서 팔면 시세차익이 나겠지만 주택만큼 매도가 쉽지 않기 때문에 주택보다 오랜 세월을 묻어둬야 한다.

강화 땅 공부를 통해 큰 땅을 사서 쪼개면 평당 단가가 올라간다는 걸 알게 되었다. 넓은 땅보다 1억 미만의 땅 평단가가 훨씬 비싼데도 사람들은 작은 땅을 원했다. 땅에다 많은 돈을 묻을 생각은 없지만 세컨드하우스를 지을 자그마한 땅은 갖고 싶어 했다. 아이들이 다 자라면 서울 근교 양지바른 땅에 집을 짓고 살면서 나머지 현금은 임대 투자로 돌리고 싶어 하는 사람들이 늘어나고 있는 것이다.

## 🏠 땅 투자 시에 확인하는 것들

계획관리지역의 땅이 인기가 많은 이유는 농사의 의무가 느슨한데다 개발 가능성이 높기 때문이다. 그렇다면 계획관리지역의 토지라면 무조건 좋을까?

땅에 대한 대부분의 정보를 담고 있는 토지이용계획확인원을 가장 먼저 살펴야 하고 현장에서 도로와 하수관의 거리를 확인해야 한다. 도로의 넓이에 따라, 그리고 같은 땅이라도 깊이에 따라 개간 비용에 차이가 난다. 계획관리지역이라고 무조건 덜컥 샀다가는 개발비용이 추가되기 때문에 결국 비싼 땅이 되고 만다. 토지

개발비용이 안 들어가야 좋은 땅이므로 땅 투자 시에는 땅을 직접 눈으로 보고 밟아보는 과정도 필요하다. 참고로 강화도 토지는 북한에서 가깝고 문화재가 많아서 건축허가가 타 지역에 비해 까다롭다는 것을 주의해야 한다.

마지막으로 그 지역에 있는 건축설계사무소에 찾아가서 건축이 가능한 땅인지를 반드시 체크해야 한다. 건축허가 여부를 잘 모르는 중개사도 많기 때문에 중개사가 괜찮다 해도 직접 확인하는 것이 안전하다.

엄마는 땅도 사람과 같아서 적당한 햇볕, 바람, 물이 필요하다고 하셨다. 이 세 가지 중에 하나만 빠져도 살기가 어렵다. 그러니 싸다고 좋아하지 말고 땅을 볼 때는 햇빛과 바람과 물을 반드시 살펴야 한다.

## 땅을 공부하면 시야가 넓어진다

평생 땅 투자를 하며 고생한 어머니를 옆에서 본 나는 지난 10년 동안 주택만 좋아했고 땅으로는 고개도 돌리지 않았다. 무엇보다 땅은 목돈이 들어가는 데다 오랫동안 묻어둬야 하기에 내가 누리기보다 내 자손이 누리는 영화에 가깝다. 나는 그 돈과 시간을 주택에 투자해서 내 자산을 늘리는 걸 더 중시했다. 하지만 많이 돌아다니면 다닐수록 결국 땅임을 깨닫게 된다. 조물주 위에 건물주라는 말도 있지만 진정한 승자는 지주였다.

강화 땅 답사를 하면서 알게 된 팁 하나는 개발에 대한 정보를 접하기 위해 지역신문을 참고하면 좋다는 것이다. 주요 언론사들은 지역의 개발 내용까지는 자세히 전하지 않지만 지역신문은 상세히 기사화하기 때문에 도움이 될 때가 많다. 개발 정보를 알고 미리 선점하기를 원한다면 해당 지역의 지역신문을 챙기는 것을 추천한다.

나는 2018년 두 달간의 땅 공부로 지도를 보는 시야가 확실히 넓어졌다. 주택을 보더라도 지적도를 보고 토지의 용도부터 확인하는 버릇이 생겼다. 지적도를 보는 습관은 모든 부동산 투자에 큰 도움이 되었고, 덕분에 좋은 매물을 싸게 살 기회도 잡을 수 있었다. 공부할 당시에는 잘 모르지만 헛된 공부는 하나도 없는 것이다.

## 🏠 길 위에서 만난 모든 이가 나의 스승이다

땅의 매력에 빠진 후로는 매일 땅을 보러 다니느라 정신없이 바빠졌다. 엄마가 매물로 나온 땅들을 보여주신다고 해서 강화 땅 답사에서 함께 해주셨던 김포 스승님을 모시고 아침 일찍 강원도 원주로 출발했다. 일산에서 1시간 40분, 서울에서는 1시간, 제2영동고속도로 개통으로 강원도 접근성은 더 좋아졌다.

땅 투자에 접근할 때는 건축이 가능한지가 가장 중요한 조건이다. 사람들에게 좋아 보이는 땅일지라도 건축허가 받기가 어려우면 팔기 어려운 땅이다. 땅은 똑같은 매물이 없고 개별성이 강하기 때문에 가능한 한 많이 보는 수밖에 없다.

원주에서는 임야의 땅을 살 때는 경사도가 너무 가파르면 건축허가가 안 난다는 것, 주변에 목장이 있으면 집 안에 파리가 엄청나게 꼬인다는 것, 예전에 논이었던 땅을 개간한 곳은 발이 푹푹 빠지는 습기 많은 땅이라는 것, 옆에 있는 땅이 무엇인지 땅의 모양은 어떤지도 중요하다는 것을 배웠다.

부동산을 보러 다닐 때는 내가 아무리 많은 것을 보고 듣고 알고 있다 하여도 겸손하고 또 겸손해야 한다. 현장에서 만나는 사람 모두 그 분야에서 내가 배울 점이 있다는 자세를 가져야 그들의 경험

세 번째 발품: 2018~2022년

보따리 안을 볼 수 있다.

부동산 투자를 오래 하면 다양한 사람들을 만나게 되는데, 특히 부동산업계에는 거친 사람들이 많다. 부동산에 지식이 많다고 하여 훌륭한 인격과 도덕심까지 갖춘 사람일 거라는 기대는 하지 말자. 그 사람이 가진 지식이 좋았다면 그걸로 된 것이고, 경험이 많은 사람이라면 그것만 존경하면 된다. 좋은 사람도 있고, 사기꾼도 있고, 허풍쟁이도 있지만 나보다 많은 경험을 가진 사람들이니 고개를 숙여라.

난 부동산 투자라는 길 위에서 낮은 자세로 귀를 기울였기에 다양하고 많은 스승들을 만날 수 있었다. 이것은 엄마의 가르침이기도 했다.


## 🏠 땅은 내가 밟고 나오는 순간부터 오른다

시어머니는 창고로 매월 월세 200만 원을 받으신다. 나도 창고 땅을 갖고 싶었다. 지금은 능력이 안 되지만 시간이 날 때마다 틈틈이 땅을 보아두라는 엄마의 말씀을 떠올리며 이때부터는 집 근처 대곡과 산황동 그리고 삼선당 쪽 땅을 가끔 보고 다녔다.

곡산역 근처의 산황동 땅은 2018년 1월에 도로가 연결되는 지점을 찾아 들어왔다가 알게 됐다. 처음 산황동 땅 시세를 알아보았을 때 계획관리지역 땅이 평당 50만 원이었는데 다시 갔을 때는 평당 100만 원, 또 몇 달이 흘러 12월에 갔을 때는 평당 150만 원 하는 식으로 하루가 다르게 땅값이 올랐다. 이제는 평당 500만 원으로도 살 땅이 없다고 한다. 내가 쳐다볼 수 없는 시세로 올라버린 것이다.

엄마는 "땅은 내가 밟고 나오는 순간부터 오른다. 그러니 처음 마음에 들었을 때 계약해야 한다. 계약하지 않으려면 그 땅을 밟지도 마라."라고 하셨다.

내가 아무리 돈을 열심히 모아도 땅값 오르는 것을 따라가지 못한다는 걸 깨달았다. 마음에 드는 땅을 보면 사채를 내서라도 샀던 엄마의 마음이 그제야 이해가 갔다. 땅값이 오르는 것을 경험했던 엄마에게 사채 이자 따위는 우스웠던 것이다.

사채 이자가 연 20~30%였던 시절에 빚으로 땅 투자를 할 수 있었던 것은 미등기전매가 가능했고 양도소득세가 거의 없었기 때문이다. 8년 농사나 의무보유기간 따위도 없었다. 지금 빚으로 땅 투자를 했다가는 집안이 박살이 날 것이다.

내가 주택에 비해 땅 투자에 소극적이었던 것은 땅 투자를 하며 빚 때문에 힘들어하는 엄마를 보며 자랐고, 지금은 넓은 땅을 지키느라 나이 든 몸으로 농사를 지으며 고생하는 엄마의 모습이 마음 아프기 때문이다. 나에게 땅은 자산을 벌어주는 효자가 아니라, 보기만 해도 마음 아픈 심장병 같은 존재랄까.

그래도 나는 언젠가 창고 땅을 가질 수 있을 것이라는 믿음이 있다. 포기하지 않고 꾸준히 노력하면 꿈은 이루어질 것이다.

# 인생 후반기, 월세 세팅을 준비하다

## 🏠 내 것이 될 곳이라면 인연의 길이 열린다

엄마는 발품 파는 일이 얼마나 힘들고 고단한지 알기에 내가 가장 먼저 좋은 매물을 차지하기를 원하셨다. 그리고 사람들에게 말하지 않기를 바라셨다. 하지만 나는 엄마와 달랐다. 감사하게도 꼬박꼬박 월급을 가져다주는 성실한 남편이 있었기에 나는 부담감 없이 재밌게 부동산 답사를 다녔고, 현장에서 얻는 배움 자체를 즐겼다. 그래서 너무 애를 쓰기보다는 자연스럽게 나와 인연이 닿는 부동산을 갖는 것이 좋았다.

김포에서 처음 지식산업센터에 관해 알게 된 후, 집에서 가깝고 내가 좋아하는 원흥에 첫 지식산업센터가 분양한다는 소식을 듣자

마자 한걸음에 달려갔다. 테라스를 포함해서 전용 8평, 분양가는 1억 1,000만 원 정도부터 시작이었다. 현재 사업장을 운영하고 있다면 대출 80%가 가능했고 투자금은 약 2,000만 원 정도였다.

정부의 부동산 대출규제와 전혀 상관없으며 최소 70% 담보대출이 나온다는 것이 너무나 매력적이었다. 저금리 혜택에다 직접 사무실로 사용하는 사업자는 취득세도 50% 감면받는다.

지식산업센터 입주가 가능한 업종이 제조, 정보통신, 서비스업, 교육, 컨설팅, 광고마케팅 등으로 점점 확대되고 있어 그 혜택을 받을 수 있는 사람들이 내 주변에도 많았다. 마지막의 마지막까지 나는 지인들에게 좋은 호실들을 양보했다.

지식산업센터의 2층 상가도 매력적이어서 상가를 할까, 사무실을 할까 며칠을 고민했다. 결국 '그냥 흘러가는 대로 하자! 나에게 남는 것이 내 것이다!' 하는 생각으로 경쟁이 치열한 상가는 지인에게 양보하고 사무실도 좋은 자리를 차지할 수 있었지만 사업하는 대표님들께 먼저 드렸다. 결국 청약이 완판되고 더 이상 남아있는 호실이 없었다.

마음을 내려놓고 3층의 창릉천 방향 호실 하나를 찍었다. "만약이 호실이 계약 취소가 된다면 제가 가질게요." 하고 돌아왔다. 그런데 다음 날 아침 일찍 전화가 울렸다. 여러 호실을 계약하려고 했던 대표님이 자금 부족으로 네 개의 호실을 취소했는데 그중에 내가 찍은 3층의 그 호실이 있었다. 아, 소름이 돋았다. 이것이 인연이라는 것이구나! 하나는 내가 갖고, 나머지 세 개는 지인들에게 소개해주었다. 욕심 부리지 않고 양보했는데 신께서 '이건 네 것이다.' 하고 보내주신 것 같았다.

테라스를 포함한 전용면적 11평, 분양가는 약 1억 2,000만 원으로 평당 600만 원대. 2006년도부터 디자인 사업자등록을 갖고 있었기 때문에 담보대출이 80% 이상 나오고, 대출금리는 2% 초반이 예상된다고 하니, 관리비와 대출이자를 합해 매월 30만 원 정도의 지출로 창릉천을 바라보는 나의 아지트를 갖게 된 것이다. 일산에서 10평짜리 사무실을 쓰려고 해도 최소 월 60만 원은 줘야 하는데, 지식산업센터의 혜택이 참으로 대단하다 싶었다.

엄마는 왜 2층 상가를 양보했느냐며 가슴을 치셨지만 나는 전혀 서운하지 않았다. 엄마에게 말씀드리지 못했지만 나는 쫄보에 불안쟁이다. 투자는 정답이 없기에 언제나 무섭고 두렵다. 두려움을 이겨내기 위해 이 부동산이 나와 인연이라는 것을 확인하는 나만의 과정이 필요했다. 항상 먼저 다른 사람에게 양보한 다음 마지막에 내게 온 부동산을 갖는 이유는 운명이라 생각하며 마음을 단단하게 다지기 위해서이다.

원흥은 아무것도 없는 허허벌판이었을 때부터 땅의 기운이 따뜻해서 내 것을 갖고 싶은 곳이었다. 좋은 매물이 나올 때마다 다른 사람에게 양보했지만 언젠가는 나의 자산이 나타날 것이라 믿었었다. 자가용으로 일산 우리 집에서 15분, 상암에서 15분, 마곡에서 20분 거리로 창릉천이 보이고 테라스가 있는 사무실이라니, 벌써 설렜다.

내가 직접 분양을 받아보니 지식산업센터에 한층 더 반할 수밖에 없었다. 부동산규제가 심각해지자 투자자들이 틈새시장을 찾아 몰려드는 바람에 지식산업센터는 귀한 매물이 되어버렸다. 2022년 고양시 지식산업센터 분양가가 평당 1,500만 원을 넘어갔으니 4년 만에 두 배가 넘게 훌쩍 뛴 것이다. 하지만 어떤 부동산이든 뜨거울 때가 있고 차가울 때가 있다. 지금 뜨겁다고 너무 좋아할 필요 없다. 중요한 것은 차가울 때도 잘 지킬 수 있는가이다.

나의 지식산업센터는 입주장의 공실 기간을 잘 견뎌내고 무탈하게 월세를 받고 있다. 수익률 22%다. 지금은 사무실에 앉아서 할 일이 없어 임대를 준 상태지만, 발품을 멈추게 될 언젠가 나의 아지트에서 창릉천을 바라보며 조용히 글을 쓰는 날이 오기를 기대한다.

# 도로를 따라 시장의 돈이 흐른다

## 🏠 서울과의 접근성, 도로의 가치를 확인하다

새로운 도로가 생기면서 서울 접근성이 좋아지는 곳은 어디일지 생각해보자.

광교는 2015년에 B언니가 아파트를 분양받을 때 처음 가보고 2017년 4월 입주할 때 잠깐 본 게 다였다. 제대로 광교신도시를 돌아본 것은 2018년이었다. 프리랜서 디자이너로 파견 근무를 하던 시절, 삼성전자 수원사업부로 출퇴근하면서 힘들었던 기억 때문인지 나는 수원을 별로 좋아하지 않았다. 그래서 광교신도시도 관심 있게 쳐다보지 않았다가 B언니가 산본을 떠나 광교로 이사를 한 뒤에야 지도를 펼치고 살펴보기 시작했다. 지도 보는 것을 생활화하라고 하신 엄마 말씀 때문에 난 어디를 가든지 지도를 한번 들여

다보고 가는 것이 습관이 되어있었다. 그리고 광교의 부동산 분양 현장을 체크하는 것도 잊지 않았다. 분양 현장에서 주는 자료에는 입지 분석이 잘 정리되어 있다.

신분당선 개통으로 준강남이 될 광교신도시는 상업용지 비율이 신도시 중에 가장 낮은 약 2%이며 녹지율은 신도시 중 최고인 41% 다. 용인서울고속도로 외에 지하철 신분당선 상현역이 개통되어 서울과 강남 일대를 30분 내외로 이동할 수 있는 우수한 서울 접근성은 최고의 강점이다. 언니를 만나러 가기 위해 처음으로 용인서울고속도로를 타보았을 때 강남에서 광교로 들어가는 데 30분밖에 안 걸리는 것에 무척 놀랐다.

또 에듀타운 학원가가 빠르게 자리 잡았기 때문에 불황이 오더라도 집값이 크게 떨어지지는 않는다. 일산호수공원의 약 1.7배인 광교호수공원도 광교신도시 집값 상승의 공신 중 하나일 것이다.

탄탄한 직장이 많은 판교와 강남으로 접근이 용이한 도로, 신분당선 전철 그리고 신도시 아파트와 광교 호수의 가치, 마지막으로 광교의 중심 학원가까지 돌아보자 광교 아파트에 대한 확신은 더 단단해졌다. 언니가 광교 아파트를 5억대에 분양받았을 때 주변에서는 비싸다는 의견이 많았다. 2018년 여름부터 여러 사람에게 광교 아파트로 내 집 마련을 하라고 추천했지만 그중에 산 사람은 아무도 없었다. 수원은 오랫동안 베드타운이라는 인식이 있었는데, 그런 선입견으로 인해 가격이 너무 많이 올랐다고 생각했기 때문이다.

하지만 그 뒤로도 광교 아파트 시세는 오르고 또 올랐다. 광교 중앙역을 중심으로 시세 상승은 빠르게 퍼져나갔고 그 여세는 팔달구까지 넘어갔다. 나는 광교의 변화를 보며 그때부터 도로를 유심히 보게 되었고, 시흥~판교 간 고속도로의 수혜로 안양과 시흥까지 살기 좋은 입지로 올라서는 것을 경험했다. "강남 접근성이 좋은 곳은 집값이 오른다." 에서 "판교 접근성이 좋은 곳은 집값이 오른다."로 마음이 바뀌었다. 그렇게 모든 길은 판교로 통했다.

도로를 보면 시세 상승의 흐름이 보인다. 그렇다면 다음 지역은 어디가 될 것인가?

# 아파트 갭투자의 시대를 맞이하다

## 🏠 판교에서 김포와 일산의 저평가를 깨닫다

광교신도시의 변화를 보고 지도를 펼쳐 들면서 내 눈에 들어온 것이 판교였다. 도로와 전철노선이 판교로 통하고 있다. 판교를 방문했을 때 유수 기업들의 빌딩을 보고 판교가 중심이 되리라 직감했고 그 화력은 이미 광교까지 뻗어나가고 있었다. 안양~성남 고속도로 또한 시흥과 안양의 아파트 시세를 끌어올렸다.

예전의 판교는 이렇게 뜨겁지 않았는데 언제부터 수도권의 노른자가 되었을까? 판교에 들어온 벤처회사들이 세월이 흘러 대기업으로 성장하면서 그 주변은 살기 좋은 입지가 되었다. 그것은 엄마가 늘 말씀하셨던 직장 때문이었다. "좋은 직장이 있는 곳으로 가라! 대기업이 있는데 주변 아파트값이 싸다면 아직 저평가인 것이다.”라고 하셨다.

판교를 보면서 내 머리를 때린 것이 김포와 일산이었다. 김포와 일산은 오랫동안 베드타운이라는 소리를 들었다. 그것은 주변에 질 좋은 직장, 즉 대기업이 없기 때문이었다. 하지만 강서 마곡에 LG와 R&D 단지가 자리 잡고 있고, 일산에는 테크노밸리와 CJ의 한류월드가 예정되어 있으니 지금은 아닐지라도 미래를 보고 투자하기에는 괜찮은 입지가 아닐까 싶었다. 더군다나 당시 김포와 일산의 아파트 시세는 말도 안 되게 저렴했다.

김포에서 오래 살아왔고 지금은 일산에서 살고 있기 때문에 그 입지를 객관적으로 판단하기가 쉽지 않았다. 또한 과거의 시세를 생생하게 기억하고 있는 것이 투자자에게는 마이너스인 경우가 많다. 지나간 시세는 잊어야 한다. ‘예전에 얼마였는데…’ 하는 생각은 다 부질없다.

광교와 판교를 공부하고 시흥과 안양까지 돌아본 나는 판교에서서 김포와 일산을 바라보았다. 아, 이래서 엄마가 가능한 한 많은 곳을 다녀보라고 하셨구나 싶었다. 멀리 떨어져서 보면 더 잘 보인다. 이곳을 떠나 다른 곳을 돌아다니다 보면 선입견을 걷어내고 이곳을 객관적으로 볼 수 있게 된다. 지금 많이 올라서 비싼 것인지, 단기간에 많이 올랐지만 여전히 싼 것인지에 대한 판단력이 생긴다.

일산 테크노밸리가 성장하면 오랫동안 저렴했던 김포와 일산 아
파트의 시세가 오를 거라는 생각이 머리를 때리던 날, 곧바로 김포
사우동으로 가서 아파트를 계약했다.

초역세권에 22평형 방 세 개 아파트, 매입가는 2억 5,000만 원.
내가 이전에 지인들에게 소개한 금액보다 4,000만 원이나 더 비싸
게 샀지만 괜찮았다. 주변에 입주가 쏟아지고 있어서 갭은 1억 정
도였다. 사우동은 명문 학원가이고, 내년 초에는 입주가 끝나고 서
울로 직통도로까지 개통될 예정이기 때문에 시간이 갈수록 갭이
줄어들 것이라는 확신이 들었다.


## 🏢 공동투자는 절대 하지 마라

이 김포 아파트는 투자금 1억이 부족해서 친한 언니와 공동투자
를 했다. 얼마 지나지 않아 주변 입주장으로 인해 역전세가 일어
났지만 우리는 전세를 싸게 맞췄기 때문에 무탈하게 지나갔다. 2
년 후에 다주택자 탄압으로 종합부동산세가 올라가자 언니는 아파
트를 팔자고 했다. 나는 그 아파트를 팔더라도 취득세 중과로 인해
다시 투자하기 어려웠던 데다가 최소 4억까지는 오를 것 같다는 생

각이 들어서 팔지 않았으면 했다. 하지만 언니와 불편해지고 싶지 않아서 결국 3억에 매도했다.

간단한 집수리였지만 일주일 동안 매일 와서 공을 들이며 고생한 집이었다. 세금을 내고 손에 쥔 돈은 1,000만 원이었다. 내 투자 인생 최악의 수익률이었다. 초역세권 아파트를 가지고 빌라보다 못 벌다니. 기가 막혔지만 나는 돈보다 사람이 더 중요하다 생각했다. 돈 더 벌겠다고 언니와 불편해지고 싶지 않았고, 애초에 공동투자를 하자고 제안한 것도 나였으니 모든 것은 내 탓이다. 우리가 팔고 나자 6개월 만에 4억이 되었고, 1년 만에 4억 5,000만 원을 찍었다.

주변 지인들과 함께 돈을 벌고 싶은 마음에 몇 번 공동투자를 했지만 결과는 늘 그리 좋지 않았다. 엄마는 절대 공동투자는 안 된다 하셨는데…. 투자란 홀로 가야 하는 길임을 아프게 깨달았다.
엄마가 하지 말라고 해도 나는 하고 싶으면 하는 고집쟁이다. 일단 직접 경험해야 인정하고 받아들이는 스타일이어서 고생을 사서 했지만, 덕분에 얻은 것도 배운 것도 많다. 아픈 경험들이 쌓이고 쌓여 지금의 내가 된 것이니 그냥 시련뿐인 시간은 하나도 없다.

판교의 깨달음과 김포의 경험으로 아파트 갭투자의 시대가 도래하고 있음을 느낄 수 있었다.

발품을 팔다 보면 지금 내 눈앞에 있는 물건보다 지난번에 본 물건이 더 좋았음을 깨닫게 되는 순간이 많다. 그런 경험들이 쌓이고 쌓이면 눈앞의 물건이 저평가되어 있는지 아닌지 망설임 없이 판단할 수 있는 날이 온다.

매일의 꾸준한 발품은 이리도 힘이 세다. 발품만이 정답이라는 엄마의 말씀은 참말로 맞다.

# 상가 투자,
# 상권의 판이 바뀌고 있다

엄마는 예순 살이 되면 월세를 받으며 살 수 있도록 10년 전부터 준비해야 한다고 내게 누누이 말해왔다. "주택보다 상가나 공장을 사서 평생 월세를 받으며 살아라."라고 항상 당부했다. 나이가 들수록 주택 관리는 힘에 부치지만 공장이나 상가는 초반에 자리 잡을 때까지만 잘 버티면 그다음부터는 신경 쓸 일이 거의 없기 때문이다.

나는 오랫동안 주택만 투자했기 때문에 상가는 잘 알지 못한다. 잘 모르면 매일 꾸준히 현장을 공부하는 수밖에 없다. 중개사 자격 취득 후 사우동 중개사무소로 출근하기 시작하면서 가장 좋았던 것은 다양한 매물을 매일매일 새로 만나며 마음껏 공부할 수 있다는 것이었다. 상가 매물이 나올 때마다 달려가서 현장을 보고 스승님께 질문하는 날들이 이어졌다.

## 🏢 나는 어떠한 상가를 갖고 싶은가

상가는 일단 돈이 많이 있어야 할 것 같았고 오랫동안 공실이 날까 봐 무섭고 두려웠다. 이미 자리를 잡은 상권으로 들어가서 월세가 맞춰져 있는 상가를 매수할까? 하지만 좋은 상권에 매물이 나올 때는 대부분 공실이거나 임차 업종이 불안한 상가뿐이다. 임대가 맞춰진 괜찮은 상가라면 주인은 시세 상승분까지 챙겨 가려고 하므로 나의 수익률은 높아야 3% 정도이다. 매년 월세를 올릴 거라고 기대할지 모르지만, 그것은 쉽지 않다. 지난 세월 동안 매매가가 오른 만큼 월세 또한 올랐는가 생각해보자. 임대료를 올리는 데는 한계가 있고 임차가 안정적인 낡은 상가라면 지금의 임대료가 상한치일 것이다.

그렇다면 상가로 시세차익? 글쎄. 상가로 시세차익을 노리려면 주택처럼 매매 시세만큼 월세도 함께 올려줘야 하는데 현실적으로 힘들다. 아니면 A급 상가가 급매로 나왔을 때 사면 되지만 그런 상가는 자금 수준이 나오는 다른 세계다.

시세차익에 욕심이 없고 그냥 안전하게 3%의 수익률로 갖고 가도 괜찮다 결정한다면 그 또한 그 사람에게 투자의 정답이다. 나의 투자는 내 마음이 편안한 쪽으로 가는 것이 정답이라 생각한다.

나에게 상가 투자란 무엇보다 수익률이 높아야 한다. 대출 없이

5%의 이상의 수익률을 원했고, 대출을 실행한다면 8~9%는 나와주는 것이 좋았다. 그리고 실투자금은 3억 정도가 내 수준에 적당할 것 같았다.

## 🏢 상권의 판이 바뀌고 있다

좋은 상가란 투자금, 수익률, 그리고 공실의 위험 측면에서 모든 조건을 만족하는 상가이다. 그렇다면 어떤 상가를 매수해야 투자금이 조금 들어가면서 수익률도 올라갈까? 우리는 오랫동안 최고의 상가는 역세권 1층 대로변 코너 상가라고 알고 있었다. 그런데 최고의 상권이라고 여겼던 명동과 강남대로변 1층에도 빈 상가들이 보이기 시작했다. 이유가 무엇일까?

상가 투자는 공실이 난 상가를 보고 이유가 무엇인지 분석하는 것이 훨씬 큰 공부가 된다. 여러 가지 이유가 있겠지만, 우선 인터넷 쇼핑의 영향으로 오프라인 상가의 매출이 줄어든 것을 꼽을 것이다. 예전만큼 거리에 걸어 다니는 사람이 많지 않다. 택배와 배달 서비스의 발달로 집 안에서 소비 활동을 할 수 있는 환경이 만들어지고 있다.

온종일 장사해도 남는 것이 적으니 폐업을 하거나 더 싼 임대료를 찾아 역세권을 떠나고 있는 것이 느껴졌다. 1층에 자리 잡았던 미용실과 은행이 2층으로 올라가고 식당은 대로변보다 뒤쪽으로 옮겨갔다. 주택들이 모여있는 안쪽으로 들어가 골목상권을 만들기도 했다. 학원도 월세가 저렴한 상가의 위층에 자리를 잡고 있었다.

회사 회식 등이 줄어들고 대신 동네 친구와 집 주변에서 가볍게 만나서 즐기는 분위기로 변하고 있다. 공적인 만남을 최소화하고 사적인 만남에 시간과 돈을 쓴다. 그래서 '역세권보다 슬세권'이라는 이야기가 나오는 것이다. 5일 근무가 정착되면서 직장이 몰려있는 업무 단지 상가들은 주말에 거의 문을 닫는다.

퇴근 후 가볍고 편하게 식사를 할 수 있는 상가들, 아파트 단지 상가들, 학원가의 상가들, 초등학교 주변 상가들이 더 단단해지고 있다. 상권의 판이 바뀌고 있다는 것이다.

시장을 보면 이유가 보이고, 이유를 알게 되면 다음을 예상할 수 있다.


## 🏠 항아리 상권의 조건과 경쟁력을 찾아내다

어떤 상가면 꾸준히 월세를 받을 수 있을까를 생각하기보다 '내가 자영업을 한다면 어떤 곳에서 가게를 오픈하고 싶을까?' 하는 마음으로 상가를 찾아다녔다.

항아리 상권에 관심을 두게 된 계기는 2018년 여름이었다. 경기도의 어느 아파트 단지 앞 1층 치킨 가게가 월 매출 3,000만 원을 올린다는 얘기를 듣고 그곳을 방문하게 되었다. 말만 듣고 믿기가 어려워 평일에 가보았는데 진짜 사람이 많았고 주변 중개사님에게 물어보니 정말 장사가 잘되는 집이라고 했다. 나는 이것이 바로 항아리 상권이라는 것을 알게 되었다.

그 후 약 1년간 항아리 상권의 공식을 찾기 위해 돌아다녔다. 초·중·고를 모두 품은 아파트 대단지의 학원 상권, 구도심과 신도시가 붙어있는 교차 상권, 오피스나 공장이 몰려있는 업무 단지 상권, 이런 곳들은 공실이 거의 없으며 경기의 영향을 크게 받지 않는다는 것을 확인했다. 나는 항아리 상권에서 상가 투자를 하겠다고 결심했다.

## 🏠 항아리 상권을 찾아내는 방법

### 아파트숲으로 둘러싸인 상권 찾기

수요가 밖으로 빠져나가는 것이 쉽지 않은 곳이 항아리 상권이다. 항아리 상권 상가에서 공실 위험도를 확인하기 위해서는 지적도를 참고할 수 있다.

■ 김포 걸포동 지적도. 주거 면적에 비해 근생상가가 올라가는 준주거지역이 작다

- 지적도를 보고 아파트숲 면적 대비 상업지 면적을 확인해라. 그곳에 사는 사람들이 이용하는 상권이 주거 면적보다 작아야 한다.

- 지적도에서 상업지(붉은색) 외에 상가주택, 근생상가, 단지 내 상가(노란색)의 규모도 확인하자. 규모가 큰 업종이 아니라면 월세와 관리비가 비싼 플라자상가(일반상업지역에 위치한 상가) 보다 근처 상가주택이나 단지 내 상가를 선택하는 경우가 많다. 근생상가와 상가주택들도 상업지 범위에 포함해야 한다.

## 내가 좋아하는 항아리 상권들

## 학원가 상가

▍인천 송도국제학원 주변 주택가, 학교, 학원가

아파트숲이 있고 초·중·고가 모두 모여있는가? 플라자상가에는 대형 프랜차이즈 학원이 들어오고, 근생상가에는 보습학원이 들어온다. 대부분 초등학교부터 선행학습을 시작하는 분위기이기 때문에 초등학교가 바로 붙어있는 근생상가도 탄탄한 상권이다.

## 관공서 및 업무단지 상가

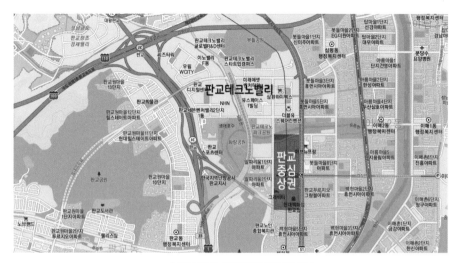

**▍** 판교 테크노밸리 주변 먹자골목 상권

관공서 및 업무단지 주변에도 역시 아파트숲이 있어야 한다. 사람들이 모여 사는 곳 중심에 관공서가 있고 그 주변으로 먹자골목이 생기며 사무실들이 들어선다. 공영주차장이 많은지 체크하는 것도 팁이다.

### 사람들의 동선 체크하기

사람들의 동선을 확인하는 이유는 상권 안에서도 어떤 상가 건물이 가장 좋은지를 알아내기 위해서이다. 직장과 집을 오가는 동선, 직장에서 식사를 하러 가는 동선, 아이들이 학교 학원과 집을 오가는 동선 등을 체크하면 괜찮은 상가 건물이 눈에 들어온다.

## 🏠 분양 상가에도 틈새는 있다

좋은 입지의 분양가는 후퇴하지 않고 계속해서 오른다. 그렇지만 월세가 그만큼의 비율로 오르는 게 아니기 때문에 분양 상가는 비싸다는 인식이 크다. 신도시 상가는 절대 사는 것이 아니라는 이야기도 공식처럼 퍼져있었다.

맞기도 하고 틀리기도 하다. 하지만 어디에나 틈새는 있으므로 선입견은 금물이다.

처음에는 나도 매물로 나온 상가를 사고 싶어서 열심히 찾아다녔지만 상가 주인들은 대부분 경제적으로 어렵지 않은 사람들이다 보니 공실이 날지라도 상가 금액은 떨어지지 않았고 좋은 매물 또한 나오지 않았다.

분양 상가에 대한 선입견을 잠시 접어두고 현장을 돌아보던 중 일산의 낡은 상가들보다 시세는 저렴하거나 비슷한데 신축 건물이기 때문에 월세는 더 받는 곳이 있다는 것을 알게 되었다. 그제서야 나는 신축 상가가 틈새라는 것을 깨달았다. 많이 보면 볼수록 무엇이 저평가인지 비교가 된다. 그래서 발품을 이길 수 없는 것이다.

세 번째 발품: 2018~2022년

# 상가주택과 꼬마빌딩을 공부하다

## 🏠 건물의 가치는 입지에 따라 어떻게 다를까

김포시청 앞에 있는 꼬마빌딩이 11억에 매물로 나왔다. 소속중개사로 적을 두고 있었기에 입수 가능한 정보였다. 언감생심 빌딩은 엄두도 못 내던 시절인데 처음으로 꼬빌을 공부하게 된 것이다.

2019년 5월에 사우동 김포시청에서 올림픽도로와 바로 연결되는 시네폴리스IC(마곡까지 약 15분)가 개통될 예정이었다. 서울과 직통으로 빠르게 연결되는 도로가 개통되는 것이 얼마나 큰 호재인지 아는 나는 당시 김포에만 여섯 채의 주택을 보유하고 있었다.

김포시청, 관공서, 법원, 등기소, 금융기관, 학원가와 학교가 모두 몰려있는 김포의 구도심 사우동의 상권은 진정 훌륭했기에 내

친김에 주변 상가주택과 꼬마빌딩의 매물을 모두 리스트업해서 비교해보기로 했다.

상업지에는 플라자상가가 들어간다. 플라자상가는 은행 대출 한도도 가장 높고 저금리로 대출이 가능하다. 그리고 다음으로 근생상가이다. 플라자상가보다 대출한도가 작은데, 대부분의 꼬마빌딩은 근생상가에 위치한다. 근생상가는 1종과 2종이 있는데, 1종은 업종 제한이 있고 2종은 가능한 업종이 상대적으로 많다. 이 때문에 2종 근생상가가 더 좋다고 생각할 수 있겠지만, 학교 정문 바로 앞 1종 근생상가처럼 훌륭한 곳도 있다. 상가는 입지로 따져야지, 용도에 연연할 필요가 없다.

학원가나 먹자골목, 관공서 앞에 있는 근생상가와 상가주택은 공실이 거의 없다. 플라자상가에 비해 주차가 불편하다는 단점이 있지만 탄탄한 구도심에는 공영주차장이 많아서 충분히 커버가 된다.

이론적으로 공부하는 것과 눈앞에 매물을 직접 보며 배우는 것은 천지 차이다. 제대로 공부를 하다 보니 부동산 투자의 끝에는 결국 상가나 상가주택, 꼬마빌딩에 정착한다는 것이 무슨 말인지 알 것 같았다.

아파트 시세가 두 배로 뛰었다고 난리였지만, 땅값과 빌딩값은 세 배 이상으로 뛰었다. 30억 하던 꼬마빌딩이 3년 만에 100억까지 오르는 것을 보았다. 아무리 열심히 뛰고 자산을 모아도 부동산 상승의 속도를 따라잡기란 불가능한 현실을 접할 때면 그동안 부동산 투자를 해온 것이 다행스럽게 느껴진다.

그렇다면 나는 어떤 꼬빌을 갖고 싶은가? 그리고 어느 정도까지 감당할 수 있는가? 스스로에게 물어보았다.

## 🏢 내 투자의 마지막은 미니 재건축으로

나는 이때의 공부로 작은 꿈이 생겼다. 낡은 주택 건물을 사서 미니 재건축으로 꼬빌을 만드는 것이다. 기존의 꼬빌들은 너무나 비싸고 귀하니 허름한 주택을 사서 근생으로 만들면 되지 않겠는가.

지난 경험으로 보면 신축 건물보다 낡고 썩은 건물을 리모델링하는 것이 더 뿌듯하고 수익률도 높았다. 꼬마빌딩을 사는 것이 아니라, 내가 직접 꼬마빌딩을 만들겠다는 꿈이 생긴 것이었다.

# 전국으로 퍼져나간
# 아파트 갭투자 바람

## 🏠 판교와 마곡을 중심으로 시세가 퍼져나갈 곳

2018년 겨울, 아파트 소액 갭투자를 위한 판교 스터디를 시작했다. 그해 가을 판교 부동산시장을 공부하면서 아파트 갭투자의 타이밍이 다시 시작될 것을 직감했기에 미리 공부를 해야 했다.

IT기업이 모여있는 판교. 누구나 판교에 투자하고 싶어 했지만 누구나 투자할 수 있는 시세가 아니었다. 그럴 때는 바람이 퍼져나갈 것을 예상하면 된다. 나는 그때나 지금이나 중심에서 벗어나 아웃사이더로 소액투자하는 것을 좋아한다.

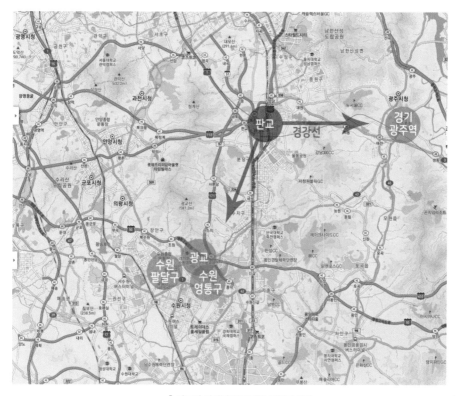

**▌판교와 연결된 도로 기준 저평가 입지**

판교 옆에 붙어있는 수원과 광교, 경강선 그리고 경기도 광주역을 중심으로 스터디를 진행했다. 당시 수원은 매매가와 전세가가 거의 붙어있었다. 그런데도 투자자들은 수원 집값이 오랫동안 오르지 않았기 때문에 그다지 눈여겨보지 않았다. 경강선은 잘 모르는 사람이 많았고, 경기도 광주역 주변도 허허벌판이었다. 베드타운이라는 인식, 잘 알려지지 않은 지하철 노선, 그리고 허허벌판인 현재의 모습이 투자를 꺼리게 했다. 이런 선입견은 투자자의 눈을 가린다.

판교 옆 광교의 시세가 오르고 판교로 경강선이 연결되는 것을 보면서 서울 반대편의 마곡을 떠올렸다. 마곡 근처에도 분명히 저평가된 입지들이 있을 것이었다.

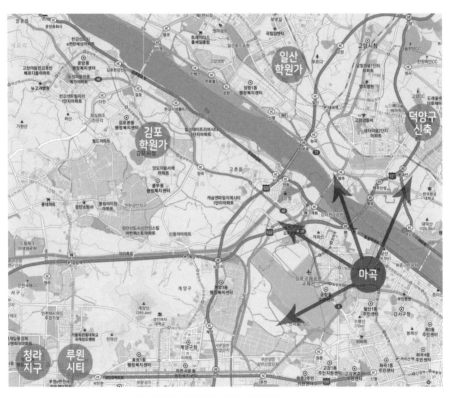

▌마곡과 연결된 도로 기준 저평가 입지

마곡에 서서 지도를 펼쳤다. 마곡 R&D 단지가 자리 잡으면 아파트 시세 상승이 어디로 퍼져 나갈 것인가? 마곡에서 도로를 따라가면 30분 이내 거리에 청라국제도시, 김포, 일산신도시, 덕양구가 있다.

2018년까지 오피스텔과 낡은 빌라를 중심으로 투자했다면 2019년부터는 아파트 투자에 집중했다. 사람들이 꺼리는 오피스텔과 빌라로 투자 내공을 쌓은 덕분인지 지도만 보고도 아파트 입지가 쏙쏙 눈에 들어왔다. 갭투자 바람으로 상승했다 다시 하락할지라도 그 폭이 크지 않을 저평가된 입지를 찾자!

# 아파트 갭투자를 위한
# 저평가 입지 분석

판교 스터디를 마친 다음 해인 2019년은 갭투자의 바람이 어디로 퍼질까를 고민하며 부지런히 입지 분석을 하고 시세 조사를 하러 다닌 시기이다. 낡은 빌라 투자는 종잣돈을 모으기 위한 수단이었지만 아파트 투자는 장기 보유 목적이었기 때문에 오래 품고 갈 매물을 사고 싶었다. 우선 판교와 마곡 주변 그리고 신안산선, 월곶판교선 라인의 아파트를 타깃으로 잡았다. 초·중·고를 품고 있는 신축 대단지 아파트, 재건축 이슈가 퍼질 곳, 명문 학원가, 이 세 가지 조건 중에 하나라도 만족하는 곳들을 지도에 표시했다.

아파트 시세가 꿈틀꿈틀 오르고 있었지만 마음이 급하지는 않았다. 입지와 매물에 대한 확신이 들면 난 누구보다 빠르게 돌진한다는 것을 알고 있기 때문이었다. 언제나 그렇듯 조급해지면 지는 거다.

사람들이 판교 옆 수원과 경강선을 무시했듯 마곡 옆 김포와 일산을 무시했던 그때, 나는 "사람들이 무시하는 곳으로 가라!"라는 엄마의 말을 잊지 않았고 사람들이 몰려가는 뜨거운 곳이 아닌 반대편으로 갔다.

## 🏢 마곡 주변 저평가 입지

### 김포 사우동

▌ 김포 사우동 학원가 주변 입지

마곡과 20분 거리다. 풍무동과 걸포동 신축 아파트 단지 사이에 사우동 명문 학원가, 김포시청과 관공서가 있고, 올림픽도로로 연결된 한강시네폴리스IC가 완전 개통 하였다. 2018년에 초역세권 아파트에 투자하였다.

### 청라국제도시와 루원시티

마곡과 30분 거리에 7호선 개통 호재가 있다. 초·중·고를 품고 있는 새 아파트 대단지가 있으며 청라산업단지 호재가 뜨거웠다. 시세 상승이 많이 될 곳이지만 매매가가 높아서 역전세 때 리스크가 클 수 있었다.

▍인천 청라국제도시와 루원시티 주변 개발 호재와 입지

세 번째 발품: 2018~2022년

### 원흥 도래울마을

도래울마을은 강변도로와 도로가 잘 연결되어 있어 마곡과 20분, 상암과 30분 거리다. 초·중·고를 품고 있는 대단지 아파트가 형성되어 있었다. 미분양일 때부터 지켜본 입지로, 시세 상승이 거의 없는 상황이었다.

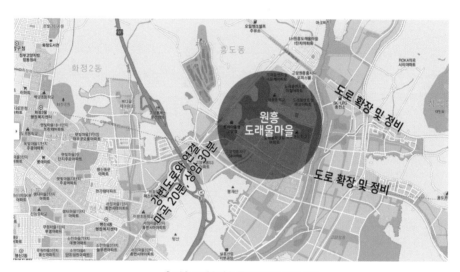

▌원흥 도래울마을 주변 입지와 도로 상황

## 일산 백마 학원가

일산은 마곡과 30분 거리며 명문 학원가가 자리잡고 있다. 후곡 학원가가 더 좋지만 백마는 일산 초입이라는 장점이 있다. 개인명의로 매입했던 아파트가 4년 전 시세까지 떨어져 있는 상태였다.

❚ 일산신도시 학원가 위치와 개발 호재

　　　　　　　　　　　　　　세 번째 발품: 2018~2022년

## 판교 주변 저평가 입지

### 광교신도시 광교역

  광교신도시는 광교중앙역이 중심이었지만 용인서울고속도로를 타고 내려오면 바로 나오는 것은 광교역 인근 아파트들이었다. 시세 상승의 바람이 불었다가 정체된 상태였다. 또한 광교에 브랜드 대단지 59타입과 84타입 오피스텔들이 분양가로 나오고 있었다. 아파트에 비해 매력적인 시세였다.

▌광교신도시 주변 도로 상황과 저평가 입지

## 경기도 광주역 역세권과 태전지구

당시에는 태전지구가 핫했지만 광주역사의 규모, 경안동의 활발한 상권, 도로의 흐름을 보았을 때 광주역 역세권 주변이 더 좋았다. 오랫동안 바닥이었던 주변 아파트들의 시세가 하루가 다르게 상승 중이었다.

▌경기 광주역과 태전지구 입지

세 번째 발품: 2018~2022년

## 수원 팔달구 우만주공과 영통구 망포동

광교신도시의 시세 상승 바람이 팔달구로 퍼질 것이었다. 광교 바로 옆에 붙어있고 수원IC에서도 가까운 우만주공아파트는 당시 1억 대에도 매수할 수 있었다. 또한 영통구 망포동에 들어설 새 아파트 대단지들이 기대되는 상황이었다.

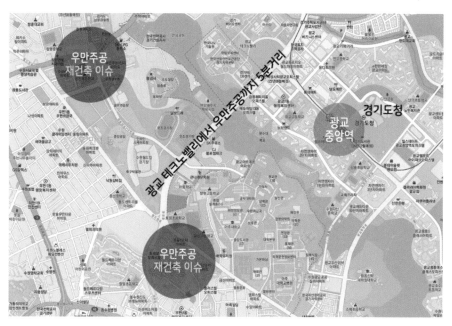

▌광교신도시와 가까운 팔달구 주변 입지

## 수원역 역세권과 화서역

수원역 개발 호재로 인해 근처 역세권이 뜨거웠지만 나는 바로 옆 화서역 주변을 찍었다. 초역세권에 초·중·고가 붙어있는 화서 주공(당시 시세 2억 중반)과 서호공원 호수가 내 마음을 끌었다. 호수가 있고 물이 흐르는 공원 입지를 좋아하는 것은 지극히 개인적인 취향이다.

▌수원 복합환승센터 영향 입지

세 번째 발품: 2018~2022년

## 신안산선 전철 개통 이슈 관련 저평가 입지

### 독산동

가산디지털단지가 바로 옆에 있는 독산동 시흥대로는 오랫동안 집값이 굉장히 저렴했다. 신안산선 개통으로 주거환경이 좋아지면 주택 시세가 상승할 것이었다. 독산동은 아파트 투자보다 월세 수요를 공략하는 것이 나을 듯했다.

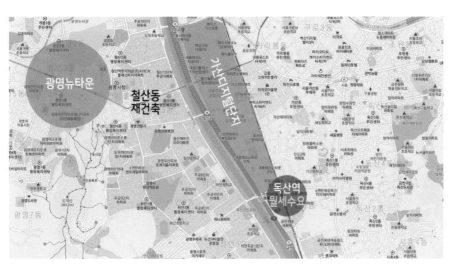

▌독산동 주변 입지

## 석수역이 예정된 시흥대로

신안산선이 들어오는 시흥대로가 마음에 들었던 것은 준공업지 땅이 많다는 것이다. 시흥유통산업단지와 철재 상가가 변모할 것 같았다. 대단지 빌라가 내 눈길을 끌었지만 이미 갭이 많이 벌어져 있는 상태였다. 석수역이 들어오는 LG빌리지(2019년 당시 23평 시세 약 4억 정도) 주변을 주의 깊게 보았다.

▌석수역 주변 입지

세 번째 발품: 2018~2022년

## 광명역 역세권

　광명역 역세권은 중앙대병원, 코스트코, 이케아, 롯데몰 등의 편의시설이 들어오고 아래쪽으로 광명시흥산업단지가 예정되어 있기 때문에 월세를 받는 오피스텔 투자가 괜찮을 듯했다. 2019년 당시 원룸 오피스텔의 경우 분양가, 심지어 마피(마이너스 프리미엄, 분양가보다 저렴한 상태) 매물도 있었다. 광명역 역세권은 주변 주거 사이즈에 비해 상가와 오피스 공급이 많아 보였다. 신안산선이 예정된 광명시흥산업단지 주변 땅들도 둘러보았다.

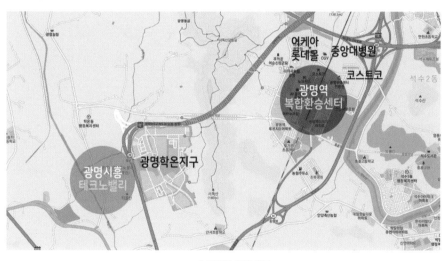

❚ 광명역 주변 입지

## 시흥 목감지구

목감지구에서 가장 아쉬웠던 것은 수도권제1순환고속도로가 목
감지구를 둘로 갈랐다는 점이었다. 목감역이 예정된 조남동은 재
개발 이슈로 뜨거웠다. 단기간에 시세가 많이 올랐고 위에 광명 학
온지구가 예정되어 있었다. 나는 양은냄비처럼 빠르게 달아오르거
나 주변에 대규모 공급이 예정된 재개발구역은 보지 않는다.

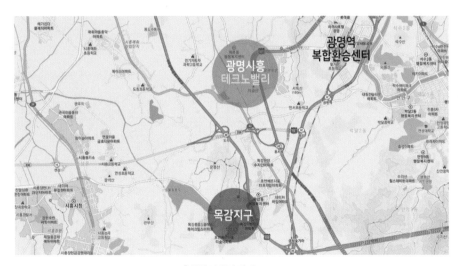

▌목감역 주변 입지

## 안산 중앙역과 성포동

안산 중앙역의 살아있는 상권이 너무 좋았기 때문에 바로 옆 성포동을 찍었다. 월피공원을 둘러싸고 있는 주공아파트가 마음에 들었다.

❚ 안산중앙역 주변 입지

## 안산 호수역 근처 학원가

안산에서 가장 마음에 들었던 곳은 신안산선 호수역이 예정된 고잔동이었다. 관공서와 학원 건물들이 양쪽으로 모여있어 진정 살기 좋은 입지였다. 아쉬운 것은 근처 아파트들이 신축도 아니고 재건축이 가능한 용적률도 아니라는 점이었다. 아래쪽 송산그린시티로 새 아파트 공급이 쏟아지는 상황이었다.

▌안산호수역 주변 입지

## 안산 초지역과 선부동

수인분당선과 4호선, KTX와 신안산선까지 네 개의 노선이 들어오는 초지역 일대는 재건축에 성공한 아파트들의 시세 상승이 이어지고 있었다. 초지역의 열기가 선부동까지 퍼질 것 같은 느낌이 들어 돌아보니 선부동 광장을 둘러싸고 있는 군자주공아파트가 마음에 들었다. 입주가 쏟아지고 있어 낡은 아파트의 전세가가 저렴했다. 전세가가 상승하는 때를 기다려봄 직한 곳이다.

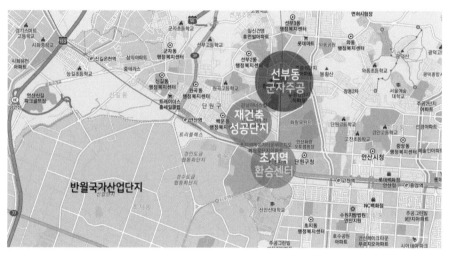

❚ 안산 초지역 주변 입지

## 시흥시청 장현지구와 시흥능곡역

시흥시청은 서해선이 다니고 있고 신안산선과 월곶판교선까지 총 세 개의 노선이 들어온다. 무엇보다 시흥시청 주변이 업무단지로 개발되고 시흥광명첨단산업단지가 가깝다. 시흥의 장현지구가 입주하고 있으니 향후 시흥에서 가장 좋은 입지가 아닐까? 시흥시청역 역세권보다 시흥능곡역의 아파트가 더 좋아 보였다. 시흥시청 주변으로 새 아파트가 쏟아질 예정이니 앞으로 얼마든지 기회가 있을 것이다.

▌시흥시청역 수변 입지

세 번째 발품: 2018~2022년

## 🏠 월곶판교선 주변 저평가 입지

신안산선 다음으로 뜨거웠던 월곶판교선을 둘러보았다. 사람들이 판교 쪽을 볼 때 나는 인천 방향으로 갔다.

### 인천 연수동

연수동은 용적률이 낮은 아파트들이 많았다. 내가 좋아하는 대단지의 저층 아파트들이 눈길을 끌었다. 월곶판교선이 개통되면 역세권 아파트를 중심으로 재건축 바람이 불겠구나 싶었다. 여기도 투자 후보에 올리기로 했다.

▌인천 연수동 주변 입지

## 인천 송도역 주변

　송도역이 있는 옥련동 일대를 둘러보았다. 역세권 앞 재래시장에 가보니 가게도 거의 문을 닫고 손님의 발길도 뜸했다. 낮은 지붕의 단독주택과 낡은 빌라 주변으로 재개발 바람이 불고 있었고, 아파트들은 이미 갭투자가 휩쓸고 지나가 갭이 꽤 벌어져 있었다. 낡은 빌라는 무피(전세가와 매매가가 같은 상태)로도 살 수 있었고 매물이 발에 차이도록 많았지만 나는 이제 빌라 투자는 졸업한 상황이었다. 두 개의 단지에 재건축 조합이 있었지만 시세가 매력적으로 느껴지지 않았다. 무엇보다 인천 송도역에서 인하대 쪽으로 공

▍인천 송도역 주변 입지

세 번째 발품: 2018~2022년

급이 쏟아질 예정이었기 때문에 송도역의 중심은 옥련동이 아니라 송도역에서 인하대까지 이어지는 라인이 될 것으로 예상되었다.

인천 송도역을 마지막으로 내 마음속 입지 선정은 끝났다.

이 책을 보는 독자들이 위의 입지들이 무조건 좋은 투자처라고 생각하지는 않았으면 좋겠다. 이것은 지극히 내게 맞는 투자처이고 나의 취향이 상당 부분 반영된 곳들이다. 나에게 맞게 투자를 해야 시련이 왔을 때 애정으로 지킬 수 있다.

한 곳 한 곳 발품을 팔며 직접 입지를 찾는 것이 답답하다고 느껴질 수 있겠지만 결과적으로는 가장 빠른 길이다. 숲을 충실하게 보면서 들어가야 마지막에 매물을 선택할 때 주저함이 없다. 그러니 나는 최종 결정을 할 때까지는 절대 서두르지 않는다. 때가 오면 아무런 불안 없이 달려가는 날이 올 것이다. 물이 차오를 때까지 기다려도 괜찮다.

# 법인 설립과
# 갭투자 시작

아파트 투자를 위한 발품을 팔며 입지 선정만 한 지 거의 1년이 흘렀다. 2018년까지 매수했던 빌라들을 하나둘씩 매도하면서 자금을 충전했고, 전세가가 꾸준히 오른 덕분에 매달 수익의 30%씩 저금했던 투자통장도 두둑해졌다. 2억 정도의 유용 가능 자금이 만들어졌고 전세가도 슬금슬금 오르고 있었다. 공격적으로 달려가야 할 때가 온 것이다.

## 🏠 아파트 갭투자를 위한 방향을 결정하다

자가용으로 드라이브하듯 돌아보며 느낌을 보았고, 느낌이 좋았던 곳에 다시 가서 한 번 더 돌아보았다. 그러고 나서 가장 마음에 드는 곳을 최종적으로 걸으면서 확인했다. 기본에 충실하며 숲을 보았으니 이제 투자를 할 아파트 나무를 찾는 단계였다.

2019년 여름까지 아파트 갭투자를 위한 발품을 팔다보니, 드디어 내 인생 처음으로 단타(단기간에 시세차익을 내고 매도하는 것)를 해볼 수 있겠구나 하는 느낌이 왔다. 부동산으로 단타라니! 다시는 안 올 기회이다! 큰돈을 벌지 못할지라도 경험해보고 싶었다. 단타가 가능하려면 어떤 조건으로 접근해야 할까?

다주택자 규제로 세금 부담이 커지면서 개인명의로 아파트에 투자하기가 쉽지 않았다. 그래서 법인을 설립하기로 결정했다. 법인을 통한 부동산투자는 처음이지만 차근차근 경험하면서 하나씩 하나씩 배우면 될 일이었다. 내 속도를 지킬 자신이 있다면 도전은 두렵지 않았다.


단타 투자를 위한 준비와 매물의 조건은 아래와 같다.

① 양도소득세 부담이 없는 법인(법인주택 양도세 11%)을 설립한다.

② 갭투자자들이 몰려와서 투자 바람이 불면 그 바람을 이용하여 빠져나갈 수 있는 곳이어야 한다.

③ 전세가 사라지고 있는 단지를 공략하자. 갭이 작아지면 갭투자자들이 몰려온다.

④ 단타가 실패할 경우 장기 보유를 해도 괜찮을 재건축 아파트를 사자.

## 🏠 법인 1호: 원흥 도래울아파트 매수

▌ 아파트를 매수한 원흥 도래울마을 주변 입지

　　법인 자산 1호로 고양시 원흥 도래울아파트를 결정했다. 아파트 분양권과 새 아파트 시세가 끝없이 오르면 재건축 아파트가 오르고 다음에는 10년 미만 아파트가 오른다. 수도권에서 초·중·고를 품은 아파트들은 대부분 5억을 찍고 있었는데 이곳은 10년도 안 된 25평 아파트가 아직도 3억 중반이었다. 서울과 이렇게 가까운데 입지에 비해 저평가되어 있었다.

　　　　　　　　　　　　　　　세 번째 발품: 2018~2022년

처음에는 30평대 아파트에 투자하려고 갔지만 돌아서면 매물이 사라질 정도로 갭투자가 뜨거웠다. 3단지가 임대아파트라는 이유로 4단지의 시세가 저렴했다. 20평대로 시세 상승이 번지기 시작할 즈음 공실의 아파트를 3억 중반에 매수했고 최고가로 전세를 맞췄다.

도래울마을은 미분양일 때부터 보아온 곳이다. 따뜻한 기운이 좋아서 내내 지켜보았다. 용두사거리 쪽으로 도로가 넓어지고 주변이 깔끔하게 정비되는 것을 보면서 무언가 오고 있다는 느낌이 들었다. 특히 법인 1호는 단타가 아닌 장기 보유로 갖고 갈 생각이었어서 애정을 가진 곳에 투자하고 싶었다. 매수를 하고 얼마 지나지 않아 도래울마을 쪽으로 GTX 역이 발표되었고 시세는 하루가 다르게 치솟았다.

# 투자 인생의
# 황금기가 시작되다

2020년은 내 투자 인생에서 가장 많은 투자를 했고, 그만큼 가장 바빴던 해였다.

코로나바이러스가 온 나라를 덮쳤고 각종 부동산 규제로 인해 다주택자들의 투자가 막히기 시작했다. 하지만 공시가 1억 이하가 틈새였다. 공시가 1억 이하 아파트는 모 아니면 도이다. 투자자들이 몰려와서 뛰는 거품 시세 지역이 아니라, 진정 좋은 입지인데 시세의 움직임이 더딘 곳을 찾아야 한다. 나는 지난 1년 동안 충분히 투자 입지를 파악했던 터라 공시가 1억 이하 매물을 빠르게 찾아낼 수 있었다.

긴 시간 발품 예열을 한 덕분에 지도만 보고도 매물을 찾아냈고, 드라이브를 하며 아파트를 보고도 투자 결정이 가능했다. 시간이 지날수록 점점 더 살기 좋아지는 입지, 인구가 유입되는 입지, 그런 곳에서 재건축용 아파트만 공략했다. 엄마의 오랜 가르침과 10년이 넘은 성실한 발품의 결과가 그제야 폭발한 것이었다. 코로나와 부동산 규제로 모두가 얼어있을 때 나는 내 인생 최고로 공격적으로 움직였다.

## 🏢 법인 2호: 영등포 오피스텔 풀피 투자

❚ 오피스텔을 매수한 영등포구 주변 입지

법인 2호는 5년 동안 발품 동지였던 송송 님의 도움으로 잡은 원룸 오피스텔이다. 1억 2,500만 원에 매수해서 전세를 1억 4,000만 원에 맞춰 풀피가 되었다. 세입자가 불안해할 것 같아 보증보험에 가입해주었다.

## 🏠 법인 3, 4호: 안산 선부동 군자주공아파트 매수

법인 2호 투자 후에 움직인 곳은 안산 중앙동 옆 성포동이었다. 작년 발품으로 마음에 품었던 곳인데 이미 갭투자자들이 몰려와서 한바탕 휩쓸고 간 상태였다. 그래서 나는 다음 투자 바람이 퍼져갈 곳으로 선부동을 예상했다. 선부동은 새 아파트 입주로 전세가가 바닥을 쳤고 그 덕분에 군자주공의 매매가 또한 얼어있는 상태였다. 9단지가 가장 마음에 들었지만 2억 5,000만 원에서 3억까지 올라있었다. 그래서 중개사님은 화랑공원을 끼고 있는 11, 12단지를 추천했지만 세가가 높지 않은 게 아쉬웠다.

재건축 아파트는 수많은 시련의 바람을 맞는다. 그때마다 견디게 만드는 것은 전세가이다. 나는 선부동 군자주공 중에서 전세가가 가장 탄탄한 15단지를 선택했고 1억 6,000만~1억 7,000만 원 금액으로 두 채를 매수해서 올수리를 하고 1억 2,000만 원 최고가에 전세를 맞췄다.

▌재건축 성공으로 시세 상승 바람을 탄 선부동 군자주공아파트 주변 입지.

## 법인 5, 6호: 일산동구 백마 학원가 아파트 매수

▮ 아파트를 두 채 매수한 백마 학원가 주변 입지

일산은 오랫동안 베드타운이라는 소리를 들어왔지만 나는 언젠가는 일산이 크게 날아오를 거라고 믿고 있다. 개인명의로 투자했던 2015년 수준까지 시세가 떨어진 상황이라 백송3단지 21평 로열동 로열층을 2억 1,000만 원에 두 채 매수할 수 있었다. 잔금을 치를 때쯤 전세가가 올라줘서 1억 9,000만 원에 전세를 맞췄다. 이 아파트에 투자한 이유는 용적률이 134%라는 것도 있었지만, 개인적

세 번째 발품: 2018~2022년

으로 애정을 가진 단지인 것도 컸다. 일산 학원가 투자라면 대부분 후곡을 떠올렸지만 아무리 열심히 투자 공부를 한다고 할지라도 투자 결정의 순간에는 감정적인 경우가 더 많다. 나는 지극히 감정적인 사람이라 내가 좋으면 그것만으로 '고!'를 외쳤다.

## 🏠 법인 1호 매도

2020년 여름이 오기 전, 6개월 만에 법인 1호인 원흥 도래울아파트를 6,000만 원의 시세차익을 내고 팔았다. 법인의 보유세가 중과되면서 규제지역의 주택은 1채당 6%의 종합부동산세를 내야 해서 처음에 계획했던 장기 보유는 어려운 상황이었다. 내가 팔고 난 뒤에 1억이 더 올랐지만 2023년에 들어서며 시세가 다시 떨어지고 있다. 널뛰기하는 시장에서는 적당히 벌고 빠져나와야 한다.

원래 계획과는 좀 달라지긴 했지만, 내 인생 최초의 단타 성공이었다. 법인의 첫 소득에 감사하는 마음으로 1,000만 원을 기부했다. 나는 매도 후에 꼭 기부를 했고, 내가 살 수 없는 좋은 물건을 발견하면 발품을 다른 이들에게 공유하고 투자의 길을 열어줬다. 객관적으로 정보를 나누기 시작하면서 내 투자 능력은 오히려 크게 성장했다. 나누면 나눌수록 그 몇 배의 가치가 나에게 돌아온다.

2020년 봄에 빌라 한 채를 판 돈에 법인 1호 매도 차액으로 내게 는 1억의 추가 자금이 생겼다.

## 🏠 법인 7호: 인천 미추홀구 용현동 아파트 매수

▌아파트를 매수한 인천 용현동 주변 입지

법인 1호를 매도한 다음 날 바로 계약한 것이 인천 용현동 동아

아파트다. 2019년에 인천 송도역 역세권 발품을 팔 때 인하대 부근까지 내려갔다가 용현동의 대장 SK아파트를 만났다. SK아파트의 정원에 감탄하며 한 바퀴를 돌다가 만나게 된 동아아파트는 준주거지역에 자리 잡은 6개 동의 6층 아파트였다. 가장 중요한 것은 지난 세월 시세가 거의 안 올랐다는 점이었다. 경인고속도로 지하화가 완성되고 송도역 역세권이 개발되어 반짝이면 그 바람은 용현동까지 퍼질 것이라 기대하며 8,500만 원에 전세 세입자가 살고 있는 19평을 1억 2,500만 원에 매수했다. 이 아파트는 현재도 법인으로 보유 중이다.

# 개인명의로 평택 서정동 재건축 아파트 두 채 매수

▌아파트 두 채를 매수한 평택 서정동 주변 입지

2020년 겨울 어느 저녁에 평택 지도를 보다가 공시가 1억 이하인 세경아파트를 찾아냈고 그다음 날 새벽 바로 그곳으로 달려갔다. 상업지 중심에 있는 저층 아파트는 처음이었다. 송탄출장소가 바로 옆에 있고 공실이 거의 없는 상가, 평일에도 많은 유동인구에

　　　　　　　　　　세 번째 발품: 2018~2022년

놀랐다. 조금의 망설임도 없이 개인명의로 두 채를 계약했다. 처음에 네 채를 잡았는데 세금과 명의 문제로 두 채는 포기했다.

한 채당 매매가가 1억이었고 1,000만 원 갭으로 샀다. 2015년 겨울에 했던 평택 답사가 5년 만에 빛을 발한 것이었다. 이 아파트는 2022년 겨울부터 월세 80만 원을 받고 있다.

## 🏢 그냥 돌아선 인천 연수구 아파트

월곶판교선 연수동 역세권에 재건축 용적률이 좋은 아파트를 추가로 사고 싶었다. 2020년 12월 늦은 오후에 매물을 보러 연수동에 도착하니 해가 넘어가고 있었다. 1,000만 원 갭으로 매수 가능한 아파트라서 바로 계약을 할 생각으로 집 안을 살펴보았다. 올수리가 되어있는 깨끗한 집이었는데도 묘하게 음기가 강하고 기운이 어두웠다. 중개사님이 재촉했지만 이상하게 찝찝함이 밀려와 그냥 돌아섰다.

그때 왜 투자하지 않았을까? 생각해보면 이유는 잘 모르겠다. 그저 멈추는 게 좋겠다고 마음이 내게 말했고, 나는 내 마음의 말을 잘 듣는 사람이었다. 이 아파트는 내가 돌아선 후에 1억이 올랐다가 2023년에 내가 매수하려고 했던 가격 밑으로 시세가 떨어진 상태이다.

연수동에는 용적률이 낮은 아파트들이 많다. 용적률이 낮다고 모두 재건축이 되는 것이 아니다. 신기하게도 투자할 때 머리보다 마음이 정답을 아는 경우가 꽤 많다. 이는 오랜 발품으로 다져진 촉이 말하는 것이기도 하다.

1년 동안 법인으로 일곱 채를 매수하고 개인명의로 두 채를 더 투자했으니 정말 바쁜 한 해였다. 거기에 네 채의 주택 올수리까지 더해지며 정신없이 움직였다. 이때도 예전에 여러 번 빌라 수리를 해본 경험이 빛을 발했다. 주택 올수리를 세 채 정도 해보면 그 이후부터는 집수리에 감이 생기면서 속도가 붙는다.

꾸준하고 성실하게 노력하며 살면 인생에 꼭 한 번은 기회가 온다고 생각한다. 그리고 이 행운의 문이 열리면 겁 없이 달려야 한다. 2020년은 하늘이 내려주신 내 투자의 황금기였다. 준비된 자만 기회를 잡을 수 있다는 것을 온몸으로 실감했고, 내 오랜 발품 시간에 다시 한 번 감사할 수밖에 없었다. 그리고 멈춰야 할 때 나에게 신호를 보내준 내 마음에게도 감사한다.

# 시세가 수직으로 오르면
# 빠져나가자

## 🏠 법인 부동산 여섯 채 매도

법인 부동산 아파트 일곱 채 중 여섯 채를 2020년 말부터 2021년 상반기까지 모두 매도했다. 장기 보유를 할 예정으로 투자했었지만 종합부동산세를 1억이나 내게 생겼으니 이 정도면 되었다는 마음으로 한 채당 3,000~4,000만 원만 이익을 남기고 팔았다. 엄마는 "세금이 무서워서 파는 것은 아니다."라고 하셨지만 내 입장에서는 처음 경험한 정책 압박을 견디기가 쉽지 않았다. 그래도 1년 만에 2억 가까이 벌었으니 나쁘지 않은 성과라 생각한다.

6개월만 더 갖고 있다 팔았으면 20억 이상 이익을 남겼을 것이다. 엄마 말처럼 "팔지 말았어야 했고, 샀어야 했다."의 경우가 맞았겠지만, 2021년 부동산 하락이 시작되기 전에 매도했고 적당히 벌었으니 그걸로 충분했다. 시기를 놓쳤다면 빠져나오지 못하고 법인의 높은 종합부동산세를 내며 마이너스가 되었을 확률이 높다. 그때의 경험으로 저평가 매물을 찾을 수 있는 자신감이 생겼고 다시 기회가 왔을 때 빠르게 달려갈 준비가 되었기 때문에 만족한다.

2019~2020년에 부동산 투자를 한 사람 중에 돈을 벌지 못한 사람이 있을까? 이것은 나의 능력이 아니라 시대를 잘 만난 것이고 정책의 수혜였다. 그러므로 자만하면 안 된다. 누군가는 그 좋았던 시절에 이 정도밖에 벌지 못했다고 나의 투자를 비웃을지도 모르겠다. 맞다! 나는 소심한 투자자다. 시련이 어느 순간 내 뒤통수를 때릴지 모르기에 조금만 벌고 빠져나가는 것이 마음 편했다. 지금까지 번 돈을 까먹지 않는 것이 중요하기에 탐욕을 부리지 않았다. 그리고 나의 소심함 덕분에 뒤이어 닥친 부동산 불황에도 그리 힘들지 않은 상태로 세팅이 가능했다고 생각한다.

## 🏠 가파르게 상승하던 그래프가 꺾이기 시작하다

2020년 가을부터 2021년 여름까지 전세는 최고가를 찍었고 부동산시장은 가파르게 상승했다. 아파트와 재개발 빌라, 분양권은 최고로 뜨거워서 분양 현장 내부를 구경하는 것조차 쉽지 않았다. 이제까지 시장을 보고만 있던 사람들까지 부동산 투자에 뛰어들어 아파트 갭투자에 영끌을 했으니 바닥을 쳤던 아파트들과 평생 거의 오르지 않았던 지방 아파트들까지 수직 상승을 거듭했다.

평생 부동산에 관심도 없던 사람들까지 뛰어들며 부동산시장을 뜨겁게 달구던 시기였지만 나는 달리는 말에서 재빠르게 뛰어내렸다. 수직으로 오르는 시세는 위험하다. 조정기는 어느 날 갑자기 온다는 것을 알고 있었기에 장기적으로 가져갈 것만 빼고 팔기로 했다.

2021년 여름이 지나면서 상승세를 탔던 그래프는 이내 꺾이기 시작했다.

# 부동산 불황에 대비하는 방법

## 🏠 투자를 멈추고 리스크 대비 자금을 남겨놓자

2021년까지도 지방에는 공시가 1억 이하에 1,000만 원 갭으로 살 수 있는 매물이 많았지만 나는 갭투자를 멈췄다. 아파트 갭투자로 전국이 끓고 있을 때는 위기가 가까이 왔다는 신호다. 대출 분위기가 좋았을 때 마이너스 통장 2억을 만들었다. 역전세를 대비한 자금이다. 나는 두 번의 역전세를 경험했기 때문에 그것이 얼마나 무서운지를 안다.

하지만 부동산 불황을 경험하지 못한 사람들은 욕심을 제어하지 못하고 마지막에 마지막까지 자금을 끌어들여 투자한다. 그러다가 역전세를 만나면 결국 똘똘한 자산을 헐값에 팔아야 하는 상황에 이른다. 투자 초보자는 호황에 벌어서 불황에 까먹고, 리스크를 대비한 투자자는 호황에 벌고 불황에도 번다.

## 🏠 전세보증금을 올리지 말고 월세로 돌리자

경기 불황이 길게 이어지면서 앞으로 점점 소득은 줄어들고 세금은 오를 것이다. 정부가 바뀐다고 해도 큰 차이는 없을 거고, 이제는 현금 흐름을 만들어야 한다. 그래야 내가 가진 자산들을 단단하게 지켜낼 수 있다.

나는 적은 돈일지라도 전세보증금이 오른 만큼 월세로 돌리기 시작했다. 다주택자 규제로 대출이 막혀서 현금이 많이 들어갔지만 부동산에 묻었으니 그 돈이 사라질 일은 없다. 들어오는 월세는 바로 대출을 갚는 데 사용해서 기존 현금이 빠져나가는 것을 줄였다. 매월 꼬박꼬박 56만 원씩 대출을 갚았고 1년에 672만 원을 상환했다.

전세가가 올라가면 보증금을 더 받는 대신 오른 금액만큼 월세로 돌려야 한다. 앞으로는 월세 시장이 도래할 것이고 대출을 안 받는, 100% 현금 투자 수익률이 높은 주택들만 시세 하락을 이겨낼 것이다.

## 🏠 현금 흐름을 만드는 수익형 부동산을 매수하자

2021년 봄에 또 한 채의 빌라를 매수하면서 법인계좌에 있는 자금과 합하여 현금 흐름을 만드는 수익형 부동산에 투자를 하기로 했다. 이제 주택으로 월세를 받는 것은 임대차법과 소득세, 보유세 등으로 인해 여러 가지로 피곤해지고 있다. 이제부터는 비주거로 월세를 받아야겠다!'라는 다짐을 하고 2020년 가을부터 2021년까지는 월세를 받는 수익형 부동산 투자를 위해 바쁘게 움직였다.

### 법인 명의로 지식산업센터 투자

법인은 개인보다 유지 비용이 더 들어가기 때문에 계속적인 매출이 발생하지 않으면 마이너스로 전환될 위험이 있다. 긴 불황이 오고 있음을 느끼고 법인 유지를 위한 월세를 준비하기 시작했다.

2021년 봄에 법인 명의로 청라 지식산업센터를 분양받았다. 서울 근교에서 드라이브인 오피스를 600만원대에 만나기란 쉽지 않다. 현장 담당자의 도움으로 갖고 싶어했던 좋은 호실을 선점할 수 있었다.

청라국제도시의 산업단지는 2019년에 이미 발품을 팔며 답사한 곳이어서 지식산업센터에 투자 결정을 하는데 큰 어려움이 없었다. 산업단지가 자리를 잡는데 시간이 걸릴 수 있겠지만 어차피 투자란 시간과의 싸움이다. 리스크 비용과 마음 근력만 키우고 있으면 모든 것은 시간이 해결해준다.

## 나의 첫 상가를 분양받다

나이 오십이 다가오면서 주택의 갭투자보다 매년 월세를 100만 원씩 늘리기로 목표를 수정했다. 개인투자는 주택의 수를 줄이면서 상가를 늘리기로 마음먹었다.

2018년 가을부터 상가를 찾기 위한 발품을 시작했고 나에게 맞는 나의 상가를 갖기까지 2년 6개월이 걸렸다. 2021년 여름에 시흥 장현지구에 상가를 분양받았는데, 시흥시청 주변은 2019년 신안산선을 공부하면서 만난 입지이다. 3면이 장현지구 새 아파트숲으로 둘러싸여 있고 주거지에 비해 상업지 사이즈가 작다. 또한 월곶판교선이 개통하면 역세권 상가가 될 곳이다.

그동안 내 앞을 스쳐간 좋은 상가들이 많았지만 상가는 많은 돈이 묶이기 때문에 자금에 여유가 있을 때 매수하는 것이 좋다는 생각으로 서두르지 않았다. 그렇게 자금이 흔들리지 않을 때를 기다렸다가 때가 되자 두려움 없이 상가에 투자했다.

주택 투자에 비해 수익형 부동산투자는 그 입지가 자리를 잡을 때까지는 투자에 성공했다고 말하는 것이 어렵다. 주택 투자보다 더 긴 호흡으로 품고 가야 하는 자산인 것이다. 오피스와 상가투자는 초반의 공실기간이 길지만 임차인이 자리를 잡으면 이후에는 신경 쓸 일이 거의 없는 것이 큰 장점이다. 그래서 1년 이상의 공실을 대비한 리스크 비용을 준비하는 것이 필수다.

상가에 투자하며 새삼 깨달았다. 사람들이 살고 싶어하는 좋은 입지라면 아파트도, 상가도, 땅도 모두 투자하기 좋다는 것을. 그러니 좋은 입지만 찾으면 되는 것이다. 투자는 매물이 아니라 입지에 하는 것이다.

# 불황의 시기를 버티는 법

2020년부터 2021년까지 2년 동안 나는 가장 많은, 그리고 가장 다양한 부동산을 매수했다. 부동산 불황을 대비하여 월세를 준비했고, 장기간 보유해도 괜찮을 아파트들만 남겼다.

2021년 가을부터 시작된 불황의 기운은 2022년이 넘어가면서 점점 더 심각해졌다. 전쟁과 고유가, 고금리 등으로 인해 물가는 계속해서 올랐고, 역전세까지 겹쳐 내공 없이 우르르 몰려가서 투자한 사람들의 곡소리가 퍼져 나갔다.

불황에 대비하지 않은 사람들은 호황에 번 돈을 대부분 잃는다. 호황에는 누구나 다 벌 수 있다. 자신의 능력이 아니라 운이 작용하기 때문이다. 진정한 투자 성공은 불황에 자산을 잃지 않고 살아남는 것이다.

현금 흐름을 만들어놓은 자, 부동산시장이 뜨거웠을지라도 평정

심을 잃지 않고 자신의 본업에 충실했던 자, 리스크 대비 자금을 남겨놓았던 자들은 빙하기를 잘 이겨내고 이후 더 많은 자산을 쌓는다.

## 🏢 불경기와 고금리 시기에는 월세가 효자다

나는 갖고 있던 자금으로 평택의 아파트와 김포의 주택을 월세로 돌려 매달 135만 원의 현금이 들어오게 만들었다. 지식산업센터와 주택 두 곳에서 들어오는 11만 원까지 합치면 1년에 1,620만 원이다. 월세로 들어오는 돈은 모두 대출 상환에 사용하니 1년에 2,292만 원을 상환하는 셈이다. 올해 상가와 주택 한 채를 더 월세로 돌리면 매월 월세 185만 원이 늘어나고 1년 대출 상환액은 총 4,512만 원이 된다. 2년이면 9,000만 원, 5년이면 2억 2,550만 원을 상환할 수 있다.

넉넉히 5년 후에는 이 불경기가 끝나지 않을까 점쳐본다. 이 돈은 내가 사업을 해서 버는 것도 아니고, 직장을 다니며 버는 것도 아니고, 비가 오거나 춥다고 멈추는 것도 아니다. 하나하나 따지면 적은 돈이지만 월세가 모이면 이리도 힘이 세다. 지질한 월세라고 무시하면 안 된다. 불경기에는 월세만 한 효자가 없다.

## 🏠 투자는 투잡! 본업에 충실하라

　부동산 투자가 호황일 때는 자신의 본업이 하찮고 우습게 여겨진다. 하지만 불경기에는 매월 꼬박꼬박 들어오는 사업소득이나 근로소득이 나의 자산을 지킬 수 있게 해준다.

　더 많이 버는 것보다 마이너스를 줄이는 것이 중요하고, 무엇보다 새는 돈을 잡아야 한다. 불경기와 고금리, 저소득이 심각해지면서 부동산 자산가들이 경비, 택배, 배달, 대리운전 등 노동으로 돈을 벌기 위해 움직이고 있다. 내 자산과 나를 지키기 위해 낮은 자세로 일을 하는 것은 절대 부끄러운 일이 아니다. 나는 그 투자자들에게 응원과 박수를 보내고 싶다.

　부동산으로 또는 사업으로 큰돈을 벌지라도 절대 푼돈을 우습게 봐선 안 된다. 푼돈의 소중함을 아는 사람이 부자로 사는 것이고, 푼돈을 무시하는 자는 가난해진다.


## 🏠 위기 속에 기회가 있다

　수직으로 상승했던 아파트 시세가 무너지고 역전세를 견디지 못해 던지는 매물이 늘어나고 있다. 고금리로 인해 급매로 던지는 수익형 부동산을 싸게 잡을 수 있는 것도 기회다.

예전에 투룸이 귀하자 투룸 공급이 늘어났고, 투룸이 많이 지어지자 다시 신축의 대형주택이 귀해졌다. 지난 몇 년 동안 대형 위주로 주택이 많이 지어졌지만, 고물가와 저소득으로 인해 비싼 관리비를 감당할 수 없는 사람들은 작은 집으로 이동할 수밖에 없다. 이로 인해 다시 소형주택이 인기를 끌 것이다.

부동산 조정기에 들어서면 빌라 시세가 가장 먼저 떨어지고, 오피스텔과 아파트까지 시세가 무너진다. 갭투자에 올인했던 사람들은 다시 월세를 받는 부동산으로 눈을 돌릴 것이다. 지나온 세월을 돌아보면 부동산시장은 이렇게 돌고 돈다. 그러니 우리는 무엇이 돌아올지 예상하고 준비해야 한다.


## 🏢 부동산의 판이 바뀌면 다시 기회가 온다

큰 호황이 있었고 불황으로 무너지고 나면 부동산의 판이 바뀐다. 우리에게 다시 기회가 온다는 말이다. 다가오는 기회를 잡기 위해 예열을 하고 낮은 자세로 준비해야 한다.

세상은 계속 변하고 부동산 입지도 변하며 부동산의 선호도 또한 시장의 바람에 따라 조금씩 바뀐다. 사람들의 바람은 또 다른 바람으로 바뀔 것이고, 그 바람을 제대로 읽으려면 사람들 속으로 들어가 사람들을 살피는 수밖에 없다.

옛날에 좋았던 곳은 모두 잊고 앞으로 좋아질 곳을 찾아야 한다. 그 어느 때보다 발품의 기본에 충실하며 처음부터 다시 입지를 봐야 할 시기이다. "첫 마음으로 발품을 팔자!"라고 다짐하며 나는 오늘도 즐겁게 길 위로 나간다. 이것이 투자의 길을 찾는 나의 방식이고 엄마가 알려주신 투자의 기본이다.

네 번째 발품

# 딸에게 남기는
# 발품 시크릿 노트

나에게 투자란 '돈을 번다'는 목적만이 아니었다.
바닥에서부터 한 계단 한 계단 오르며
나의 것을 쌓아가는 성취감과 알아간다는 기쁨,
시련을 극복하고 열매를 얻었다는 희열은
그 무엇과도 바꿀 수가 없는 소중한 경험이었다.

엄마가 나에게 남긴 것,
그리고 내가 다시 딸에게 남기고 싶은
부동산 투자의 노하우와 발품의 기본을 정리한다.
사랑하는 나의 딸이 자라 자신의 투자를 해나갈 때
이 노트를 펼치며 길을 잃지 않기를 바란다.

# 투자보다
# 마음가짐이 먼저다

연아, 우리는 돈을 벌기 위해 평생 노력하며 산단다. 하지만 돈은 마음대로 벌리지 않고 늘 부족하다 느끼지. 왜 그런 걸까? 왜 열심히 일하는데도 돈이 없는 것일까?

돈은 좇는 것이 아니라, 나에게로 오게 해야 하는 것이란다. 가난한 자들은 자신의 노동으로 돈을 벌지만 부자는 운과 복으로 돈을 번다는 말이 있어. 이 운과 복은 마음으로 만드는 거란다. 돈을 끌어들이는 마음 부자가 되어야 인생에서 네가 원하는 성공을 거둘 수 있어. 엄마가 아무리 대단한 투자 노하우를 너에게 알려준다 해도 마음이 밝은 기운으로 준비되어 있지 않으면 돈을 갖지 못한단다.

엄마가 돈을 잘 벌기 시작한 것은 투자를 잘해서가 아니라, 마음에 긍정을 담고, 내 주변을 깨끗하게 정돈하고, 나 자신을 예쁘게 가꾸고, 나의 가능성을 믿고, 밝은 사람들과 인연을 이어가려 노력했기 때문이야.

　내 마음이 건강해야 내 가정이 건강하고, 내 가정이 건강해야 내 인생이 건강해. 아무리 투자를 잘한다고 해도 가정이 평안하지 못하면 성공한 인생이 아니야. 투자에서 성공해야 가정이 평안해지는 것이 아니야. 가정이 평안하면 돈이 자연스럽게 들어온단다. 성공의 기본이란 밖에 있는 것이 아니라 내 안에 그리고 내 가까이에 있는 것을 지키는 것임을 명심하렴. 투자가 먼저가 아니라 마음이 부자가 될 준비가 되어있어야 해.

# 꾸준히 지도를 보고
# 길 위로 나가자

거창하고 힘들게 무언가를 하려고 하지 말고 네가 할 수 있는 정도와 속도로 가는 것이 중요해. 그래야 오래오래 지치지 않고 갈 수 있으니까. 직장을 다니는 마음으로 성실하게 지도와 발품을 가까이하렴. 지금 아무것도 없을지라도 성실하게 움직이면 반드시 기회가 와. 그리고 그 행운과 기회는 길 위로 나가야 잡을 수 있고, 꾸준한 매일은 그 무엇보다 힘이 세단다.

## 🏠 지도를 펼쳐서 지도를 크게 보아라

지도는 가급적 종이로 크게 나온 것을 벽에 붙여놓고 보는 것이 좋아. 지도를 크게 보는 이유는 입지가 성장할 수 있는지 보기 위해서야. 입지의 성장에 있어 중요한 것은 도로와 주변 직장으로의 접근성인데 그것은 큰 지도로 보아야 한눈에 들어온단다. 나무(매물)에 투자하지만, 숲(입지)이 건강해야 나무가 크게 성장할 수 있어. 그렇게 지도를 보는 연습을 하다 보면 손바닥만 한 지도 안에서도 입지를 읽을 수 있게 되고, 그 시간이 쌓이면 좋은 매물까지 찾아낼 수 있게 된단다.

## 🏢 내 주변에서 멀리 가지 말아라

꾸준하게 발품을 팔려면 네가 사는 곳에서 가까워야 해. 멀리 떨어져 있으면 자주 가는 것이 쉽지 않고 정보도 늦게 얻게 된단다. 내가 자주 갈 수 있는 곳만 집중해서 보아도 네 평생 투자할 매물들이 넘쳐. 돈이 없고 매물을 볼 줄 몰라서 투자를 못 하는 것이지, 매물이 없어서 투자를 못 하는 경우는 없어. 내가 사는 집에서 가까운 곳을 집중적으로 발품 팔다 보면 다른 곳은 지도만 보아도 입지가 파악되는 수준까지 올라간단다. 내 주변도 잘 모르면서 멀리 갈 욕심부터 부려선 안 돼.

## 🏢 사람들이 무시하는 곳을 잘 살펴라

가난한 사람들이 사는 곳, 편의시설이 거의 없는 곳, 위해시설이 많아서 아이 키우기 꺼려지는 곳 등 사람들이 별로 좋아하지 않는 곳을 잘 살펴보렴. 사람들은 임대아파트 옆을 싫어하고, 임대 전환된 아파트도 똑같은데도 과거의 기억 때문에 꺼리지. 하지만 선입견을 지우고 보면 임대아파트의 입지가 좋은 경우가 많아. 그리고 명문 학원가 옆, 직장이 모여있는 곳에 다닥다닥 붙어있는 빌라들도 잘 살펴봐. 빌라를 싫어하는 사람이 많지만 그런 곳은 언젠가는 아파트가 올라갈 수밖에 없어.

사람들이 싫어하는 포인트가 집인지, 입지인지 살펴봐. 집은 다시 지을 수 있지만 나쁜 입지가 좋은 입지로 변하기는 쉽지 않거든. 지도를 크게 보고 자주 발품을 파는 것은 결국 입지를 알아보는 눈을 키우기 위함이란다.

## 🏠 길 위에서 만나는 모든 사람이 너의 스승이다

발품 파는 과정에서 만나는 모든 사람이 너의 스승임을 잊지 말고 예의를 지켜라. 사람은 겸손한 사람에게 편하게 자신의 것을 내보이기 마련이야. 그러니 겸손하고 또 겸손하렴. 누가 어떤 인연으로 너를 끌어줄지는 진정 아무도 모른다. 설사 도움이 되지 않았을지라도 "저리 살면 안 되겠구나." 하는 교훈을 얻을 수 있으니 그 또한 배움이야. 또 옆에서 너의 겸손한 태도를 지켜보던 사람이 어느 순간 너에게 귀인으로 다가오기도 한단다. 인생의 성공은 길 위에서 만난 사람의 힘으로 이루어지는 경우가 많아.

# 발품을 판다는 것의
# 의미를 잊지 마라

## 🏠 지도를 펼쳐놓고 무엇을 찾아야 할까

● 지도에서 찾아야 하는 것들: 전철역, 도로, 대기업(연구단지 또는 산업단지), 큰 관공서, 초등학교(중·고등학교와의 거리가 가까운 곳), 은행, 재래시장(마트, 백화점 등), 공영주차장, 대단지 아파트숲

전철역이 있고, 외부로 나갈 수 있는 도로가 잘 정비되어 있으며, 좋은 직장과 관공서와 은행, 장을 보고 쇼핑을 할 수 있는 재래시장이나 마트가 있고 사람들의 편의를 위해 공영주차장이 많은 곳에 대단지 아파트숲이 있다면 사람들이 살기 좋은 입지겠지?

예전에는 제조 중심의 산업단지가 많아서 사람들이 직장 근처에서 사는 것을 싫어했어. 앞으로는 제조가 자동화로 바뀌면서 연구

단지 중심으로 변화할 거야. 브레인들이 모여서 일하는 곳이기 때문에 쾌적하고 깔끔하며 머리를 식히며 힐링할 수 있는 환경 또한 갖추게 되겠지. 그렇다면 사람들은 직장 근처에서 아이를 키우며 살고 싶어 할 거고, 그에 따라 기반시설과 편의시설 또한 많이 생겨날 거야.

물론 엄마가 찾아낸 조건들이 절대적인 정답은 아니야. 세상은 빠르게 변하고 사람들의 바람 또한 변할 것이고 입지에 따라서도 조금씩 다르니까. 발품은 사람들의 욕망이 어떻게 변하는지 읽기 위해서 나가는 것이기도 하단다.

## 🏢 사람의 마음을 이해하면 시장을 읽을 수 있다

신문과 뉴스를 본다는 것은 사람들의 욕망을 읽는 중요한 수단이지. 그리고 발품은 네 눈과 귀로 그 내용을 확인하는 거야. 너의 발품으로 어떠한 것들이 맞고 틀리는지 직접 찾아내야 해.

지도나 인터넷 정보에는 산업단지, 상권이라고 나와 있는데 직접 가서 봤더니 산업단지는 철수했거나 상가들은 썰렁하고 이동하는 사람들이 별로 없는 경우도 있어. 엄마는 길 위에 서서 '여기는 환하고 따뜻한 기운인가?'를 느끼려고 노력했어. 사람들이 많이 살고 활발하게 움직이는 곳은 그만큼 소비활동을 한다는 것이고, 소비를 한다는 것은 돈을 벌고 있다는 증거이니까. 그런 곳은 사람의 온기로 따스하고 환하단다.

머리로 분석하려 하지 말고, 메모해서 기억하려 하지 말고, 그냥 편안하게 그곳의 활발함과 온기를 느껴보는 게 필요해. 집으로 돌아와 잠자리에 누우면 머릿속에 떠오르는 곳이 있을 거야. 다음 날에는 그곳으로 가렴. 그리고 다시 사람들이 어떻게 어디로 움직일지 상상해봐. 다시 집으로 돌아가 하룻밤을 자고 일어나면 마음속에 떠오르는 곳이 또 있어. 그러면 다시 마음이 향하는 곳으로 가보는 거야. 이렇게 반복하다 보면 마지막으로 남은 곳이 있어. 거기에서 매물을 찾는 것이란다.

당장은 발품으로 매물을 찾는 것이 지루하고 느리다고 느낄 수도 있어. 하지만 어느 정도 투자 경력이 쌓이면 이것이 가장 빠른 길이었다는 것을 알게 된단다. 지도를 보고 발품을 나가는 과정이 반복되는 세월이 쌓이면 촉으로 입지를 판단하는 능력이 생겨날 거야.

발품은 심장이 향하는 곳을 찾는 과정이기도 하다. 분석은 그 뒤에 해도 늦지 않아. 머리보다 너의 느낌에 집중하렴. 이게 투자에 있어 얼마나 중요한지 깨닫는 날이 올 거야.

# 호재 속에서
# 저평가 매물 찾는 법

연아, 저평가 매물이라는 것은 무엇을 말하는 걸까? 지금은 사람들이 무시하거나 싫어해서 시세가 저렴하지만 앞으로 예뻐져서 가치가 상승할 수 있는 매물을 말하는 거란다. 저평가 매물은 지도로는 절대 찾을 수 없어. 그리고 지도에서 나타나지 않는 것을 찾아내는 것이 바로 발품이지. 자, 그럼 이제부터 저평가 매물을 찾아내는 방법을 알아볼까?

일단은 사람들이 좋아하는 것과 싫어하는 것을 정확하게 아는 것이 중요해. 그리고 발품은 사람들의 욕망의 흐름을 눈치채게 해준단다.

## 🏢 사람들이 좋아하고 원하는 입지 조건을 뽑아보자

사람들은 어떤 입지를 좋아할까? 사람들이 좋아하는 것을 알면 그들의 욕망을 알게 되고 시장이 어떤 방향으로 흘러갈지 예상할 수 있게 돼.

전철이 있어 이동하기 편리하며 학교가 모여 있고 가까이에 좋은 직장이 있다면 사람들은 낡은 주택일지라도 마다하지 않을 거야. 하지만 시간이 갈수록 새 아파트에서 살고 싶어 하겠지. 그들의 욕망이 낡은 주택을 재건축으로, 빌라들을 재개발이나 미니 재건축으로 다시 태어나게 만들 거야. 많은 사람들이 새 아파트를 선호하긴 하지만 교통이 불편하고 학교가 없고 직장이 멀다면 새집에 살고 싶은 욕심에 들어갔다가도 금세 불편함을 느끼게 돼. 그런 곳은 언젠가는 하락하게 마련이란다.

그러니까 직장이 있고 입지만 좋다면, 사람들이 싫어하는 조건들은 얼마든지 변할 수 있어.

## 🏢 가장 중요한 것은 직장의 질이다

근처에 있는 직장의 질과 규모를 판단하는 게 매우 중요하단다. 집은 허름해 보이지만 입지는 뭔가 괜찮을 것 같아 고민되는 상황이라면 발품을 팔면서 직접 확인해야 해.

고액 연봉자나 고급 공무원이 많은 곳이라면 아무래도 소비도 풍요로울 테니 자연스럽게 편의시설들이 세팅될 거야. 직장의 규모가 커서 많은 사람을 고용할 수 있으면 외부에서 사람들이 유입되어 인구가 늘어나고, 인구가 늘어나면 수요가 늘어나고, 수요가 늘어나면 주변 부동산의 시세가 탄탄해진단다.

제조업 위주의 시절에는 산업단지 옆에 투자를 많이 했지만, 경제의 틀이 바뀌면서 산업단지 주변의 집값들도 무너졌어. 하지만 제조업 위주의 산업단지가 연구단지로 바뀌면 얘기가 달라져. 떠났던 사람들이 다시 돌아오니까. 산업단지가 연구단지로 바뀌는 곳, 관공서가 있어 오피스가 많고 골목상권이 활기를 띠는 곳, 학원가, 사무실이 모여있는 곳, 구도심과 신도시가 붙어있는 곳. 이런 입지가 내가 사는 곳에서 가까이 있는지 살펴본 후 일단 그곳으로 가보렴.

## 🏢 불편한 점이 바뀔 가능성이 있는지 살펴라

교통은 불편하고, 집은 낡고, 편의시설이 없는 동네와 직장이 없는 동네. 살기 불편한 조건은 여러 가지가 있겠지만, 교통은 자가용으로 해결되고, 낡은 집은 올수리를 하면 해결되고, 편의시설 또한 차로 이동하면 돼. 그런데 직장이 없다면 사람은 그곳에서 터를 잡고 살아갈 수가 없어. 직장은 곧 돈이고, 인간은 돈이 있어야 생활을 할 수 있으니까.

그런데 전철이 개통될 예정이고 좋은 직장들이 늘어날 계획이 있다면 낡은 집들은 새집으로 탈바꿈될 가능성이 높아. 인구가 늘면 수요가 늘어나서 임대료가 올라갈 것이기에 투자하기에 매력적이지. 이런 상황이면 새 아파트를 원하는 수요가 늘어날 텐데 주변에 새로 아파트가 들어설 땅이 부족하다면 재개발, 재건축이 움직일 거야. 또 아파트가 많이 지어지는 데 비해 상권이 작다면 상가들의 가치가 올라가겠지.

당연한 얘기지만, 불편할 때 투자를 해야 싸게 살 수 있겠지? 재개발, 재건축은 사람들이 쳐다보지 않을 때 사야 하고, 상가는 입주 시에 공실이 넘쳐날 때 사는 것이 가장 싸단다. 그래서 판단이 어렵지.

여기서 가장 중요한 것은 기다림의 시간이 얼마나 걸릴지 가늠해보고 네가 견딜 수 있는 기간인지 스스로에게 물어보는 거야.

# 투자 상황에 맞게
# 중개사를 찾아라

연아, 수많은 중개사무소 중에 어떤 곳으로 가야 할까?

엄마는 계약을 결심하기 전에는 중개사무소에 잘 들어가지 않았어. 매물을 보고 다니면 가격이 올라가거나 주인이 매도를 취소하는 경우가 생기거든. 그렇게 되면 결국 나한테 좋을 것이 하나도 없으니까. 내가 할 수 있는 모든 노력을 동원해서 매물의 정보를 알아낸 후에 최종적으로 집 안을 보는 것이 좋겠다는 결론이 내려졌을 때 중개사무소를 찾아가는 게 좋아.

특히 부동산시장이 호황일 때는 중개사님들이 바쁘기 때문에 공부만 하러 온 사람에게는 친절하지 않아. 공부를 하러 가고 싶다면 중개사무소가 언제 여유가 있는지 살피는 것도 요령이야.

반대로 부동산시장이 얼었을 때는 중개사무소가 한가하기 때문에 간식을 사 들고 찾아가는 게 좋아. 함께 간식을 먹으며 비교적

긴 시간 이야기를 나눌 수 있는 분위기가 만들어진단다. 그분들은 대부분 그 지역 전문가이기 때문에 꽤 괜찮은 정보를 얻을 수 있어.

엄마는 입지 분석 정보를 얻기 위해 분양사무실을 많이 이용했어. 입지 분석과 지도는 분양사무실 자료가 최고란다.

## 🏢 임대를 잘 맞추는 중개사를 찾아라

엄마가 중개사무소를 찾는 기준은 임대를 잘 맞출 것 같은 곳이야. 부동산 투자를 할 때 가장 중요한 것은 일단 공실 없이 임차인이 잘 들어오는 거고, 또 좋은 임차인을 만나야 하거든.

그렇다면 어떤 중개사가 임대를 잘 맞춰줄까? 아무래도 주민들과 친분이 두텁고 편안하게 소통을 잘하는 사람이겠지? 그래서 젊은 사람보다는 나이 든 분이, 남자보다는 여자가 임대 전문가인 경우가 많아. 엄마의 경험으론 그랬단다.

엄마는 보통 간판이 오래돼 보이는 사무소 중에서 여자 중개사님이 있는 곳을 주로 찾아 들어갔어. 동네 방앗간처럼 주민들이 와서 먹을 것을 나누거나 지나가다가 들르는 경우가 많다면 이분은 이곳에서 '임대의 여왕'일 확률이 높아. 그 동네에 투자할 의향이 생기면 엄마는 무조건 중개사무소에 자주 얼굴을 비추고, 가벼운 간식이나 음료수를 사 들고 가서 수다를 떨고 왔어.

그러던 어느 날 그중 한 분이 갑자기 좋은 매물이 싸게 나왔다면서 전화를 주셨어. 워낙 수완 좋은 분이라 초기 투자금도 크지 않게 가격을 잘 정리해주셨고, 보유하고 있는 동안 임대도 잘 맞춰주셔서 공실 고민도 남들보다 수월하게 넘길 수 있었어.

반대로 새로 오픈해서 간판이 깨끗하고 입구가 반짝이는 중개사 사무소로 들어가면 많은 자료와 함께 입지 전반에 대한 브리핑을 들을 수 있다는 장점이 있어. 매도할 때는 이렇게 새로 오픈해서 열정적인 중개사님께 중개 의뢰를 하는 것도 좋은 방법이야.


## 🏢 부동산 종류에 따라 중개사의 특성도 다르다

부동산의 종류에 따라 중개사 선택 기준도 조금씩 다르단다.

아파트와 오피스텔은 단지 내 상가 또는 바로 옆 상가에서 가장 오래되어 보이는 중개사무소를 찾으면 돼. 그런데 그런 곳은 빌라나 땅 등에 대해서는 잘 모르는 경우가 있어. 솔직히 말하자면, 아파트와 오피스텔은 인터넷 포털 부동산 사이트에서도 매물 비교 분석이 가능하기 때문에 중개사의 능력치가 그리 예민하게 작용하진 않아.

빌라는 빌라가 모여있는 곳의 대로변이나 상권 중심으로 이동하는 동선에 위치한 중개사무소에서 알아보는 게 좋아. 빌라야말로 진짜 '임대의 여왕'을 만나야 한단다. 빌라만큼 임대로 속을 썩이는 게 없거든.

빌라들이 모여있는 곳에 있는 오래된 중개사무소를 찾아가면 부부가 함께 하는 중개사무소가 종종 있어. 이 경우 보통 남자 사장님은 땅이나 건물, 재개발 또는 재건축에 전문가고, 여자 사장님은 주택이나 상가 전문인 경우가 많아.

빌라 외에 땅, 건물, 상가도 중개사의 역할이 크기 때문에 좋은 분을 잘 골라서 만나야 한단다.

## 🏠 상황에 따라 의뢰해야 할 중개사가 다르다

엄마는 매수할 때는 빌라 쪽 중개사무소를 찾아갔고, 매도할 때는 그 지역 대장 아파트 앞으로 가서 의뢰를 했어. 빌라가 모여있는 곳은 집들이 대부분 아파트보다 오래되었기 때문에 옛날 시세에 대한 기억이 강해. 그래서 시세를 깎아서 좀 싸게 계약을 할 수가 있어. 그런데 대장 아파트 쪽은 시세를 리드하기 때문에 최고가로 브리핑을 하는 경우가 많아. 임대를 내놓을 때도 내 집보다 조금 비싼 시세가 형성된 곳에 임대를 의뢰하면 높은 가격에 나갈 수 있어.

물론 다른 사무소에 내놓으면 처음 만났던 중개사님이 서운해할 거야. 그동안 잘 챙겨주었는데 배신한다고 느껴질 테니. 이럴 때는 초반 몇 달 정도는 독점으로 드리고 그 이후에는 다른 곳에도 내놓겠노라 양해를 구하면 대부분 이해해주신단다.

투자를 하다 보면 좋은 중개사가 더 많지만 가끔 수수료만 챙기고 계산적인 티가 너무 나는 중개사를 만나는 경우도 있어. 그런 상황을 겪으면 화가 나기도 하겠지만 그것도 큰 공부가 된단다. 결국 내 자산은 내가 신경 쓰고 스스로 지켜야 함을 깨닫게 되거든.

# 중개사무소에 가서
# 해서는 안 될 행동들

## 🏠 나의 시간이 소중하면 남의 시간 또한 소중하다

　계약을 할 것도 아니면서 앉아서 정보를 받았다면 감사 인사를 드리는 것이 당연하다. 하지만 대부분의 사람들은 얌체처럼 남의 시간을 뺏고는 정보만 얻어서 나가버리지. 남의 시간을 가볍게 여기며 정보만 빼 가는 사람에게 진짜 좋은 매물 정보를 주고 싶을까? 아니겠지?

　나의 시간이 소중하다면 중개사님의 시간도 소중해. 남의 시간을 할애받아 좋은 정보를 얻었다면 하다못해 음료수라도 사드리렴. 그분이 언제 어느 순간에 나에게 귀인이 되어줄지는 아무도 모르는 거야. 인연이라는 것이 어찌 연결될지 모르니 항상 감사하는 마음을 잊으면 안 돼.

## 🏢 중개사 앞에서 계산하고 메모하지 말아라

적는 사람은 투자를 못한다는 말이 있어. 엄마는 공부만 열심히 하는 투자 초보들을 참으로 많이 보았단다. 왜 열심히 메모하는 사람은 투자를 못하는 걸까? 그건 아마 투자 결정은 분석이나 계산으로만 하는 게 아니기 때문일 거야.

적으면서 비교하는 사람은 머리만 아플 뿐 결국 결정장애에 시달리는 경우가 많아. 아무리 보아도 완벽한 매물이 없거든. 뭔가는 맘에 걸리는 부분이 있으니 머릿속이 생각으로 가득 차서 결국에는 좋은 점마저 잊어버리게 된단다.

중개사 앞에서 열심히 메모하면 '투자 못하는 사람'이라는 인식을 주기 때문에 좋은 매물 정보를 얻을 수 없단다. 적지 말고 찬찬히 듣고 보기만 해봐. 그리고 집에 돌아가면 마지막에 내 마음에 남는 것이 있어. 그게 정답이야.

머리에 집중하는 사람은 생각하느라 행동이 느린 반면, 마음의 소리에 귀를 기울이는 사람은 행동이 빠르단다. 투자는 똑똑한 사람보다 빠르게 행동하는 사람이 성공한다.

## 🏠 투자하고 싶은 매물을 결정하고 들어가라

"돈이 되는 부동산 소개해주세요. 여기는 뭘 사면 좋아요?" 부동산 사무실에 와서 이런 질문을 하는 사람들이 있어. 중개사가 투자에 좋은 매물을 콕 찍어서 알려줄 거라 기대하며 말이야.

하지만 각자의 자금 여력이 다르고, 취향이 다르고, 버텨낼 수 있는 내공이 다른데 중개사가 신도 아니고 어떻게 그 사람에게 맞는 투자 정답을 알 수 있겠어. 그런 질문을 하는 건 "저는 투자를 해보지 않은 사람이에요!"라고 크게 떠드는 것과 같아. 진짜 고수 중개사라면 상대도 안 해줄 거야. 돈 되는 사람만 상대하기도 시간이 모자라니까.

충분히 입지를 돌아보고 마음에 드는 곳에서 아파트, 빌라, 오피스텔, 상가, 건물 중 투자하고 싶은 매물을 어느 정도 결정하고 들어가서 "이 동네에 아파트 00평 00 방향 00층 정도에 매물이 있나요?" "00 골목에 방 세 개짜리 지분 많은 1억 미만 빌라가 있나요?" "아파트 입구 건널목 앞에 1층 상가 매물 나온 것이 있나요?" 이런 식으로 구체적인 질문을 하면 대부분 성의 있게 대답해준단다.

## 🏠 현장 답사는 혼자 가거라

부동산 현장 답사와 중개사무소 방문은 가급적 혼자 가렴. 수다를 떠느라 주위가 산만하고, 같이 간 사람들 각자의 성향과 느낌도 다르기 때문에 입지를 돌아볼 때 내 마음에 집중하기가 쉽지 않아. 집에 돌아가서 잠자리에 누우면 내 마음속에 남는 것이 있어야 하는데 "오늘 같이 다니면서 재밌었네."가 끝이란다. 투자의 관점에선 시간만 낭비한 것이지.

중개사무소에 혼자 가는 것이 두려워서 누군가를 데려가는 사람이 있어. 하지만 그것도 혼자 못 하면서 투자는 어떻게 할 수 있겠어?

나는 저 매물이 좋은데 내 지인은 다른 매물이 좋다고 할 가능성도 많아. 완벽한 매물은 없기 때문에 지인은 자기 기준에서 안 좋은 것들을 말하기 시작하지. 그러면 나는 관심이 있다가도 불안한 기운이 들어오니 혼란이 시작되고, 결국은 투자를 못 하거나 엉뚱한 결론을 내리기도 해. 부부가 함께 와도 서로가 추구하는 것이 달라서 싸우다가 끝나는 경우도 많아. 투자에 있어서는 자신의 마음에 집중해야 해.

중개사 입장에선 이런 상황을 잘 알고 있기 때문에 여럿이 다니면 투자 못하는 사람이라고 생각하기 쉽단다. 이 역시 좋을 것이 없어.

## 🏢 중개수수료는 복을 얻는 비용이다

옛날부터 부동산 중개수수료를 왜 복비라고 불렀을까? 이는 '복을 얻는 비용'이라는 뜻이란다. 복비를 깎거나 안 주는 짓은 절대해서는 안 돼. 복비에 인색한 사람이 장기적으로 투자에 성공하는경우를 엄마는 단 한 번도 못 봤어. 운이 좋아서 한두 번 돈을 벌 수있겠지만 그 돈을 지키는 것은 그리 길지 않아.

수수료를 깎거나 떼먹는 사람이 중간에 임대나 매도 때문에 고생한다면 어느 중개사가 도와줄까? 동네에 널린 게 중개사라고 생각할 수 있지만 생각보다 그 바닥은 굉장히 좁고, 예의없는 주인에대한 이야기는 매우 빠르게 퍼진단다. 그런 상황이 되면 성의를 가지고 나서주는 중개사를 찾기 어렵기 때문에 부동산을 갖고 있는내내 고단하고 매도 또한 쉽지 않아. 좋은 주인이라는 인심을 얻게되면 수수료를 좀 덜 벌더라도 적극적인 공동중개로 너를 도와주려는 중개사를 만날 확률이 높아.

가끔은 줄곧 잘하다가 매도하고 나갈 때 수수료를 떼먹는 사람들이 있어. 하지만 연아, 세상은 뿌린 대로 거둔단다. 엄마의 경험으로 봤을 때 부동산 투자는 특히 그래.

네가 중개사를 먼저 존중하면 잘 기억하고 있다가 그 이상의 선물을 너에게 안겨준단다. 부동산 투자는 사람의 힘으로 돈을 벌고,그 사람의 대부분은 중개사라는 것을 잊지 않길 바란다.

# 첫 투자는
# 이렇게 시작하자

## 🏠 낡은 빌라 투자부터 차근차근 시작하자

엄마의 투자를 돌아보면 낡은 빌라를 다룰 때 가장 고단하고 힘들었지만, 또 가장 많이 배우고 성장했단다. 사실 돈이 너무 없어서 투자금이 적은 낡은 빌라를 선택한 것이었지만 그 과정을 통해 돈을 주고도 배울 수 없는 노하우들을 쌓을 수 있었어.

적은 돈으로 사람들이 꺼리는 낡은 빌라 투자부터 차근차근 시작해보렴. 어렵고 힘들겠지만 매수에서부터 집수리, 누수, 임차 관리 그리고 마지막 매도까지 진정 값진 경험을 할 수 있을 거야. 그 경험이 반석이 되면 너는 분명 단단하고 훌륭한 투자자로 성장할수 있어.

네 번째 발품

## 🏢 낡은 빌라 투자는 사람을 벌어야 성공할 수 있다

낡은 빌라는 고단한 과정에 비해 중개수수료가 적어서 중개사들이 크게 반기는 물건은 아니야. 또 임차인의 경제 상황이 어려운 경우도 종종 있고, 집수리 또한 골치 아픈 일이 많아. 그래서 좋은 빌라를 적당한 가격에 잘 사서 괜찮은 임차인을 얻고, 또 좋은 시기에 팔고 나온다는 것은 주변 사람들이 잘 도와주어야 가능한 일이야.

빌라 투자는 사람의 힘으로 버는 투자란다. 그러니 그 과정에서 도움을 주신 분들께 인색하지 말아야 해. 적은 돈을 양보하면 큰돈을 벌 수 있는 것이 부동산이야. 투자를 통해 사람을 내 편으로 만드는 노하우를 배우게 되면 너는 어떤 것을 해도 성공할 수 있어.

## 🏢 첫 투자는 네가 직접 모은 돈으로 해라

너의 첫 투자는 반드시 직접 일을 해서 알뜰하게 모은 돈으로 시작하길 바란다. 내심 엄마아빠가 좀 도와주기를 바랄 수도 있을 거야. 하지만 티끌이 태산이 되는 것을 경험해본 사람은 적은 돈을 쉽게 생각하지 않고, 이는 부동산 투자에 있어 너무나도 중요한 점이란다.

운이 좋아 부동산 투자로 쉽게 큰돈을 버는 경우도 분명 있어.

하지만 그 돈을 끝까지 지키는 사람은 많지 않지. 투자를 쉽게 생각하고 푼돈을 가볍게 여기기 쉽기 때문이야. 푼돈을 우습게 생각하기 시작하면 부자의 삶을 유지하는 건 불가능에 가까워. 실패의 시작은 큰돈이 아니라 적은 돈이야. 적은 돈이 새면서 결국 도미노처럼 모든 자산을 무너뜨리는 것을 엄마는 많이 보았단다.

푼돈을 소중하게 생각하는 사람이 큰돈도 벌 수 있어. 종잣돈은 찌질하게 모으고, 대출은 과감하게 받고, 빚은 푼돈일지라도 반드시 착실하게 갚아라.

# 주택 투자에서
# 매수 타이밍 잡는 법

연아, 주택 투자 시 매수 타이밍은 언제가 적당할까?

물론 가장 중요한 건 네가 원하는 매물이 있을 때, 너에게 그 정도의 여유자금이 있을 때겠지. 엄마가 중요하게 생각하는 매수 타이밍 결정 기준에 대해 알려줄게.

## 🏠 시세를 예측하려면 임대 시세를 확인해라

주변에 공급이 쏟아지면 전세가는 떨어지기 마련이지. 그리고 그 떨어졌던 전세가가 다시 올라오는 타이밍이 있단다. 전세가가 매매가를 밀어 올리는 데 일주일도 안 걸릴 때도 있어. 그러니까 네가 사고 싶은 지역의 시세를 수시로 살펴보는 게 중요해.

바닥까지 떨어진 전세가가 오를 거라는 확신은 어디서 얻을 수 있을까? 그 지역에서 가장 좋은 아파트의 전세가가 오르고 있는지 보면 돼. 시세를 리드하는 곳이 올라가면 다른 곳도 천천히 따라 올라간단다.


## 🏠 매수가 아니라 매도가 쉬운 부동산을 골라라

연아, 매수는 돈만 있으면 된다. 투자에 있어서 매수가 가장 쉬워. 하지만 투자는 매도를 해야 성공 여부가 결정나는 거야. 그래서 반드시 매도가 쉬운 부동산을 사야 한단다.

A지역 아파트는 전세가가 올라서 매매가랑 거의 비슷한데 주변 인프라는 열악한 편이고, B지역 아파트는 전세가와 매매가의 갭이 크지만 사람들이 선호하는 입지라면, 네가 매도를 하고자 할 때 어떤 아파트가 더 잘 팔릴까?

매도는 인간의 힘으로 되는 것이 아니란다. 그러니 매도가 쉬울 것으로 예상되는 부동산을 선택하렴.

네 번째 발품

## 🏠 많이 벌기보다 잘 지킬 수 있는 부동산을 사라

사람들은 재개발이나 재건축을 하면 큰돈을 벌 수 있다고 좋아하지만, 투자금은 많이 들어갔는데 사업이 흐지부지 늘어지면 골칫덩어리로 전락한다. 누군가는 문제가 없고, 또 다른 누군가는 힘에 겨워 헐값으로 던지고 싶어 하지. 부동산은 내 의지대로 컨트롤하기 어려운 경우가 종종 발생해. 그래서 부동산으로 돈을 버는 것은 네가 얼마나 오래 잘 지킬 수 있느냐가 관건인 경우가 많아. 투자를 하기 전에 "얼마나 벌까?"가 아니라 이것을 오래오래 잘 지킬 수 있는가? 이 투자금 때문에 내 인생이 흔들리지 않는가?"라고 반드시 네 자신에게 먼저 물어봐야 해. 그 질문에 선뜻 대답이 나오지 않는다면 그 투자는 한 번 더 생각해보는 게 좋아.


## 🏠 부동산으로 폼 잡으려는 생각을 버려라

투자를 하다 보면 사람들이 우르르 몰려가는 것을 많이 보게 된단다. 폼 나는 위치에 폼 나는 건물, 남들이 다 좋다고 하는 것을 사야 할 것 같은 기분이 들지. 하지만 투자는 남에게 보이기 위함이 아니고, 사람들에게 잘난 척하는 수단도 아니야.

투자는 돈을 넣고 돈을 버는 거야. 특히 적은 돈을 넣어서 큰돈을 버는 것이 가장 좋은 거지. 남들 눈에 하찮은 부동산일지라도 투자금 대비 수익률이 좋다면 성공하는 거란다. 검은 고양이든 흰 고양이든 쥐만 잡으면 된다. 나는 실속만 챙기면 되는 거야. 남들에게 휘둘리지 말고 네 주관으로 투자를 하렴.

## 🏢 가급적 사람과 돈으로 엮이지 마라

자금이 모자라다고 사람에게 돈을 빌려서 투자를 하진 않았으면 좋겠어. 공동투자도 하지 말아라. 부동산은 보유부터 매도까지 수많은 사건사고가 있기 마련이야. 이때 돈복이 없거나 푼돈에 연연하는 사람이라면 관련된 이들과 자주 의견 충돌을 일으키게 되고 결국 손해를 보고 파는 경우가 많다. 극한 상황에는 혼자 모든 피해를 떠안게 될 수도 있어. 사람과 돈으로 엮이면 문제가 생기기 쉬워. 사람이 아닌 금융기관의 대출을 최대한 이용하고, 그 한도 내에서 투자를 해라.

# 임대 관리와
# 리스크 대비 노하우

## 🏠 공실이 걱정된다면 중개사를 잘 챙겨라

엄마는 임대를 내놓을 때 매수를 진행해준 중개사님에게 의리를 지키는 차원에서 일정 기간 독점을 드렸다가 기간 후에도 임대가 나가지 않으면 양해를 구한 후에 다른 지역에도 매물을 뿌렸단다. 이때는 내 부동산 시세보다 더 비싼 동네로 가서 임대를 의뢰해야 잘 나간다는 것도 기억하렴.

공실 위험이 심각할 경우에는 가능한 한 많은 중개사무소에 임대를 내놓고 수수료 또한 후하게 제시하렴. 세상에 공짜는 없어. 그래야 중개사들이 모든 능력을 동원해서 적극적으로 임대를 맞춰주거든. 특히 집에서 멀리 있는 매물을 갖고 있다면 계약을 도와준 지역 중개사에게 명절 선물 정도는 챙기도록 하렴. 좋을 때 잘 챙겨야 나쁜 상황이 왔을 때 그 덕을 받는단다. 중개사가 내 편이 되어 임대를 맞춰준다는 것이 얼마나 큰 축복인지는 부동산 투자를 해보면 금방 알 수 있어.

## 🏢 집수리업체는 중개사를 통해 소개받아라

낡은 주택은 골치가 아파서 새집만 투자하려는 사람들이 많아. 하지만 새집도 언젠가는 낡고 수리해야 할 일들이 생긴다. 그리고 낡고 상태가 엉망인 주택을 싸게 사서 수리를 하는 것이 수익률을 높이는 데 크게 도움이 되기 때문에 부동산 투자를 하는 사람이라면 집수리에 익숙해져야 해. 그렇다면 집수리를 할 때 업체를 어떻게 찾으면 좋을까?

엄마는 해당 부동산을 중개해준 중개사님에게 가장 먼저 자문을 구한다. 집수리업체는 그 부동산이 있는 지역에서 구하는 것이 좋아. 그래야 하자가 생겼을 때 대응이 빨라. 견적이 싸다는 이유로 멀리 있는 집수리업체에 일을 주면 나중에 내가 직접 쫓아다녀야 하는 경우가 많단다.

크게 비용 차이가 나지 않는다면 중개사를 통해 수리를 하렴. 그래야 네가 조금이라도 편하단다. 중개사에게 일 못하는 업체라고 찍히면 그 동네에서 일을 소개받기가 어렵기 때문에 집수리업체도 사고가 나지 않게 신경을 쓰거든. 또 중개사 입장에서는 본인이 임대를 맞춰야 하는데 집수리가 엉망으로 되면 곤란하니 아무래도 한 번 더 살피게 돼.

수리 비용을 계산하고 따진다고 돈을 잘 버는 것이 아니란다. 필요할 때 한 발 뒤로 물러서서 양보하면 나중에 편한 경우가 많아.

## 🏠 항상 리스크 대비 자금을 준비해둬라

비싸게 내놓아도 시장이 좋을 때는 잘 나가지만 역전세 시기에는 아무리 싸게 내놓아도 꼼짝도 하지 않아. 최선을 다했음에도 임대가 나가지 않는다면 편안한 마음으로 기다리렴. 겨울이 지나가길 기다리는 거야.

투자의 겨울은 언제 어느 순간 다가와 뒤통수를 칠지 모르기 때문에 항상 리스크 대비 자금을 준비하고 있어야 해. 엄마는 늘 마이너스 통장을 잔뜩 만들어놓고 위기에 대비했어. 리스크를 대비하고 있는 자가 투자에 성공한다는 것을 잊지 말자.

## 🏢 다양한 분야의 사람들과 좋은 관계를 유지해라

부동산 투자는 나 혼자 능력 있다고 돈을 잘 벌 수 있는 일이 아니란다. 가장 역할이 큰 중개사를 비롯해 절세를 위한 세금 전문가, 여러 가지 법적 사건사고와 서류 작성을 위한 법률 전문가, 원활한 대출을 위한 금융 전문가 등 다양한 분야의 인맥이 필요해.

세금은 소득세 전문과 부동산 세금 전문이 달라. 특히 부동산 세금은 자신이 투자를 해보지 않으면 모르는 경우가 많아. 그래서 이론보다 투자 경험이 많은 세무사를 만나는 게 좋은데 엄마는 이 또한 중개사를 통해 소개받았어. 중개사가 처음부터 아무한테나 좋은 정보를 알려주지는 않아. 사람을 소개한다는 것은 조심스러운 문제라서 나와의 관계가 돈독해진 후에 가능한 경우가 많지. 법적인 문제는 법무사 사무실의 베테랑 사무장, 그리고 경험 많은 변호사 한 분 정도는 알고 지내는 것이 좋아. 부동산 투자를 하다 보면 자문을 구해야 할 때가 반드시 생기거든.

그리고 마지막으로 은행 담당자. 한 은행의 같은 지점을 계속 이용하면 신용등급이 올라가는 장점이 있어. 담당자가 바뀌기도 하지만 한 담당자를 계속 찾아가는 것이 좋아. 적금을 들 때도 그 담당자를 통해 가입을 하고 가능하면 그 담당자에게 실적을 올려줘. 일반 고객에게는 잘 알려주지 않는 팁이나 혜택 등의 정보를 얻을 수 있단다.

# 성공하는 투자자의 마인드 컨트롤

## 🏠 너를 행복하게 하는 초콜릿을 많이 만들어라

엄마가 어렸을 때 할머니는 가나초콜릿을 장롱 밑에 모아놓고 꺼내 드시는 것을 좋아하셨어. 또 투자에 성공할 때마다 좋아하는 그림을 사서 자신에게 선물하셨고 정원이 있는 집에서 꽃을 가꾸는 것을 행복해하셨지.

투자자는 이런저런 시련이 많아. 그래서 스스로를 위한 보상이 있어야 고난과 위기를 잘 이겨낼 수 있어. 무조건 참기만 하면 투자의 갈림길에서 내 마음이 편안한 선택을 하기가 힘들단다. 그래서 할머니는 투자자로 사는 엄마에게 "너를 위해 쓰면서 살아라."라고 당부하셨어.

엄마는 '행복통장'이라고 이름 붙인 통장을 만들어 부동산 투자로 얻는 수익의 5%를 저금하고 있어. 그리고 내가 하고 싶은 것, 사고 싶은 것이 있을 때 주저하지 않고 행복통장을 열었다. 내가 좋아하는 책을 읽고, 멋진 카페에서 맛있는 브런치를 먹으며 휴식을 취하고, 사랑하는 내 딸과 맛집 탐방을 하고 뮤지컬을 보러 가는 시간들, 이런 것들이 모두 엄마의 초콜릿이었단다. 어찌 보면 별거 아닌 것들이지만 이런 작은 행복 덕분에 나를 위로하고 다시 앞으로 나아갈 힘을 얻을 수 있었어.

엄마가 지금까지 투자자로 살아낼 수 있었던 것은 이런 초콜릿을 잘 챙겼기 때문이야. 내 딸도 일상 속에서 작은 행복을 찾으며 건강하게 투자를 이어나갈 줄 아는 현명한 사람이 되길 바란다.


## 🏢 가족이나 지인과 투자로 얽히지 말아라

내 가족이, 내 친구가, 내 소중한 지인이 잘살기를 바라는 마음에 엄마는 좋은 투자 기회가 있으면 그들에게 소개해주었고 있는 힘껏 그들을 끌어주었다. 하지만 그 사람이 준비되어 있지 않으면 돈은 그에게 가지 않더구나.

꾸준히 성실하게 걸어온 길이 쌓여서 투자 성공으로 이어지는 것인데, 사람들은 그 과정은 보지 않고 결과만 보며 엄마에게 운이 좋다고 했어. 가장 응원해주어야 할 가족과 가까운 지인들이 가장 큰 상처를 주는 경우도 많았지.

그래서 엄마는 조용히 투자를 했고, 아무리 갖고 싶은 매물이 나올지라도 가족이나 지인에게 빌린 돈으로 투자하지 않았다. 그리고 마음이 여유롭지 않은 사람과 거래가 얽히는 것 또한 되도록 피해왔단다.

사람이 나쁜 것이 아니라 상황이 나쁜 것인데 상황이 안 좋게 흘러가면 결국 사람끼리 부딪치고 서로에게 상처를 주는 경우가 많아. 인간이 처음부터 나쁘다기보단 인간이란 원래 나약한 존재이기 때문에 시련 앞에서 나빠지는 거라 생각해.

주변 사람들과의 관계를 지키고 싶다면 돈이나 투자로 얽히지 않는 게 최선임을 꼭 기억하길 바란다.

## 🏠 내 주변이 잘 살아야 내가 잘 살 수 있다

투자는 경험해보지 않으면 그 과정을 이해하기 어려워. 그래서 투자자는 평생 외롭게 홀로 걸어갈 수밖에 없단다. 이럴 때 나이와 상관없이, 성별에 상관없이, 사회적 지위와 학력에 상관없이 조금이라도 배울 것이 있는 사람들과 좋은 관계를 유지하는 게 꽤 힘이 된단다. 또 사람들과의 관계가 평안해야 내 인생도 평안해지고, 내 사람들이 잘 살아야 내가 잘 살아갈 수 있어.

반면 나를 불편하게 하고, 내 마음속에 부정적인 씨앗을 심는 사람이 있다면 그와는 거리를 두거라. 그의 검은 기운은 하나도 도움이 안 되기 때문이다. 설령 그 사람이 가족일지라도 내 삶을 흔드는 사람이라면 거리를 두는 것이 좋아.

능숙하게 투자를 잘하는 사람보다, 투자 능력은 조금 부족하더라도 주변에 좋은 이들이 많은 사람이 행복한 부자로 사는 것을 엄마는 많이 보았단다.

## 🏢 내가 부자로 산다는 것을 믿고 감사하자

투자자는 많은 시련을 만나게 된다. 최선을 다하고 주변 사람들이 모두 도와주었음에도 해결되지 않는 일이 있다면 그건 신의 영역이야. 어려운 순간이 왔을 때 엄마는 투자를 포기하지 않기 위해서 오히려 내 것을 양보하거나 나눔으로써 신의 손길을 구했단다. 기다림의 시간이 힘겨울 때는 걱정하고 불안해하는 대신, 하늘의 도움을 감사히 여기며 네가 먼저 양보할 수 있는 금액은 양보도 하고, 어려운 사람들을 돕는 데에도 시선을 돌려보렴.

같은 정보를 갖고 같은 순간, 같은 상황에서 투자할지라도 이후 결과는 각기 다르단다. 투자는 마라톤 풀코스를 뛰는 것과 같아서 중간에 힘들어서 포기하는 사람, 생각지 못한 문제 상황에 봉착하는 사람 등 환경 자극과 마인드컨트롤 실패 때문에 중간에 탈락을 하는 사람이 많거든. 하지만 그럼에도 불구하고 끝까지 뛰는 사람은 모두 승리자가 된다.

긍정적인 사람들을 만나고, 마음을 너그럽게 갖기 위해 할 수 있는 모든 노력을 다 하고, 마지막으로 내가 부자로 산다는 것을 믿고 늘 감사하렴. 대단한 능력으로 돈을 버는 것 같지만, 진짜 큰돈은 마인드로 버는 것이란다.

# 매도 타이밍을
# 결정하는 기준

매수한 부동산은 언제 팔아야 할까? 팔려고 하는데 계속 오를 것 같으면 어떡해야 할까?

## 🏠 매수 때부터 매도 가격을 결정해둬라

부동산을 사는 사람은 이 가격으로 사도 돈을 벌 수 있다는 확신이 들 때 계약을 하겠지? 매수자 입장에서 이 시세가 저렴하다고 느껴야 해. 그러니까 가격이 더 오를 것 같다는 생각이 들 때 팔아야 하는 거야.

조금만 더 오르면 팔려고 하다가 오랫동안 안 팔려서 골칫덩어리가 되는 경우가 많아. 탐욕이 발목을 잡은 거지. 부동산 시세가 끝없이 오를 거라 생각하지 말거라. 아무리 좋은 곳이라도 입지는 변하고 새집은 낡은 집이 된다. 그러니 적당한 때 팔고 나와야 해.

하지만 적당한 시세를 어찌 알 수 있을까? 아파트 투자금으로 1억이 들어갔는데 3억이 오를 수도 있고, 빌라 투자금으로 500만 원이 들어갔는데 몇천만 원이 떨어질 수도 있는 것이 부동산이야. 얼마나 오를지, 얼마나 떨어질지는 아무도 모른다. 그래서 엄마는 매수할 때부터 매도 가격을 결정하고 들어간다. 보통 세금과 경비를 모두 내고 100% 수익률이 나면 파는 걸 목표로 해.

더 오를 것 같아도 그 기준에 따라 팔았고, 공동명의로 투자한 것만 제외하고 거의 100% 수익률을 달성했어. 판 다음에 두배 이상으로 오른 것도 있었지만 엄마는 판 돈으로 다른 자산을 사서 또 벌었으니 결국은 더 번 셈이야. 하나의 매물에 집착할 필요 없어. 세상에는 살 매물들이 차고 넘친단다.

## 🏢 이보다 더 좋은 것을 살 수 있는지 생각해라

투자 목표액도 달성했으니 팔아야 할 것 같은데, 전세와 월세가 꾸준히 오르고 있다면? 이 입지는 앞으로 계속해서 점점 발전할 곳이라면? 이 부동산을 팔고 그 돈으로 이것보다 좋은 것을 살 수 없다면? 엄마는 이런 상황일 때는 팔지 않았어. 이보다 더 좋은 수익률로 재테크를 할 수 없다면 그냥 갖고 있는 것이 더 나아.

중개사가 파는 것이 좋다고 자꾸 전화를 한다면? 투자를 할 때 중개사의 역할이 참으로 크지만, 투자를 리드하는 것은 결국 나 자신이어야 해. 중개사는 그 지역 안에서 보는 사람이고, 투자자는 밖에서 그 지역을 보는 사람이기 때문에 전체적인 시세 변화를 읽는 것은 투자자가 더 나을 수가 있어. 어떤 순간에도 최종 결정은 자기가 직접 하는 거란다.

팔아서 돈으로 갖고 있고 싶을 수도 있어. 하지만 연아, 일하지 않는 돈은 산산이 부서진다. 어디에 썼는지도 모르게 사라져버려. 돈은 움직이며 일해야 하는 성질인데 가만히 놔두니까 도망가버리는 거야. 돈을 갖고 있지 마라. 돈은 굴리는 것이지 그냥 편안히 모셔놓는 것이 아니야.

투자의 기회가 올 것 같아서 투자금을 보유하고 있는 것이 나을 것 같다고? 그래서 주식에 넣어놓고 싶다고? 그런 마음이라면 아마 기회가 와도 부동산을 사지 못할 거야.

투자의 기회가 온다는 것은 부동산시장이 하락장이라는 것인데 그럴 때에는 주식시장도 상황이 안 좋다. 주식이 마이너스가 된 상황에서 과감하게 돈을 빼서 부동산을 살 수 있을까? 엄마는 적립식 주식이 마이너스 20%까지 떨어졌지만 해지하고 그 돈으로 부동산을 산 적이 있다. 결과적으론 잘한 선택이었지만 다시는 투자금을 주식에 넣지 않으리라 다짐을 했지. 그리고 부동산과 주식의 투자금을 분리했다. 부동산에 투자할 자금은 저금리일지라도 주식에 넣기보단 은행 신탁이나 적금에 묶어놓는 게 낫단다.

## 🏠 재건축, 재개발 아파트 시세 적정가를 생각해라

연아, 재건축과 재개발 이슈는 계속해서 일어날 거야. 재건축과 재개발은 적당한 가격에 매수해서 뜨거운 바람이 불 때 파는 투자 타이밍만 잘 맞추면 돈을 벌 수 있는 기회가 되어준단다.

그렇다면 적당한 시세라는 것을 어떻게 알 수 있을까? 네가 시행을 하는 사업자라고 생각해보자. 주변 대장 아파트의 시세가 10억이야. 그런데 지금 재건축 아파트의 시세가 8억이라면 사업을 해서 이익이 날 수 있을까? 엄마는 재건축, 재개발 아파트의 시세가 적정가인지 확인할 때, 주변 대장 아파트의 시세를 기준으로 잡았어. 재건축을 해서 대장 아파트의 시세로 팔 수 있다면 경쟁력 있는 부동산이겠지? 주변 새 아파트의 시세가 6억인데, 재건축이 가능한 아파트의 시세가 1억이야. 이건 누가 봐도 사업성이 좋은 거겠지? 그렇다면 나는 1억에 들어가서 2억에 빠져나와야지 하는 마음으로 투자를 하는 거야. 재건축 아파트뿐만 아니라 재개발 빌라도 이런 방법으로 계산을 하고 적당한 시세로 매도를 했단다.

시장이 너무나 뜨거워서 더 오를 것 같아도 그 시세는 거품일 수 있어. 거품으로 돈을 벌 수도 있겠지만 거품이 꺼지는 건 정말 순식간이야. 거품이 들었다가 빠진 곳은 다시 뜨거워지는 것이 쉽지 않아. 그러니 남들이 내 부동산을 탐내고 달려올 때, 내가 정한 목표액을 달성했다면 더 이상 욕심내지 말고 빠져나오는 게 현명해.

# 50세 이후에는
# 월세를 준비하자

## 🏠 50세 이후에는 시세차익+월세를 노려라

우리 모두는 언젠가 늙고 경제적 활동을 할 수 없는 때가 온다. 나이가 들수록 소득이 늘어나기보다 줄어들 확률이 높아지기 때문에 50세 이후에는 현금이 꾸준히 들어오는 월세를 세팅하는 것이 좋아.

시세차익을 노리는 갭투자가 더 좋은 거 아니냐고 한다면, 맞아! 엄마도 갭투자가 좋아. 하지만 부동산이 늘 호황일 수 없기에 시장이 안 좋을 때는 투자로 버는 돈은 없고 유지비와 세금만 나가니 속이 쓰리단다.

그러니 열심히 일하는 40대까지는 시세차익을 위한 투자를 위주로 하고, 50세 이후에는 시세차익+월세 세팅을 함께 준비하렴. 투자를 하며 발생하는 세금과 경비를 월세로 충당할 수 있다면 불경기가 와도 맘 편하게 지낼 수 있을 거야.

부동산 호황에는 대부분 아주 쉽게 돈을 벌 수 있단다. 하지만 준비되지 않은 자는 불황에 대비하지 못하기 때문에 호황 때 번 돈을 금세 다 잃어버리고 말아. 돈은 호황 때 버는 것이 아니라, 불황을 이겨내고 기회를 잡아서 버는 것이란다.

## 🏢 나이가 들수록 빚은 없고, 취미는 있어야 한다

나이 들수록 위기 대응 능력은 떨어지기 마련이야. 그래서 대출이나 빚이 없어야 해. 젊은 시절 투자를 위해 큰돈을 대출받고 빚을 졌을지라도 조금씩 꾸준히 갚아나가면 어느 순간 빚은 사라진다. 대출은 목돈으로 크게 받을지라도 빚은 푼돈으로 성실하게 갚는 거라는 걸 기억하고 나이가 너무 많아지기 전에 열심히 갚도록 하렴.

그리고 즐겁게 할 수 있는 일을 찾아야 한다. 일을 하지 않고 월세를 받아서 맘껏 쓰면서 평생 살고 싶다고? 아니! 불가능해! 주변을 보면 월세가 몇천만 원씩 들어오는 분들도 건강이 허락하는 한 성실히 일을 한다. 더 많이 벌고 싶어서? 아니! 갖고 있는 것을 지키며 행복하게 살기 위해서야.

부자는 흥청망청 쓰면서 살아도 돈이 열리는 열매를 갖고 있는 사람들이 아니야. 돈을 벌기는 어렵지만 돈이 부서지는 것은 순식간이란 걸 잘 알고 자신의 자산을 지키기 위해 노력하며 사는 게 바로 부자들이야.

빚이 없고 월세로 생활비를 충당할 수 있다면, 내가 좋아하는 일을 진정으로 즐기며 살아갈 수 있어. 내 딸이 노후에는 돈 생각하지 않고 즐겁게 할 수 있는 일을 하나 정도는 갖고 있는 진짜 행복한 부자로 살길 바란다.

# 그리고 다시,
# 투자를 멈추지 말아라

엄마도 '부동산 투자 몇 살까지만 하고 안 할 거야, 얼마 벌면 안 할 거야.' 할 때가 있었어. 투자로 인한 스트레스가 싫어서 그런 날이 오기를 꿈꾸었지만, 투자를 멈추면 나의 삶은 다시 제자리로 돌아온다는 것을 알게 되었다. 자산이 현금으로 바뀌는 순간 가치는 점점 떨어지고 돈이 자산으로 넘어가면 가치는 상승한단다. 그러니 사랑하는 딸, 자산을 지키는 투자를 멈추지 말아야 해.

이처럼 우리는 평생 투자를 해야 하니 네 마음이 편안하고 네가 행복한 투자를 하는 게 중요하단다. 사람들이 아니라고 해도 네가 양보하고 싶으면 조금 양보하고 살아도 돼. 네가 편안하고 기쁘면 돈은 어디로든 다시 들어와 너에게 안긴다.

네 번째 발품

엄마 나이 올해 오십, 이 나이가 되어서야 행복한 투자가 무엇인지 알게 되었어. 누가 뭐라 할지라도 나의 결정을 믿고 나의 자산을 아끼며 그 결과를 기쁘게 기다리는 것이지. 그리고 그 바탕에는 긴 시간 걸어온 발품이 있단다.

그래서 엄마는 오늘도 기쁘고 즐겁게 길 위로 나간다.

# 우리에게 또 다시
# 기회가 오고 있습니다

　이 원고는 제 딸을 위해 정리한 발품 시크릿이었습니다. 나이가 들수록 기억이 점점 희미해져가는 것을 느끼며 잊어버리기 전에 제 딸에게 엄마와 저의 발품 노하우를 남겨야겠다는 의무감으로 2021년 12월부터 글을 쓰기 시작했고 1년 동안 300페이지가 넘게 쌓였습니다.

　솔직히 책으로까지 내고 싶지는 않았습니다. 그 노력과 시간을 발품을 파는 데 쏟는 것이 사실 금전적으로는 훨씬 더 이익일 테니까요. 수면 위로 올라오고 싶지도 않고 조용한 투자자로 사는 것이 소원인 아주 평범한 아줌마일 뿐인데 책이라니요? 하지만 이렇게 정식 출간으로 이어진 것은 출판사 편집자님의 설득 때문이었습니다. 부동산 투자를 시작할 엄두도 내지 못하는 사람들에게 '나도 할 수 있다'는 희망을 주는 책을 만들어보자는 간절한 메일이 저의 마음을 움직였고, 엄마와 저처럼 꾸준하고 소박하게 투자해온 사람의 경험과 격려가 투자 초보들에게는 위로와 용기가 될 수도 있겠다는 생각이 절 이곳으로 이끌었습니다.

저는 소심하고 겁이 많은 사람입니다. 공부도 못했고 성격은 예민하며 기댈 언덕 하나 없는 가난한 사람이었습니다. '몇 년에 아파트 몇 채' '얼마 투자로 얼마 벌었다' 같은 자극적이고 즉각적인 팁에 귀를 기울이는 사람들이 많은 요즘, 엄마와 제가 중요시하는 기본의 가치는 어쩌면 외면당하는 이야기일지도 모르겠습니다. 저는 사람들이 무시하는 지역에서 오피스텔과 빌라 같은 소소한 부동산에 투자하며 목돈을 모았습니다. 소위 '투자 좀 한다' 하는 사람들이 보기엔 느리고 답답해 보일수 있겠지만 엄마의 가르침대로 낮은 자세로 투자했고 실패 없이 벌었습니다.

왜 엄마는 저에게 힘들고 고단한 빌라 투자부터 가르쳤을까요?

왜 쉬운 지름길이 아닌 어려운 길로 가라 하셨을까요? 부동산 시장이 바닥으로 떨어지고 있는 지금, 점점 더 힘들어질 거라는 예견 속에서도 저는 평온하고 흔들림이 없습니다. 모두가 불안 속에 떨고 있는 이때에도 단단하게 길을 나서는 제가 참으로 신기합니다. 그 힘든 빌라 투자부터 시작해서 가장 쉬운 아파트 투자로 올라왔으니 두려울 것이 없기에 가능한 일이라고 생각합니다.

저는 이제야 깨닫습니다. 엄마가 가르치신 것은 금방 바뀌는 투자 스킬이 아니라 '버티는 힘'이었다는 걸요. 낮은 투자를 통해 발품의 기본을 다지게 해주시고 투자의 근력을 키워주셨어요. 어려운 때일수록 기본에 충실한, 세월 속에 부침을 겪어온 인내의 투자 방법이 결국 승리한다는 것을 새삼 느낍니다.

가진 돈이 많지 않아도, 사람들이 하찮게 보는 소소한 부동산에 투자를 해도 괜찮습니다. 포기하지 않고 거북이처럼 걸으면 큰돈만 노리고 뛰는 토끼보다 안정적인 삶을 살 수 있다고 말씀드리고 싶어요. 꾸준하고 성실하게 시간의 복리에 올라타면 누구든 기회를 잡을 수 있습니다.

그리고 부동산의 역사는 돌고 돕니다. 다시 말해, 우리에게 다시 또 기회가 오고 있습니다. 준비하고 있는 자만이 빠르게 행동할 수 있습니다. 부족한 저의 글이 독자 여러분이 용기를 내어 길 위로 나갈 수 있게 이끄는 마중물이 되길, 그래서 다시 오는 기회를 꼭 붙잡을 수 있길 진심으로 기원합니다.

글을 쓰는 동안 행복했습니다. 아직은 어린 제 딸이 어른이 되면 이 책을 읽고 자신만의 투자를 할 수 있길 바라는 마음으로, 딸을 위해 외할머니와 엄마의 기록을 남긴다는 생각으로 한 줄 한 줄 적었습니다. 제 딸이 허황된 대박을 꿈꾸는 게 아니라 성실하고 현실적인 투자자로 살며 자신이 원하는 일을 하고 주변 사람과 작은 행복을 나눌 줄 아는 사람으로 자라나길 바랍니다.

언제나 최고의 스승님이셨던 엄마, 나의 두 번째 스승님 강계준 대표님, 외로운 투자의 길에 동지가 되어준 귀염부엉이, 오랫동안 발품 친구였던 송송 님, 늘 내 편이 되어주는 티나 언니, 그리고 든든한 울타리인 사랑하는 남편과 엄마의 발품 때문에 많이 외로웠을 딸, 마지막으로 이 책을 출판하기까지 저를 믿어주신 메가스터디 김민정 팀장님과 '부엉이날다' 블로그를 통해 응원을 보내주시는 모든 분께 감사드립니다.

다른 이들이 탐욕스러울 때 두려워하고
다른 이들이 두려워할 때 탐욕스러워져라.

**워런 버핏**


투자의 성공 여부는
얼마나 오랫동안 세상의 비관론을
무시할 수 있는지에 달려있다.

**피터 린치**

## 엄마와 딸의 부동산 발품 시크릿

초판 1쇄 인쇄 2023년 3월 24일
초판 1쇄 발행 2023년 4월 3일

지은이 부엉이날다
발행인 손은진
개발 김민정 정은경
제작 이성재 장병미

발행처 메가스터디(주)
출판등록 제2015-000159호
주소 서울시 서초구 효령로 304 국제전자센터 24층
전화 1661-5431 팩스 02-6984-6999
홈페이지 http://www.megastudybooks.com
출간제안/원고투고 writer@megastudy.net

ISBN 979-11-297-1057-4 03320

### 메가스터디BOOKS

'메가스터디북스'는 메가스터디㈜의 출판 전문 브랜드입니다.
유아/초등 학습서, 중고등 수능/내신 참고서는 물론, 지식, 교양, 인문 분야에서 다양한 도서를 출간하고 있습니다.